中原作家群年谱丛书

徐洪军　主编

姚雪垠

年谱

王宗辉　著

郑州大学出版社

图书在版编目(CIP)数据

姚雪垠年谱／王宗辉著. -- 郑州：郑州大学出版社，2024.9
（中原作家群年谱丛书／徐洪军主编）
ISBN 978-7-5645-9994-2

Ⅰ. ①姚… Ⅱ. ①王… Ⅲ. ①姚雪垠(1910-1999)－年谱
Ⅳ. ①K825.6

中国国家版本馆 CIP 数据核字(2023)第 206199 号

姚雪垠年谱
YAO XUEYIN NIANPU

策划编辑	李勇军	封面设计	孙文恒
责任编辑	王晓鸽	版式设计	孙文恒
责任校对	暴晓楠	责任监制	李瑞卿

出版发行	郑州大学出版社（http://www.zzup.cn）
地 址	郑州市大学路 40 号(450052)
出 版 人	卢纪富
发行电话	0371-66966070
经 销	全国新华书店
印 刷	河南瑞之光印刷股份有限公司
开 本	890 mm×1 240 mm 1／32
印 张	13.625
字 数	287 千字
版 次	2024 年 9 月第 1 版
印 次	2024 年 9 月第 1 次印刷

书 号	ISBN 978-7-5645-9994-2	定 价	68.00 元

"中原作家群年谱丛书" 总序

程光炜

2011 年秋冬之际，我到常熟理工学院林建法、丁晓原二位先生刚创办不久的《东吴学术》杂志做客。其间与建法先生谈起，能否在该刊开辟一个"当代作家年谱"栏目。一年后，在人大文学院再次跟他聊起此事，不承想，这个原本遥不可及的目标，已在他手里实现。如果我没记错，"中原作家群年谱丛书"的个别年谱的"简编"，就曾经刊载于这家杂志。但我不知道，这套年谱丛书的策划起意，是否与这件事情有关。

在当代文学史上活跃着一大批河南籍或者长期在河南生活、工作的作家，他们中的一些人已经在中国文坛上产生了重要影响，如姚雪垠、魏巍、李準、李季、白桦、张一弓、二月河、周大新、李佩甫、刘震云、李洱等。对于当代文学中的河南籍或者长期在河南生活、工作的作家来说，这套"中原作家群年谱丛书"对于他们生平事迹、生活道路、创作情况的介绍，对于他们不再以作品"制造者"，同时作为写作了这些故事的作者的"生活史"，出现在研究者和广大读者的视野中，是有很大的意义的。据我粗陋的印象，此前这些作家中的有些人，不仅从无一本"研究资料"，更谈不上"年谱"；所以，我想"中原作家群年谱丛书"的问世，对于河南当代文学研究，对于中国当代文学研究，切实提供了一批难能可贵的基础性的文献材料。

在文学批评之后，与文学史研究同步开展的作家传记、年谱和其他材料的整理，在近些年越来越受到当代文学研究界的注意，相关研讨会也此起彼伏。但是作为将这些工作进一步细化、深入化的年谱整理及研究，则是一项更为寂寞、艰苦和长期的基础性研究。由此可见本套丛书所经历的过程，作者所付出的努力，以及从初稿、统稿到出版的日日夜夜。

此前，信阳师范大学文学院就已经组织出版了两辑共23卷的"中原作家群研究资料丛刊"，现在又推出这套"中原作家群年谱丛书"，可以看出他们对中原作家群研究的逐步深入，这是特别值得肯定的地方，也借此机会向他们表示祝贺。

2023年11月3日记于北京

目 录

contents

1950 年　40 岁 / 135

1951 年　41 岁 / 138

1952 年　42 岁 / 141

1953 年　43 岁 / 143

1954 年　44 岁 / 145

1955 年　45 岁 / 148

1956 年　46 岁 / 150

1957 年　47 岁 / 153

1958 年　48 岁 / 161

1959 年　49 岁 / 163

1960 年　50 岁 / 165

1961 年　51 岁 / 167

1962 年　52 岁 / 172

1963 年　53 岁 / 179

1964 年　54 岁 / 184

1965 年　55 岁 / 186

1966 年　56 岁 / 189

1967 年　57 岁 / 191

1968 年　58 岁 / 192

1969 年　59 岁 / 194

1970 年　60 岁 / 195

1971 年　61 岁 / 197

1972 年　62 岁 / 200

1973 年　63 岁 / 202

1974 年　64 岁 / 205

1975 年　65 岁 / 214

1976 年　66 岁 / 228

1977 年　67 岁 / 232

1978 年　68 岁 / 252

1979 年　69 岁 / 265

1980 年　70 岁 / 277

1981 年　71 岁 / 287

1982 年　72 岁 / 301

1983 年　73 岁 / 311

1984 年　74 岁 / 320

1985 年　75 岁 / 331

1986 年　76 岁 / 343

1987 年　77 岁 / 352

1988 年　78 岁 / 357

1989 年　79 岁 / 362

1990 年　80 岁 / 365

1991 年　81 岁 / 372

1992 年　82 岁 / 378

1993 年　83 岁 / 384

1994 年　84 岁 / 387

1995 年　85 岁 / 391

凡例

一、在中国当代文学史，尤其是新时期文学史上，河南作家占有十分重要的地位。从 1906 年出生的著名诗人苏金伞，到 1994 年出生的知名作家小托夫，在中国文坛上产生过较大影响的河南作家有近 40 位。在十一届茅盾文学奖 53 位获奖作家中，河南作家占了 10 位。为了总结当代河南文学的实绩，为此后的当代河南文学研究奠定基础，我们编著了这套"中原作家群年谱丛书"。

二、本丛书之谱主均为河南作家。其判断标准是，该作家或出生于河南——这种情况在本丛书中占绝大多数，或长期在河南工作、生活，主要作品在河南创作发表——如二月河，或在文化血缘上与河南有着十分密切的关系——如宗璞。

三、每位作家编著年谱一册，以呈现该作家的文学活动为重点，兼及中国文坛、河南文坛的相关问题。

四、每册年谱一般包括作家小传、年谱正文、参考资料、附录、后记等五部分。

五、年谱正文一般包括本年度大事记、作家活动、作家研究相关文献。

六、年度大事记选取该年度与作家生活、创作有关联、有影响的，或者对中国文学有较大影响的事件录入。全国社会生活、文学活动资料很多，从严录入；河南省文学活动资料整理有限，尽可能详细；各位作家出生、求学、工作、生活地域的资料依据不同作家灵活处理。

七、作家活动。

1. 作家年龄使用虚岁，即出生当年为一岁，以此类推。

2. 引用文献和人物介绍均使用脚注。

3. 正文中如有需要解释说明的内容，则不使用脚注，而用"按"；如有多条按语，则用"按一""按二"标识。每个作家的具体内容由编著人灵活处理。

4. 为了更为直观地呈现作家的文学活动，一般在年谱相应位置插入一些图片。这些图片主要包括作家及相关人物照片、作品发表期刊照片、作品版本照片、作家参与活动照片、重要地标照片等。

5. 如有可以直接引用的文献，一般原文引用，以显示"无一字无出处"；如需要引用的文字太多、太长，则由编著人概述。直接引用文献包括两类，一类是公开发表文献，将注明出处；作家日记、书信等一手文献原文，引用次数较多的，可以不用——标明。

八、研究文献。

1. 一般研究文献只列作者、题目、报刊、出版年月等信息，如果该文献比较重要，则视情况概述该文献主要观点。

2. 研究文献归属年份：一般作品的研究文献，放到该文献发表年份表述；重要作品的研究文献，为方便读者了解该作品的研究现状，一般在该作品发表、出版年份将其所有研究文献集中展示。

九、附录的内容可以包括但不限于作家的创作年表、作家佚文或稀见作品文本、比较重要的作家访谈等。

姚雪垠小传

姚雪垠，原名姚冠三，字汉英。1910 年 10 月 10 日出生于河南邓县（今邓州市），1999 年 4 月 29 日逝世于北京。曾任湖北省文学艺术界联合会主席、湖北省作家协会名誉主席、中国作家协会名誉副主席、中国当代文学学会会长，以及全国第五届、第六届、第七届政协委员。作为一位享誉中外的文学大家，姚雪垠创作出《李自成》《长夜》《差半车麦秸》《牛全德与红萝卜》《春暖花开的时候》等经典小说。姚雪垠的文学创作涉及小说、散文、诗歌、杂文、通讯、剧本、报告文学、纪实文学、文学论文、史学论文、时事评论等，尤其在小说方面取得了重要的文学成就，350 万字的长篇巨著《李自成》是其代表作。为了完成多卷本长篇历史小说《李自成》，姚雪垠在特定历史条件下不仅向毛泽东写信请求予以支持和帮助，而且就《李自成》创作中的小说结构、小说美学、文艺理论、语言特征等问题写信向一代文学大师茅盾请教并与之探讨。1974—1980 年，姚雪垠与茅盾互通书信 80 封，为进一步拓展《李自成》研究提供了弥足珍贵的书信史料。20世纪40年代与20世纪八九十年代，姚雪垠在进行文学创作之际，先后与胡风①、路翎②、阿垅③，以及臧克家④、徐迟⑤、刘再复⑥等人展开了一系列文学争论。这些"时过境迁"的文学争论有其形成的特定历史背景，虽然有的文学争论并未完全围绕文学问题进行理论争鸣，却足以反映一个时代的社会动态。

姚雪垠的父亲名叫姚薰南，母亲张氏。1919年，土匪火烧姚营寨后，姚雪垠与家人被父亲接到邓县城中居住。1924年，与二哥姚冠洛去信阳求学，因军阀混战学校提前放假，两人返乡途中被李水沫的土匪队伍抓去做"肉票"，姚雪垠被一小头目认作义子。土匪被打散后，兄弟两人相继被头目派人送回家中。这段与土匪相处的百日生活，为姚雪垠日后创作长篇小说《长夜》积累了丰富的故事素材。在叶圣陶的鼓励下，1946年，姚雪垠在成都开始创作具有自传性质的《长夜》，1947年在上海完成书稿并出版。《长夜》是打开《李自成》创作问题的一把

① 胡风（1902—1985），诗人、文艺理论家。著有诗集《野花与箭》、文艺评论集《文艺笔谈》等，有《胡风全集》行世。
② 路翎（1923—1994），作家。著有《青春的祝福》《迎着明天》等小说、散文、戏剧作品。
③ 阿垅（1907—1967），文艺理论家、诗人。著有长篇小说《南京》、诗集《无弦琴》、文艺论集《诗与现实》等。
④ 臧克家（1905—2004），又名瑗望，笔名何嘉等。现代诗人。著有诗集《烙印》等，有《臧克家全集》行世。
⑤ 徐迟（1914—1996），原名商涛。诗人、散文家、评论家。著有诗集《二十岁人》、文艺评论集《诗与生活》等。
⑥ 刘再复（1941— ），当代思想家、文学家、红学家。著有《性格组合论》《文学的反思》等。

钥匙，从中可以找到《李自成》中人物、生活、语言的影子。1984年，《长夜》被翻译成法文出版，受到法国读者的称赞。在应邀访法之际，姚雪垠被授予"马赛纪念勋章"。此勋章只授予首访马赛的外国元首和世界著名作家。

1929年，为寻找出路，姚雪垠从偏远落后的家乡来到省城开封，考入河南大学预科。入学后，不仅阅读大量新文学、史学和介绍马克思主义的著作，而且参加中国共产党开封地下市委领导的学潮委员会和其他政治活动。1930年，因"共党嫌疑"的罪名被捕入狱，四天后被同乡的王庚先①保释出狱。1931年暑假，因参加政治斗争和学潮，被学校当局以"思想错误，言行荒谬"的罪名挂牌开除学籍。因担心再次被捕，当日乘火车逃到北平（今北京）。姚雪垠曾梦想做马克思主义史学家或中国文学史家，但为生活所迫只好"爬格子"赚稿费，逐渐走上文学创作之路，最终成为一名作家。

姚雪垠的处女作是短篇小说《两个孤坟》，1929年以雪痕的笔名发表于《河南民报》副刊。1933年，与王国权、苗化铭等朋友在开封北书店街合办大陆书店，并创办《大陆文艺》杂志，因宣传进步思想很快被当局取缔。1937年，从沦陷后的北平回到开封，与嵇文甫、王阑西创办抗日救亡刊物《风雨》周刊。《风雨》问世后，不仅在中原乃至全国产生较大影响，而且成为中共河南地下省委直接领导的救亡刊物和抗日救亡联络站，

---

① 王庚先（1866—1933），河南邓县人，1905年赴日本留学，随后在日本加入同盟会。

穆青等大批青年经《风雨》介绍奔赴延安或山西抗日根据地。1938年，因办刊思想问题产生分歧而离开《风雨》，以《风雨》主编兼全民通讯社记者的名义到徐州前线采访，后在武汉停留期间创作了《战地书简》《白龙港》《差半车麦秸》等作品。短篇小说《差半车麦秸》发表于茅盾在香港主编的《文艺阵地》第1卷第3期，因成功刻画出一个具有典型意义的抗日游击队员"差半车麦秸"的人物形象，以及河南大众口头语言的运用，在茅盾热情推荐下而广受读者好评。《差半车麦秸》是中国抗战文艺园地中的重要收获之一，且被译成英文、俄文、世界语等多种文字在海外传播。

1938年，受钱俊瑞①邀请，姚雪垠从邓县来到襄樊，参加由中共长江局和李宗仁联合成立的第五战区文化工作委员会。第五战区聚集了一批地下党员、进步文化人士和爱国进步青年，他们积极从事各种抗战文化工作，抗日救亡活动十分活跃，因而闻名全国。除姚雪垠外，在第五战区工作的地下党员和进步文化人士，还包括胡绳②、夏征农、臧克家、田涛、碧野、陈北鸥、孟超、孙陵③等。1939年，姚雪垠的知名小说《春暖花开的时候》《牛全德与红萝卜》，先后动笔于日寇飞机经常轰炸的

---

① 钱俊瑞（1908—1985），笔名陶直夫、译夫等。经济学家。著有《怎样研究中国经济》《钱俊瑞文集》等。

② 胡绳（1918—2000），历史学家、哲学家。著有《帝国主义与中国政治》《理性与自由》等。

③ 孙陵（1914—1983），作家。著有《红豆》《杜甫思想研究》《我熟识的三十年代作家》《大风雪》等。

老河口。1941年，皖南事变爆发后，姚雪垠被第五战区驱逐，化名姚冬白来到皖西立煌（金寨），利用别人的名义主编抗战刊物《中原副刊》（后改名《中原文化》）。1943年，离开大别山，经过邓县抵达重庆，住在中华全国文艺界抗敌协会，因是知名的战地作家而被推选为"文协"理事兼创作研究部副部长。1945年，离开重庆，到四川三台国立东北大学中国文学系任副教授。1946年，出川经河南短住。1947年，来到上海，在刘以鬯创办的怀正文化社编辑出版《雪垠创作集》四种，分别为《差半车麦秸》（短篇小说集）、《长夜》（长篇小说）、《牛全德与红萝卜》（中篇小说）、《记卢镕轩》（传记文学）。1948年，到上海浦东高行农业学校教语文课，且协助地下党工作来迎接上海解放。1949—1951年，在上海私立大夏大学文学院任教。后应河南省文学艺术工作者联合会的邀请，辞去大夏大学的教授、副教务长、文学院代院长等教职，回到河南专事文学创作。1953年，中南作家协会成立（次年更名为中国作家协会武汉分会），自河南调入武汉。1957年，因发表《创作问题杂谈》《打开窗户说亮话》《要广开言路》等文章被划为"极右派"分子。在被"孤立"的空前逆境中开始悄悄地创作长篇历史小说《李自成》，并赶在下放农场监督劳动之前完成40余万字的第一卷及第二卷开头部分的草稿。1958年，被湖北省委正式划为"右派"分子，下放到武汉郊区东西湖农场监督劳动。1960年国庆节前夕，姚雪垠被摘掉"右派"帽子，分配到武汉市文联工作。不仅创作条件得到了改善，而且《李自成》的创作开始受到各级领导的重视和支持。

1961年，中国青年出版社获悉《李自成》的创作计划，决定出版《李自成》。1962年，《李自成》第一卷排印本得到阿英、李文治、吴晗等专家的一致好评。1963年7月，《李自成〔第一卷（上、下册）〕》由中国青年出版社出版。《李自成》第一卷出版后，因"摘帽右派"身份，报刊不予宣传评介，但《李自成》在广大读者中间产生了巨大影响。1966年，"文革"开始，忍痛烧毁在庐山写的游记散文《铁船峰游记》，以及《李自成》第二卷中的《刘宗周写奏本》一章，外加有关《红楼梦》《战争与和平》的读书笔记，等等。1966年与1975年，毛

姚雪垠（摄于1970年代末）

泽东先后两次对《李自成》的创作给予保护与支持，使第二卷手稿、藏书、资料卡片得以保存。1976 年 12 月，《李自成［第二卷（上、中、下册）］》由中国青年出版社出版。"文革"结束后，与《李自成》相关的评价文章不断问世。1977 年 7 月，《李自成［第一卷（上、下册）］》修订本由中国青年出版社出版。1981 年 6 月，《李自成［第三卷（上册）］》由中国青年出版社出版；1981 年 7 月，《李自成［第三卷（中册）］》由中国青年出版社出版；1981 年 8 月，《李自成［第三卷（下册）］》由中国青年出版社出版。1982 年，《李自成［第二卷（上、中、下册）］》荣获首届茅盾文学奖。1999 年 8 月，《李自成（第四卷）》《李自成（第五卷）》由中国青年出版社同时出版。前三卷也重新编辑再版，一次推出。《李自成》全书五卷不仅成为中国作协向中华人民共和国成立 50 周年献礼的 10 部优秀长篇小说之一，而且荣获中国图书奖和"五个一工程"奖。根据《李自成》改编的京剧、昆剧、豫剧、越剧等戏剧和舞剧，以及小说演播、评书、连环画、影视剧等被不断推向市场，进一步扩大了《李自成》的影响。

　　1999 年 4 月 29 日 6 时 30 分，文学生涯长达 70 年、著作等身的姚雪垠走到了生命终点，病逝于北京复兴医院。姚雪垠逝世后，《李自成》的各种版本以及《姚雪垠书系》《姚雪垠文集》相继问世。随着姚雪垠与多卷本长篇历史小说《李自成》等作品的研究不断深化，姚雪垠已经成为中国现当代文学史上的重要作家之一。

1910 年　1 岁

1 月，河南立宪派代表在北京与各省代表共同发起"请开国会运动"。

2 月，广州新军起义。

8 月 29 日，商务印书馆主办的《小说月报》创刊于上海。

9 月 24 日，曹禺诞生。

11 月 20 日，俄罗斯作家列夫·托尔斯泰逝世。

10 月 10 日（庚戌年九月初八）　　出生于河南省邓县西乡姚营寨一个日渐破落的地主家庭。关于具体出生日期，姚雪垠在《我的前半生》中解释道："许多年来，关于我的生日，我都写作一九一〇年十月十日，对外国的资料也是这么写的。《中国大百科全书》中也是明明白白地印着我的这一生日。其实我生于宣统二年（1910 年）阴历九月初八日亥时，再过一两个钟头才进入初九日。按阴阳对照，应该是一九一〇年十月九日才对。只是家人们一则为着好记，一则喜欢重阳登高的节日，习惯于说我的生日是重阳节，有意错了一天，一错至今，也不想改了。"①

按：姚雪垠回忆自己的出生时间，认为应该是1910年10月9日。其实，查日历可知，"宣统二年阴历九月初八亥时"，具体时间就是1910年10月10日21时至23时。"再过一两个钟头才进入初九日"，即进入"宣统二年阴历九月初九"，具体时间是1910年10月11日。家人们"习惯于说我的生日是重阳节"，1910年10月11日正是"重阳节"。据此可以判断，姚雪垠回忆的出生时间存在不准确之处。针对此问题，姚雪垠之子姚海天解释道："10月10日已沿用多年，众人皆知。父亲和家人也是这样过的生日。……如父亲的回忆文章中需要纠正，就按你查对的日期说明。这样处理较好。"

姚营寨距离邓县县城50华里，"我们的县城，离省城开封还有八百里，所以邓县俗话就叫'邓八百'"②。姚营寨居住着不少地主以及为他们种地的佃户，地主分为两派，一派有钱有势，一派有钱无势。姚雪垠的父亲名叫姚薰南。姚雪垠在散文《我的老祖母》中回忆道："我的父亲是我们村中顶有学问的人，不把有势力的一派放在眼中，曾经挺身出来为受欺负的一派抱打不平。为着门头较近和利害一致，受欺负的有钱地主同我的父亲结成联盟。父亲俨然是这一联盟的领袖人物。"③ 姚薰南的

① 姚雪垠：《姚雪垠文集（第16卷）》，人民文学出版社，2010，第253页。
② 姚雪垠：《姚雪垠文集（第16卷）》，人民文学出版社，2010，第170页。
③ 姚雪垠：《大嫂》，河南人民出版社，1982，第83页。

妻子张氏，有一个患有腿疾且乳名为僧的弟弟。姚薰南与张氏先后生下长子姚冠杰、次子姚冠洛。姚雪垠出生之后，根据兄弟长幼次序排行老三，故名之姚冠三。其中，姚冠杰长姚雪垠5岁，姚冠洛长姚雪垠3岁。

当姚雪垠姓王的曾祖母坐着牛车嫁过来的时候，姚家虽尚有"三四百亩地，另外还有生意"①，婚礼却举行得十分仓促与简陋。"没有鼓乐，也没有凤冠霞帔，在一种匆忙的情形下，她被搀扶着拜了天地，做了新娘。原来那正是红头反的时候；附近的村庄都得往我们的寨上逃，老奶的结婚实际上是逃反。"②婚后一年左右，姚雪垠的曾祖父去世，留下姚雪垠的曾祖母以及尚是婴儿的姚守业。姚雪垠的祖父姚守业，在童年时代染上了大烟瘾，爱好的娱乐活动包括玩鹌鹑与玩戏子，与妻子育有一儿一女。儿子即姚雪垠的父亲姚薰南，女儿即姚雪垠的姑母。姚雪垠的父亲与姑母在幼年染上烟瘾，姑母出嫁稍晚，需要姚雪垠的母亲服侍。关于姑母出嫁之事，姚雪垠在《我的故乡、家庭与童年》中回忆道："在我诞生的时候，姑母出嫁了。嫁得很远，离姚营有四十多里路，靠近县城边，是一个破落的人家。为什么嫁那么远？为什么嫁一个破落人家？因为一则我们的家庭也破落，二来我的姑母起小抽大烟，长得又黑又瘦。"③

在姚雪垠出生之际，他的母亲想将他溺死在尿罐里，他仰

---

① 姚雪垠：《大嫂》，河南人民出版社，1982，第72页。
② 姚雪垠：《大嫂》，河南人民出版社，1982，第74页。
③ 姚雪垠：《姚雪垠文集（第16卷）》，人民文学出版社，2010，第191页。

赖曾祖母的呵护才得以保全性命。"一则为家庭里天天生气,二则为眼看着家产没落,母亲在我诞生前下了狠心,决意不让我留在世上。多亏老奶是我的救命恩人,假如没有她,我不会在人间活一个钟头。"① 在姚雪垠出生之后,曾祖母将其抱到堂屋西间,并让姚雪垠的堂四奶以及一位姓胡的佃户女人进行喂养。第三天,曾祖母将姚雪垠抱给他的母亲看,母亲看到眼睛大而亮的姚雪垠后,便心软下来。待满月之后,曾祖母将姚雪垠交给他的母亲照看。姚雪垠的出生充满了戏剧性色彩,家庭成长环境令其对家庭既爱又恨。故乡河南是姚雪垠的文化之根,在以后漫长的生命旅途中,中原大地终将成为姚雪垠魂牵梦绕之地。

---

① 姚雪垠:《大嫂》,河南人民出版社,1982,第75页。

1914 年　4 岁

5 月 1 日，袁世凯公布《中华民国约法》，废除《中华民国临时约法》。

6 月 6 日，上海中华图书馆印刷发行的《礼拜六》创刊。

7 月 20 日，商务印书馆主编的《学生杂志》在上海创刊。

7 月 28 日，第一次世界大战爆发。

是年　祖母逝世。"我的祖母死的时候我只有四岁，除记得有人抱我到她的棺材旁外，她没有留给我任何印象。不过我听说她的烟瘾很大，每天得一两膏子。"[1]

---

① 姚雪垠：《大嫂》，河南人民出版社，1982，第 75 页。

1915 年　5 岁

1 月 18 日，日本驻华公使日置益以归国返任为由面见袁世凯，正式向中国递交了包含"二十一条"要求的文件。

5 月 9 日，袁世凯接受丧权辱国的"二十一条"。

9 月 15 日，陈独秀主编《青年杂志》在上海创刊。自第 2 卷第 1 期（1916 年 9 月 1 日）起，《青年杂志》更名为《新青年》。

12 月 12 日，袁世凯称帝。

12 月 25 日，蔡锷通电各省宣布云南独立，反袁称帝的"护国运动"开始。

是年　父亲姚薰南教大哥姚冠杰、二哥姚冠洛读《三字经》《七字鉴略》等书。"父亲重视的是《三字经》，因为《三字经》里包括的知识面多，有儒家的思想，有勉励勤学苦读的实际例子，有历史知识——包括明代的历史都编进去了。父亲教的另一种课本是《七字鉴略》，也是一种中国通史的初级读物，用通俗的七字韵语编成。他自己还编了一本用四个字作一句的韵语历史课本。西屋当间成了我两个哥哥读书的地方。我的年纪还不到读书的时候，哥哥们读书，没有人陪着我玩，我就在院里自己玩。院里放一个大木盆，叫淘麦盆。夏天盆里头放上半盆水，水晒温了，我就坐在水里面听我哥哥们读书，所以许多《三字经》上的句子我都能背得下来，但是我一个字也不认识。"[1]

① 姚雪垠：《姚雪垠文集（第16卷）》，人民文学出版社，2010，第194—195页。

1919 年　9 岁

4 月，鲁迅的《孔乙己》刊于《新青年》第 6 卷第 4 号。

5 月 4 日，五四运动爆发。

5 月，鲁迅的《药》刊于《新青年》第 6 卷第 5 号。

秋　土匪烧掉姚营寨。"当土匪破寨的时候，幸而父亲带着我的母亲和我们三个小兄弟到三舅爷家走亲戚去了。据说土匪的目的是要将我的父亲打死的，既然没有找到我的父亲，就把我们的住宅和佃户的住宅烧光，使我们从此不可能留在乡间。"①土匪烧家之夜，姚薰南带着长子姚冠杰、次子姚冠洛逃往邓县城中避难。一个月之后，当姚薰南在邓县城中租房住下之后，便派人把妻子和小儿子姚雪垠接到城里去。

对于被土匪烧掉的姚家老宅，姚雪垠的母亲感到十分痛心。"她想起来家乡的老宅子就痛哭，哭过后就对房东和邻居们夸说

---

① 姚雪垠：《大嫂》，河南人民出版社，1982，第 83—84 页。

俺家的宅子多么好，夸过后又跟着一阵伤心。"① 此次离开姚营寨后，姚雪垠逐渐走上了漂泊之路。"我在九岁的时候就离开了农村，随着家庭迁居到故乡的小县城里，一直到我开始正正经经写小说的时候为止，没有机会再去切实的（地）接近农村。"②

冬 姚薰南教姚雪垠识字。

是年 苏曼殊的《断鸿零雁记》由上海广益书局出版单行本。

按：《断鸿零雁记》被誉为"民国初年第一部成功之作"，1912 年 5 月 12 日至 8 月 7 日连载于胡寄尘编的《太平洋报》文艺栏。此前，在南洋泗水《汉文新报》已刊载开头一部分。1980 年 1 月 15 日，姚雪垠在写给茅盾的一封信中评价道："《断鸿零雁记》是带有自传性质的作品，写法上已经突破了唐宋以来文人传奇小说的传统，而吸收了外国近代小说的表现手法。就艺术水平说，它比'五四'以来不少同类写爱情悲剧题材的白话小说要高明许多。其所以成为名作，并非偶然。"③

---

① 姚雪垠：《大嫂》，河南人民出版社，1982，第 84 页。
② 姚北桦、贺国璋、余润生编《姚雪垠研究专集》，黄河文艺出版社，1985，第 68 页。
③ 姚雪垠：《姚雪垠文集（第 19 卷）》，人民文学出版社，2010，第 450 页。

1920 年　10 岁

3 月，胡适的《尝试集》由亚东图书馆出版。

8 月 22 日，上海社会主义青年团成立。

9 月，鲁迅的《风波》刊于《新青年》第 8 卷第 1 号。

11 月 23 日，陈独秀在上海主持起草《中国共产党宣言》。

春　进入李莘楼办的私塾读书。"我的私塾蒙师李莘楼先生虽然只教我半年，他在语文方面给我的教育却使我终身感激，终生不忘。他在一个荒僻的城门楼上教了我们几个穷人家的孩子，因为束修（脩）太少，在荒春时节拿麻饼（芝麻榨过油以后的糟粕）充饥，于是人们就称他做（作）李饿楼。"①

是年　大哥姚冠杰娶亲。"记得大嫂嫁到俺家的时候，还是一个不满十九岁的乡下少女。大哥比她小一岁，按说也还是一个孩子；不过既然结了婚，别人把她当大人看待，她自己也不

---

①　姚雪垠：《田野上的鲜花》，《戏剧报》1957 年第 8 期。

得不装做大人。我那时是十岁，而实际算起来还不满十岁。那时候我们的家逃进城还没有站稳脚步（跟），谁也不晓得暗淡的日子会带来什么结局，可能永远地打瓦下去，永远不会有翻身机会。"①

---

① 姚雪垠：《大嫂》，河南人民出版社，1982，第 105 页。

1921 年　11 岁

1月4日，文学研究会在北京成立，发起人包括郑振铎、沈雁冰（茅盾）、叶绍钧（叶圣陶）等12人。

6月，创造社在日本东京成立，发起人包括郭沫若、郁达夫、成仿吾、田汉、郑伯奇、张资平等人。

8月，郭沫若的《女神》由上海泰东书局出版。

秋　考入教会办的鸿文高等小学。学习时间为三年。姚薰南送姚冠杰、姚冠洛、姚雪垠三兄弟同时入学。彼时，学生中间流行结拜风气，并将结拜当作立身处世甚至飞黄腾达的重要手段。姚雪垠回忆道："我的大哥没有任何不良嗜好，是个正派青年。不知为什么，他在同学中是一个被人们看重的风头人物，常被人们拉去拜把兄弟，有时连我这样的小孩子也被拉去烧香，换金兰谱。"[①]

---

① 姚雪垠：《大嫂》，河南人民出版社，1982，第111页。

1922 年　12 岁

3 月，叶绍钧的短篇小说集《隔膜及其他》由上海商务印书馆出版。顾颉刚为之作序，并且盛赞叶绍钧是一个"文艺的天才"①。

4 月下旬，第一次直奉战争爆发。

7 月，陈独秀的《马克思学说》刊于《新青年》第 9 卷第 6 号。沈雁冰的《自然主义与中国现代小说》刊于《小说月报》第 13 卷第 7 号。

是年　在鸿文高等小学求学。

---

① 顾颉刚：《隔膜及其他·序》，载叶绍钧《隔膜及其他》，商务印书馆，1922，《序》第 16 页。

1923 年　13 岁

2 月 7 日，直系军阀吴佩孚制造震惊中外的二七惨案。

3 月，罗章龙的《京汉工人流血记》由北京工人周刊社出版。

9 月，闻一多的《红烛》由上海泰东书局出版。

12 月，鲁迅的《中国小说史略（上）》由北大新潮社出版。

夏　大哥姚冠杰同军人义结金兰，辍学到吴佩孚的学兵营充当新兵。对于那些寻求出路的落后的破落地主青年而言，当兵是出路之一。"在我们那一带思想闭塞地方，落后的破落地主青年没有好的出路，以到吴佩孚的陆军第三师当学兵为进身阶梯。"[①] "陆军第三师是吴佩孚的基本武力，由他自兼师长，师部驻在洛阳。当时第三师加紧扩充，学营兵是它培训下级骨干

---

① 姚雪垠：《大嫂》，河南人民出版社，1982，第 112 页。

的部队。"①

按：彼时，一位姓宣的县长（原是吴佩孚的部下）借来邓县剿匪的名义，鼓励青年学子投笔从戎、报效祖国。因与大嫂感情不好，外加家境贫困，供不起三兄弟读书，大哥姚冠杰放弃学业，与结拜的同学到洛阳当兵去了。"大哥到了洛阳以后，立刻进吴佩孚的学兵营充当新兵。一入伍，他才知道学兵营远不是朋友们所宣传的那么回事，不要说毕业后不一定有什么前途，也不必说下操辛苦，新兵还要象（像）奴隶一样地服侍官长和老兵，动不动就遭到打骂。"②

是年　阅读叶圣陶的短篇小说集《隔膜》。

关于阅读叶圣陶的短篇小说集《隔膜》的往事，1974 年 7 月 10 日姚雪垠在写给茅盾的一封信中回忆道："我读他的第一个短篇集《隔膜》，方在少年，至今已整整半个世纪，有些印象，仍然新鲜。"③

按：关于姚雪垠阅读叶圣陶的短篇小说集《隔膜》的时间，许建辉④在《从〈隔膜〉到〈长夜〉》（《文艺报》2012 年 2 月 15 日）中指出是 1923 年；在《姚雪垠创作年表（一九一〇——一九四九》（《武汉师范学院学报（哲学社会科学版）》1984 年

————

①　姚雪垠：《大嫂》，河南人民出版社，1982，第 112 页。
②　姚雪垠：《大嫂》，河南人民出版社，1982，第 113 页。
③　姚雪垠：《姚雪垠文集（第 19 卷）》，人民文学出版社，2010，第 368 页。
④　许建辉（1952—　），河北饶阳人，曾任姚雪垠工作助手，协助整理长篇历史小说《李自成》第四卷、第五卷，撰有《姚雪垠传》《翰墨书香中的追寻》等著作。

第 5 期）中，周勃①、吴永平②指出是 1925 年。此处采用许建辉的观点。

---

① 周勃（1932—2022），湖南湘阴人，1978 年执教于湖北大学，撰有《永恒的困扰》《文学思存集》等著作。

② 吴永平（1951— ），湖北省社会科学院研究员，撰有《姚雪垠抗战时期小说创作研究》《隔膜与猜忌：姚雪垠与胡风的世纪论争》等著作。

1924 年　　14 岁

4 月 12 日，印度诗人泰戈尔访问中国。

6 月，鲁迅的《中国小说史略（下）》由北大新潮社出版。

9 月 15 日，第二次直奉战争爆发。

10 月 18 日，冯玉祥发动北京政变。

11 月 5 日，末代皇帝溥仪被逐出紫禁城。

夏　从鸿文高等小学毕业。毕业后，曾到洛阳，打算到吴佩孚的幼年兵营当兵。因遭到大哥姚冠杰的极力反对，愿望落空。姚雪垠在《洛阳鸿爪》中回忆道："假若我留在洛阳当了幼年兵，也可能死在战场上，也许在后来流落异乡，走上别的道路。那样的时代，一个什么也不懂的少年，说不上有什么正确的追求和前途。那一次到洛阳，只在小旅馆中住过两夜，对洛阳的各种情况全然不知，毫不理解，只晓得西工全是兵营，军阀吴佩孚的司令部（当时叫冀鲁豫巡阅使署）就设在这里。另外也朦胧地知道，洛阳是'九朝建都'的名城罢了。"①

秋　从洛阳来到信阳，插班进入教会办的信义中学，开始初中二年级的学习。

按：彼时，第二次直奉战争爆发，直系军阀吴佩孚战败。在吴佩孚战败后，姚雪垠接到大哥姚冠杰的一封信，言及"他同第三师在秦皇岛缴械后逃到天津，如今在天津和北京间过着饥寒交迫的流浪生活。他叫我写信告诉父母他没有阵亡，也没有挂彩，却不许我们说出他在讨饭"②。吴佩孚退守鸡公山后，信阳一带的空气异常紧张，甚至车站外也挖了战壕。因担忧信阳遭受战乱之苦，出于学生安全考虑，信义中学提前放假。放假后，姚雪垠与二哥姚冠洛，从信阳经驻马店，往西奔邓县而去。在返乡途中，兄弟两人被李水沫的土匪队伍抓去做"肉票"；姚雪垠被一个叫王三少的小土匪头目收为义子之后，与二哥姚冠洛的处境得到改善。后来，王三少离开土匪队伍，姚雪垠转被一个叫薛二少的头目收下，姚雪垠叫他二伯。

①　姚雪垠：《洛阳鸿爪》，《牡丹》1981年第5期。
②　姚雪垠：《大嫂》，河南人民出版社，1982，第114页。

1925 年　15 岁

1 月，茅盾的《中国神话的研究》刊于《小说月报》第 16 卷第 1 号。

5 月 4 日，《豫报》创刊于开封，吕蕴儒任社长，高歌、向培良任主编。

5 月 30 日，五卅惨案爆发。

春　李水沫的土匪队伍被地方军阀以及红枪会打散，薛二少将姚雪垠藏起来几天之后，派人将他送回邓县家中。过了两天，二哥姚冠洛也回到家中。这段在匪窟中惊险且传奇的经历，令姚雪垠 22 年后创作出自传体长篇小说《长夜》。该部小说不仅揭示出 20 世纪 20 年代中国北方农村因军阀混战、土匪蜂起而民不聊生的生活情景，而且与《李自成》构成了内在精神关联。在阐释两者关系之际，姚雪垠将《长夜》视为"打开《李自成》的创作问题的钥匙之一"①。

秋 到湖北樊城教会办的鸿文书院，读初中二年级。受老师影响，开始阅读苏俄文学以及"五四"新文学作家的作品。在谈到为何改名"浮生"之际，姚雪垠回忆道："我少年时代的家庭生活，本来是毫无生气，充满着忧郁和没落气氛，恰好读了一本'五四'新作家的感情不健康的小说，使我对人生很悲观，曾经将自己的名字改为'浮生'，是出自李白的《春夜宴桃李园序》中一句'而浮生若梦为欢几何'。一个十五六岁的少年，竟有这种思想！"②

① 姚雪垠：《长夜·为重印〈长夜〉致读者的一封信》，载《长夜》，人民文学出版社，1981，《为重印〈长夜〉致读者的一封信》第1页。
② 禹权恒编著：《姚雪垠研究》，河南大学出版社，2017，第5页。

1926 年　16 岁

1 月 11 日，张作霖宣布东三省独立。

3 月 18 日，北京发生三一八惨案。

7 月 9 日，国民革命军在广州举行誓师典礼，正式出师北伐。

8 月，鲁迅的《彷徨》由北新书局出版。

10 月 23 日，上海工人举行第一次武装起义。

10 月，吴佩孚军队败退河南。

春　姚冠杰出外当兵毫无音讯，姚雪垠在外读书令家人放心不下，家人借其母亲病重之由把他从樊城鸿文书院叫回家中。"从此以后，我的少年生活有几次变化，基本上是失学在家。有一段不长的时间到樊钟秀的部队当兵。"[1]　"这一段当兵生活，对我写《李自成》很有帮助。樊钟秀在作战中沉着、勇敢的表现，就成为我后来创造李自成性格的原型人物之一。"[2]

---

① 　姚雪垠：《姚雪垠文集（第 16 卷）》，人民文学出版社，2010，第 2 页。
② 　姚海天、蒋晔编著：《一代文学大家姚雪垠》，沈阳出版社，2018，第 39 页。

1927 年　17 岁

1月26日，于学忠率4个师，由老河口进至邓县，包围驻邓之建国军。

4月12日，蒋介石在上海发动反革命政变。

6月2日，王国维投颐和园昆明湖自尽。

7月15日，汪精卫在武汉发动反革命政变。

7月，鲁迅的《野草》由北新书局出版。

是年　失学在家读书。对于大革命失败与自己走上文学创作的关系，姚雪垠回忆道："我是1927年大革命失败，中国共产党领导的新民主主义革命向武装斗争和文化斗争深入发展时期，以马克思主义为指导的左翼文化和文艺运动在白色恐怖下蓬勃兴起，这一革命的历史浪潮将我唤醒，并将我推上了文学创作的道路。"[1]

---

[1]　姚雪垠：《姚雪垠在捐赠仪式上的讲话》，《档案管理》1990年第4期。

1928 年　18 岁

1 月，太阳社成立，发起人包括蒋光慈、钱杏邨等人。

2 月 10 日，丁玲的《莎菲女士的日记》刊于《小说月报》第 19 卷第 2 号。

3 月 10 日，徐志摩主编的《新月》月刊在上海创刊。

是年　失学在家读书。"在我的少年时代，尽管常常在失学中，但我通过自学，初步掌握了写'文言文'的技巧，基本上会做（作）'古文'，也大体上可以做（作）不很严格的骈体文。这些少年时代的初步锻炼，随着后来读书渐多，有所增进，对我写《李自成》很有帮助。"①

---

① 禹权恒编著：《姚雪垠研究》，河南大学出版社，2017，第 7 页。

1929 年　19 岁

1 月 19 日，梁启超逝世。

4 月，戴望舒的《我的记忆》由水沫书店出版。

7 月，沈从文的《神巫之爱》由光华书局出版。

8 月 1 日，上海反帝大同盟成立。

10 月，巴金的《灭亡》由开明书店出版。

春　离开邓县，来到开封，备考河南大学。

夏　凭借同乡制造的初中假文凭，考入河南大学预科，就读于法学院。因对当时社会的黑暗和自己的经历充满愤懑之情，入学后积极参加中国共产党开封地下市委领导的学潮委员、中共外围组织"反帝大同盟"等活动。

9 月 9—10 日　以"雪痕"为笔名在《河南民报》副刊第 29 期、第 30 期上发表短篇小说《两个孤坟》。该小说围绕长工王材与婢女阿香的故事展开，鞭挞了无恶不作的地主。刘增杰谈到《两个孤坟》之际指出："作品从一个侧面，反映了 20 年代中原地区地主对农民进行残酷压迫和剥削的社会现实。"① 小说发表后,姚雪垠从《河南民报》领取到五毛钱稿费。"这是我第一次发表小说,第一次得到稿费。那时候是使用银元(圆),所以五毛钱对我是重要接济,可以帮助我度过几天。"②

9月20日　短篇小说《强儿》发表于《河南民报》副刊第39期。

9月23日　《通讯——致灵涛》发表于《河南民报》副刊第42期。

10月31日　诗歌《秋季的郊原》发表于《河南民报》副刊第81期。

---

① 刘增杰:《文学生命之始——姚雪垠在河南大学》,《河南大学学报(社会科学版)》2000年第2期。

② 姚雪垠:《姚雪垠文集(第16卷)》,人民文学出版社,2010,第3页。

1930年　20岁

3月2日，中国左翼作家联盟成立。

3月10日，《河南民国日报》创刊于驻马店。

5月1日，蒋介石发表《讨伐阎冯誓师词》。

5月11日，蒋介石下达总攻击令，中原大战爆发。

12月，张恨水的《啼笑因缘》由三友书社出版。

3月20日　郭沫若的《中国古代社会研究》第二版由上海联合书店出版，分四篇对中国古代社会进行了介绍，即"周易的时代背景与精神生产""诗书时代的社会变革与其思想上之反映""卜辞中之古代社会""周金中的社会史观"。姚雪垠认为该书的出版为马克思主义新史学奠定了基础。"尽管我当时不能完全读懂，但我是有些常识的，知道这是充分利用了罗振玉、王国维、董作宾三位学者研究甲骨文的成果，加上马克思主义的社会发展史观点而写出的开创性著作，不尚空论。"① 为表示对郭沫若学术成就的崇拜之意，姚雪垠在该书封面上写下"心爱的书"四个字。

夏 以"共党嫌疑"的罪名被捕入狱。因证据不足，外加舆论压力，被关押四天后，在开封担任商店经理的同乡前辈王庚先将姚雪垠保释出狱。

是年 大嫂被迫改嫁。"让大嫂改嫁我是赞成的，但应该象（像）我家的女儿一样打发她嫁出去，而不是将她折磨之后，强迫改嫁，还同她的娘家分用了男方的钱！这种按照当时社会上最坏的风俗，最不人道的方式，将大嫂打发出去，使我每想起来就心中痛苦。纵然大嫂改嫁后大概会比在我们的家中幸福，我也忍不住在我的笔下控诉那该诅咒的，曾经养育过我的童年和少年的家庭和那种吃人的社会、吃人的封建伦理、风俗和制度！"②

① 姚雪垠：《姚雪垠文集（第16卷）》，人民文学出版社，2010，第7页。
② 姚雪垠：《大嫂》，河南人民出版社，1982，第121页。

1931 年　21 岁

2 月 7 日，左翼作家柔石、胡也频、李伟森、冯铿、殷夫在上海龙华被秘密处死。

4 月 18 日，巴金的《家》（《激流》）开始在上海《时报》连载。

8 月，徐志摩的《猛虎集》由新月书店出版。

9 月 18 日，日本驻中国东北地区的关东军突然袭击沈阳，以武力侵占东北。

9 月 22 日，河南省反日救国会在开封成立。

5 月　与王庚先之女王梅彩，在开封喜结良缘。1991 年 9 月 25 日，姚雪垠在写给陈纪滢①的一封信中回忆道："我结婚早，老伴名王梅彩，同我结婚时才十八岁。我们风雨同舟、甘苦共尝，至今已历六十春秋。她年轻时相当美，河南朋友中曾

---

① 　陈纪滢（1908—1998），原名寄滢，笔名有鹎瀛、生人等，河北安国人。小说家，记者。著有长篇小说《荻村传》、回忆录《我的邮员与记者生活》等。

有'娶妻当如王梅彩'的话。至今她身体健康，家务事全由她管，使我可以专心写作和研究学问，对日常生活琐事全不费心。"①

夏　因参加政治斗争和学潮，被学校当局以"思想错误，言行荒谬"的罪名开除学籍。被挂名开除的当天下午，因担心再次被捕，在从同学处借得十几元钱之后，回到家与妻子匆匆告别，乘火车前往北平。

在河南大学的两年求学经历，让姚雪垠受益匪浅。首先是受到"深刻的政治思想教育"，其次是"初步掌握了一些关于历史唯物主义、辩证唯物主义以及马克思主义政治经济学的常识"，最后是"对新文学和新史学发生了特别浓厚的兴趣"②。姚雪垠特别提及梁启超的《清代学术概论》，并对前代学者严谨的治学态度和治学方法给予了高度肯定。"如今人们多知道我为写《李自成》使蝇头小楷抄写了不少卡片，而很少人会想到是由于我在青年时期受到梁启超的《清代学术概论》的启发，是学习了前代学者们的部分经验。"③

按：初到北平，姚雪垠住在东城沙滩蓬莱公寓一间坐西朝东的小房间，每月连伙食、茶水、电灯在内只需花费十元。彼时，姚雪垠并不想成为一名以写作谋生的作家，而是希望通过在图书馆中埋头苦读，最终成为一名马克思主义史学家或中国

① 姚雪垠：《姚雪垠文集（第19卷）》，人民文学出版社，2010，第329页。
② 姚雪垠：《姚雪垠文集（第16卷）》，人民文学出版社，2010，第3页。
③ 姚雪垠：《姚雪垠文集（第16卷）》，人民文学出版社，2010，第6页。

文学史家。在埋头北平图书馆苦读之际，既未到北京大学做旁听生，也未拜访北京高校教授，更未拜访文学界知名作家。在谈到老一代的京派作家"盟主"周作人之际，姚雪垠指出："我尊重他有学问，但不赞成他提倡冲淡和闲适情调，不但没有去拜访过他，后来还在曹聚仁主编的《芒种》半月刊上发表过两篇文章批评和讽刺他。"①《芒种》半月刊1935年3月5日创刊于上海，姚雪垠在该刊发表的批评周作人的两篇文章，分别是《鸟文人》《京派与魔道》。这是姚雪垠参与"京派"与"海派"论争的两篇杂文。另外，对于知堂老人周作人、幽默大师林语堂，以及《论语》《人间世》等报刊均有所批评。彼时，年轻一代的"京派"重镇沈从文住在北平西城。而住在北平东城的姚雪垠给沈从文主持的刊物投过稿，只是两人未曾谋面。直到1962年秋天，因长篇历史小说《李自成》第一卷中关于明朝服装之事，姚雪垠与沈从文在北京首次见面。虽是首次见面，沈从文仍清楚记得当年姚雪垠为投稿给他写信之事。

冬　从北平返回河南。

---

① 姚雪垠：《姚雪垠文集（第16卷）》，人民文学出版社，2010，第9页。

1932 年　22 岁

1月28日，上海"一・二八"事变爆发。

5月5日，中日签订《淞沪停战协定》。

6月10日，左联机关刊物《文学月刊》在上海创刊。

7月，还珠楼主（李寿民）的《蜀山剑侠传》开始在天津《天风报》连载。

9月，中国诗歌会成立于上海。

2月20日　《土戏中的滑稽趣味》发表于《河南民国日报》副刊《民众乐园》。

2月21日　《东西文化之搀和》发表于《河南民国日报》副刊《民众乐园》。

3月3日　《唠子腔》发表于《河南民国日报》副刊《民众乐园》。

3月5—6日　《小喜子赶嫁妆》连载于《河南民国日报》副刊《民众乐园》。

3月14日　《女子变物的故事》发表于《河南民国日报》副刊《民众乐园》。

3月16日　《老妻少夫》发表于《河南民国日报》副刊《民众乐园》。

春　到豫北淇县楚旺中学教书。"楚旺是卫河边上的一个小镇，利用卫河楚旺关的一部分厘金款子办这个中学（当时淇县没有县立中学），经费充足，学校周围是农村风光，办学的几个人也都热心于本地教育事业，朴实肯干。"①

6月3日　《征途——死后之什一》发表于《河南民国日报》副刊《平沙》。

秋　到信阳义光女子中学教书。

寒假　回到开封，辞去信阳义光女子中学教职，与妻子王梅彩住在岳父王庚先家里。失业之际，有时在家读书，有时去河南省立图书馆（今开封市图书馆）看书。彼时，在河南省立图书馆接触两本记载李自成三次进攻开封的书籍，第一本是李光壂的《守汴日志》，第二本是周在浚的《大梁守城记》。这两本与明末农民起义有关的书，为姚雪垠后来创作长篇历史小说《李自成》积累了阅读经验。"应该说，这是引起我研究明末农民战争史的兴趣的一个最早媒介。"②

---

①　姚雪垠：《姚雪垠文集（第16卷）》，人民文学出版社，2010，第11页。
②　姚雪垠：《姚雪垠文集（第19卷）》，人民文学出版社，2010，第527页。

1933年　23岁

1月，茅盾的《子夜》由开明书局出版。

7月，臧克家的诗集《烙印》自印出版，闻一多作序。

8月，老舍的《离婚》由良友图书公司出版。

10月18日，天津《大公报》副刊《文艺》刊载沈从文的《文学者的态度》一文，掀起了一场"京派"与"海派"的论争。

2月9日　散文《我要复活》发表于《河南民报》。

2—3月　《元剧录》连载于《河南民报》副刊《艺术周刊》。

3月2日　《生命的寻找》发表于《河南民报》。

3月16日　《土戏中之滑稽趣味》发表于《河南民报》副刊《茉莉》。

3月25日　《论元剧底扮演》发表于《河南民报》副刊《茉莉》。

3月27日　诗歌《寄》发表于《河南民报》副刊。

春假　与王国权、苗化铭等人，应河南大学教授王毅斋①先生的邀请，前往河南杞县参观大同小学。从办学发展历程来看，大同中学先是创办小学部，又创办中学部，后统一称为大同中学。彼时，同乡好友梁雷②正在大同小学教书。姚雪垠回忆道："春假的时候王先生约我们两三个朋友去杞县参观他的小学校，使我第一次有机会同阿雷在一块儿快活地相处三天以上。这时候阿雷给我的印象是刻苦、负责，对于教育的理论和方法有很多独创的见解。"③到大同小学后，受到全体师生的热烈欢迎。"在欢迎会上我认识了阿雷的另一面，他是一个倔强而有魔力的煽动家，一个严肃而热情的家伙。"④

4—5月　《词以后清歌文学底解放》连载于《河南民国日报》特刊《新圃周刊》。

按：《新圃周刊》于1933年1月由河南大学拓社创办于开封。

4—5月　《大诗人曹子建》连载于《河南民报》副刊《艺术周刊》。

5月4日　独幕剧《百姓》发表于《河南民报》副刊《茉莉》。

---

①　王毅斋（1896—1972），曾用名子豫，河南杞县人。经济学家、教育家。大同中学是由王毅斋创办的。

②　梁雷（1911—1938），原名梁德谦，字雨田，河南邓县人。

③　姚雪垠：《姚雪垠文集（第16卷）》，人民文学出版社，2010，第337—338页。

④　姚雪垠：《姚雪垠文集（第16卷）》，人民文学出版社，2010，第338页。

5月21日　独幕剧《寡妇及其儿子》发表于《河南民报》副刊《寒笳周刊》。

按：姚雪垠是《寒笳周刊》的主编。

5月23日、28日　《读陶诗（上）》连载于《河南民报》副刊《黄河》。

6月18日　《洛滨梦》发表于《河南民报》副刊《平野》。诗歌《迷惘之曲》发表于《河南民报》副刊《平野》。

按：《平野》属于文学周刊，由姚雪垠、张向荣主编。

6月25日　《各自不同的三个画展》发表于《河南民报》副刊《平野》。《河南民报》副刊《平野》再次刊载《洛滨梦》。

6月　短篇小说《血衣》发表于《茉莉》月刊创刊号。

7月27日　诗歌《一封旧信》发表于《河南民报》副刊《平野》。《河南民报》副刊《平野》再次刊载《洛滨梦》。

8月13日　《从吃菜说到张友仁的画》发表于《河南民报》副刊《平野》。

8月27日　诗歌《登禹山》发表于《河南民报》副刊《平野》。

夏　梁雷、赵伊坪、傅孤侣三人与王毅斋产生矛盾，离开大同小学。暑假后，梁雷、赵伊坪到乡下教小学。

8—9月　诗歌《最后的一面》连载于《河南民报》副刊《茉莉》。

9月24日　《到处老鸦一般黑》发表于《河南民报》副刊《平野》。

10 月 1 日　诗歌《埋怨》发表于《河南民报》副刊《平野》。

10 月 22 日　诗歌《无题》发表于《河南民报》副刊《平野》。

10 月 22 日　《赋得神通广大》发表于《河南民报》副刊《平野》。

冬　岳父王庚先被宛西军阀别廷芳杀害于新野县樊潭寨。后来，姚雪垠以别廷芳为主人公，写了一部大约 10 万字的小说《小独裁者》。因自己不满意，最终付之一炬。

是年　与王国权、苗化铭等朋友，在开封北书店街合办大陆书店。"年底又一起创办了《大陆文艺》杂志。书店经销的是来自上海的进步书籍，杂志刊登的是抨击现实鼓吹革命的文章。"① 在创刊号上注明姚雪垠主编的《大陆文艺》是由开封大陆书店出版发行，发行时间是 1933 年 12 月 1 日。其中，发表了姚雪垠的一首诗歌《沧桑曲》；两篇总题为《风马随笔》的杂文，分别是《东西文化之揉和》《关于"杂感"的杂感》。《大陆文艺》只出了一期，即被查封。

---

① 许建辉：《翰墨书香中的追寻》，文化艺术出版社，2014，第 151 页。

1934 年　24 岁

1 月 15—18 日，中共中央在江西瑞金召开六届五中全会。

6 月，陈望道、叶圣陶、陈子展等人在上海发起"大众语运动"。

7 月，曹禺的四幕话剧《雷雨》刊于《文学季刊》第 1 卷第 3 期。

1 月 14 日　散文《这一天》发表于《河南民报》副刊《平野》。

2 月 16 日　出版小刊物《今日》，杂文《畜生》发表于《今日》创刊号。《今日》第二期出版后，遭到国民党查禁。听闻国民党要抓人的消息之后，姚雪垠、王国权、苗化铭逃离开封，到巩县（今巩义市）康店王国权的家中住了一段时间。风声过后，姚雪垠、苗化铭返回开封，王国权赴日本留学。

3 月 24 日　《翟射十日》发表于《河南民报》副刊《平野》，又于 4 月 8 日、4 月 11 日在该刊刊载。

3 月 臧克家的《烙印》由开明书店出版。

按：在姚雪垠创作于 1962 年的组诗《璇宫感旧诗》中，记载了《烙印》的时代影响，只是存在时间上的误差。其中，第二首诗曰："廿五年前《烙印》出，如花新作竞飞传。慕名徒有识荆意，风雪沙滩一少年。"姚雪垠解释道："克家的诗集《烙印》出版时，我住在北平沙滩蓬莱公寓，过投稿生活，贫病交迫。"第三首诗曰："中原当日东施众，枉费精神学婵娟。寂寞每闻乡里事，蓬莱孤客笑新鲜。"姚雪垠解释道："河南同乡到蓬莱公寓作为中州诗坛的动态说给我听，使我发笑，足见《烙印》出版后影响之大。"第八首诗曰："我爱襄阳孟夫子，风流何苦住鹿门？春风沉醉花开少，夜半歌声动旅魂。"姚雪垠解释道："克家在三十年代中期，首先以《烙印》一集，震响了诗坛，接着又发表长诗《运河》，也受到读者重视。"①

4 月 15 日 《论小品文》发表于《河南民报》副刊《平野》，又于 4 月 22 日在该刊刊载。

春 "举家迁回邓县。随后，只身去北平，从事专业创作。"②

5 月 1 日 《大团圆之后》发表于《河南民报》副刊《平野》，又于 5 月 9 日在该刊刊载。

5 月 20 日 《草虫章——〈诗经〉今译之一》发表于《河南民报》副刊《平野》。

---

① 姚雪垠：《姚雪垠文集（第 15 卷）》，人民文学出版社，2010，第 7—9 页。
② 吴永平：《姚雪垠创作年谱》，《新文学史料》2010 年第 3 期。

5月24日　剧本《最后的一面》发表于《河南民报》副刊《平野》，又于6月6日、9月27日在该刊刊载。

6月18日　《由定县〈牛〉底上演谈到农民剧运》发表于天津《庸报》副刊《戏剧周刊》第9期。

7月5日　书评《屈原集》发表于《河南民报》副刊《平野》。

8月3日　《天地开辟、毁灭及重建》发表于《河南民报》副刊《平野》，又于8月10日、9月3日、9月9日在该刊刊载。

11月1日　杂文《文人与装鳖》发表于《论语》半月刊第52期。

11月16日　《〈楚辞·九歌〉今译》发表于北平《华北日报》副刊《每日座谈》第217期。与之商榷的文章是《关于〈九歌〉的今译问题——答姚雪垠君》（何有），该文刊于北平《华北日报》副刊《每日座谈》1934年第226期。

12月22日　《渡》发表于北平《华北日报》副刊《每日文艺》第22期。

冬　因患肺结核病，离开北平。返乡途中，到大同中学养病。

是年　《海天》（文学月刊）创办于开封，由姚雪垠主编。

1935 年 25 岁

1 月 15—17 日，中共中央在遵义召开政治局扩大会议。

7 月，李劼人的《死水微澜》由中华书局出版。

8 月 1 日，中共中央发表抗日救国的《八一宣言》。

8 月，萧军的《八月的乡村》由荣光书局出版。

12 月，萧红的《生死场》由荣光书局出版。

1 月 5 日　《经验、观察、与认识》发表于《华北日报》副刊《每日文艺》。

1 月 10 日　《咒——年头小景之一》发表于北平《文化批判》（新年特大号、中国经济研究特辑）第 2 卷第 2—3 期合刊。

1 月 17 日　《写实主义文学与科学》发表于《华北日报》副刊《每日文艺》。

1 月 23—24 日　独幕剧《洛川之滨》连载于《华北日报》副刊《每日文艺》。

1 月　独幕剧《群绅》发表于开封《文艺月刊》第 5—6 期

合刊。

2月6日　《英雄非典型》发表于《华北日报》副刊《每日文艺》。

3月16日　杂文《教育四征》发表于《论语》半月刊第61期。

3月　诗歌《梦归》《诗人的天禀与运命》《出家人之歌》发表于开封《青春诗刊》创刊号。

春　"去北平，从事写作。"①

4月5日　杂文《鸟文人》发表于《芒种》半月刊第3期。

4月15—17日　《天地的开辟、毁灭及重建》连载于《华北日报》副刊《每日文艺》。

5月5日　杂文《老马识途》发表于《芒种》半月刊第5期。

杂文《日子倒走》发表于《芒种》半月刊第6期。

6月10日　《福之死》发表于《文艺大路》第1卷第2期。

按：6月10日，上海《时事新报》刊有一则《文艺大路》第2期出版的消息，提到刊载的名家名作包括赵景深②《江湾夜行》、姚雪垠《福之死》等。

6月11日　上海《时事新报》报道了《文学社文学季刊社

---

① 吴永平：《姚雪垠创作年谱》，《新文学史料》2010年第3期。
② 赵景深（1902—1985），祖籍四川宜宾，生于浙江丽水。戏曲史家、曲艺理论家。著有《读曲随笔》《小说戏曲新考》等。

等发表对于文化运动的意见》的消息，姚雪垠是联合签名人之一。该意见主要是反对当时的复古运动，参与签名之人还有老舍、沈起予、胡绳、郁达夫、叶圣陶等。

7月1日　杂文《论潇洒》发表于上海《申报》。

小说《阴影里》发表于北平《晨报》。

杂文《京派与魔道》发表于《芒种》半月刊第8期。

7月8日　《话说盘古》发表于上海《时事新报》副刊《青光》，与南父①商榷盘古开天辟地的起源问题。

按：是年6月30日，在上海《时事新报》副刊《青光》上，南父发表《神话与历史小品》一文，谈到盘古开天辟地的神话以及历史小品的创作应当注意神话题材的问题。

7月9日　《女子变物故事举例》发表于《华北日报》副刊《每日文艺》。

7月10日　《月出之前》发表于《文艺大路》第1卷第3期。

按：是年7月12日，上海《时事新报》刊有一则《文艺大路》第3期出版的消息，提到的执笔者包括赵景深、沈圣时、姚雪垠、汪馥泉、黑婴、欧阳秀等名家。

7月12日　《"文人相轻"》发表于《华北日报》副刊《每日文艺》。

散文《中国产日月的女神》发表于上海《申报》。

---

① 南父（1917—2002），原名汪普庆，江苏泰兴人。

7月12—13日　在上海《时事新报》副刊《青光》上，南父发表《关于盘古——答姚雪垠君》一文，谈到自己与姚雪垠对待神话的不同态度。

7月16日　《文丐》发表于上海《时事新报》副刊《青光》。

7月25日　散文《嫦娥补考》发表于上海《申报》。

7月28日　《再谈盘古》发表于上海《时事新报》副刊《青光》，再次言及与盘古有关的神话故事并不是农业社会的产物。

7月　小说《野祭——幼年生活的一段》发表于《新小说》第2卷第1期。

8月初　在北平第二次患严重咯血病的姚雪垠回到开封。彼时，河南杞县大同中学校长王毅斋邀请梁雷回大同中学做教务主任，梁雷顺势邀请姚雪垠去大同中学养病。在大同中学养病期间，开始学习世界语。彼时，姚雪垠与芦焚①彼此往来。"那时芦焚也在家里住着，我们的生活倒很不寂寞。不过在许多地方我们同芦焚的意见完全不同，因此也不免常常抬杠。"②

开学以后，姚雪垠离开大同中学，住在豫北日报社。在残秋将近之际，回到邓县。冬天，梁雷回邓县探母，被县立女子师范和第一小学留下教了半年书。"我们在家乡都是被目为'左倾'人物，雷因此虽然被一般学生爱戴，却在同事方面处得不

---

① 芦焚（1910—1988），原名王长简，河南杞县人，后因有人盗用"芦焚"而改用笔名"师陀"。1937年，凭借短篇小说集《谷》获《大公报》文艺奖金。有《师陀全集》行世。

② 姚雪垠：《姚雪垠文集（第16卷）》，人民文学出版社，2010，第339页。

十分痛快，到暑假又回到大同中学当教务主任去了。"① 居邓县养病期间，姚雪垠搜集家乡语汇，按编辞书之法把资料写在笔记本上，题名《南阳语汇》。之所以收集家乡语汇，是因为受到大众语运动的熏陶。"一九三三年左右的大众语运动是中国共产党所领导的革命文学运动的组成部分，对改变'五四'以后的欧化文风和知识分子腔调起了重大作用。我是在这运动的启导下开始有目的地收集河南口语中的精彩语汇，并对某些语汇追究了语源，与元曲中的道白互相印证。"②

8 月 20 日　杂文《苍蝇主义》发表于《芒种》半月刊第9—10 期合刊。

8 月 29 日　散文《渡船上》发表于天津《大公报》副刊《小公园》。

12 月 9 日　北平数千名大中学生举行声势浩大的抗日救国示威游行。蒋南翔③起草的《清华大学救国会告全国民众书》，发出"华北之大，已经安放不得一张平静的书桌了"④ 的悲愤呐喊。一二·九运动产生了巨大社会影响，得到全国的热烈响应。河南杞县大同中学校长王毅斋，带领大同中学的师生上街游行，积极声援华北学生。未能参与此次爱国救亡运动的姚雪垠回忆道："一二·九运动时我在邓县家中养病，常以不曾参加

---

① 姚雪垠：《姚雪垠文集（第 16 卷）》，人民文学出版社，2010，第 339 页。
② 姚雪垠：《姚雪垠文集（第 16 卷）》，人民文学出版社，2010，第 20 页。
③ 蒋南翔（1913—1988），江苏宜兴县人，我国青年运动的著名领导者、无产阶级革命家、马克思主义教育家。
④ 周天度、孙彩霞编《救国会史料集》，中央编译出版社，2006，第 23 页。

这一伟大运动而抱憾。"①

　　12 月 16 日　小说《山上》发表于北平《文学季刊》第 2
卷第 4 期。

---

　　①　姚雪垠:《姚雪垠文集（第 16 卷）》，人民文学出版社，2010，第 12 页。

1936年 26岁

6月5日，宋之的的《一九三六年春在太原》刊于《中流》创刊号。

9月，茅盾主编的《中国的一日》由上海生活书店出版。

10月1日，鲁迅、郭沫若、茅盾、巴金、包天笑、周瘦鹃等21人联合发表《文艺界同仁为团结御侮与言论自由宣言》。

10月19日，鲁迅病逝于上海大陆新村9号寓所。

11月，曹禺的《日出》由上海文化生活出版社出版单行本。

2月17日 小说《小罗汉》发表于《国闻周报》第13卷第6期。

3月6日 散文《大众的话和文学》发表于《河南民国日报》。

秋 到大同中学养病。

10月1日 小说《七月的夜》发表于《文季月刊》第1卷

第 5 期。1940 年 10 月 1 日被《艺风月刊》第 7 期转载。

11 月 25 日　小说《碉堡风波·乡间国难曲之一》发表于《光明》第 1 卷第 12 期。

12 月 9 日　小说《捉肉头》发表于《群鸥》创刊号。

按：在《捉肉头》第 5 页版面上夹杂了一首诗——《悼：纪念鲁迅先生》（邱野）。同期文章，还包括《这死亡紧贴在我们心上》（伊坪）、《作家，批评家，伟人鲁迅》（文君）、《我们对于当前文化运动的意见》（清天）、《春天里》（［犹太］Olgin 作、渥丹译），以及梁雷写的关于曹禺的四幕话剧《日出》的评介文字等。《群鸥》是由大同中学师生共同创办的一份宣传抗日救亡的文学刊物，穆青参与撰稿和编辑工作。"因当时杞县缺乏印刷条件，他们便和姚雪垠联系，把每期的稿子寄给他，由他编好后在北平排版付印。"①《群鸥》仅出版三期，即遭到当局查封。

12 月 12 日　为挽救民族危亡，实现民族独立，张学良、杨虎城在陕西临潼对蒋介石实行兵谏，发生了震惊中外的"西安事变"。姚雪垠回忆道："双十二事变时我在大同中学做客。事变和平解决，把蒋介石放回南京，我们一时想不通，情绪很坏。我气得几乎一天吃不下饭。"②

12 月 25 日　在《光明》第 2 卷第 2 号上，周立波发表《一九三六年小说创作的回顾——丰饶的一年间》一文。在谈到

---

① 张严平：《穆青传》，新华出版社，2020，第 15 页。
② 姚雪垠：《姚雪垠文集（第 16 卷）》，人民文学出版社，2010，第 12 页。

宋之的与姚雪垠本年度作品之际指出："宋之的的《一九三六年春在太原》，虽然不是短篇小说而是一篇报告文学，但它却是和《碉堡风波》一样，企图独创新的风格的。《碉堡风波》是国防前线的乡村剥削者们趁火打劫的情景的反映，《一九三六年春在太原》是'剿匪'前线的统治者恐怖的反映。在两部小说的对照中，可以看出我们国家的风度。"①

冬　姚雪垠和梁雷等好友为大同中学教师、地下党员、诗人赵伊坪饯行。临别之际，赵伊坪为众人讲述了一个富有诗意的小故事。以之为基础，姚雪垠创作了短篇小说《红灯笼的故事》。"《红灯笼的故事》先作为短篇小说发表，被译到国外，连同《差半车麦秸》收入莫斯科出版的《中国短篇小说选》中。后来写长篇小说《春暖花开的时候》又将它作为其中的一章。"②

是年　版画家王寄舟为姚雪垠作藏书票《雪垠读书》。"画面是皑皑白雪覆盖下的原野，将'雪垠'两字形象化了。姚雪垠一得到书票，就贴在刚买来的《海上述林》一书上。"③

按：《海上述林》是鲁迅编校的瞿秋白译文集，分上下两卷。上海诸夏怀霜社 1936 年 5 月出版上卷，1936 年 10 月出版下卷。"上卷'辨林'收入马克思、恩格斯、列宁、普列哈诺

①　周立波：《周立波三十年代文学评论集》，上海文艺出版社，1984，第173—174 页。
②　姚雪垠：《姚雪垠文集（第16卷）》，人民文学出版社，2010，第13页。
③　韦泱：《旧书的底蕴》，上海辞书出版社，2013，第132页。

前排：梁雷（左）、姚雪垠（中）、赵伊坪（右）。后排：大同中学学生

夫、拉法格、高尔基等有关文学的论文和苏联学者的研究文章；下卷'藻林'收入高尔基、别德讷衣、卢那察尔斯基、帕甫伦珂等人的诗歌、剧本、小说、散文。"①

---

① 刘运峰编著：《鲁迅书衣录》，九州出版社，2021，第221页。

1937 年　27 岁

7 月 7 日，卢沟桥事变爆发。

8 月 24 日，上海文化界救亡协会创办《救亡日报》。

1 月 6 日　小说《查夜》发表于天津《大公报》副刊《文艺》。

1 月 10 日　译作《春天里》（［犹太］Olgin 作）发表于天津《大公报》副刊《文艺》。文末注明"译自 Mondo 第四年第三四月号合刊"。

1 月 28 日　《一九三七年是我们的》发表于《群鸥》第 1 卷第 2 期。

1 月 30 日　《读史随笔》发表于《立报·言林》。

2 月 2 日　《文字宣传到乡间》发表于《河南民国日报》。

2 月 10 日　《一部伟大作品的提议》发表于上海《光明》第 2 卷第 5 期。在文中，姚雪垠不仅肯定了鲁迅的跨时代意义："十年前的作品如今依然为进步的读者爱好的是鲁迅先生的小说和杂感，这正是鲁迅先生的伟大处。"① 而且谈到了茅盾主编的《中国的一日》对于其个人的重要影响："近来因为看见了《中国的一日》，我就想到了一部'现代中国志'，单位不一定是县，总要从动的方面来把握一地方若干年来的社会各方面。""这书，不惟要成为一部用眼泪写成的伟大信史，也要成为比钢铁还更有力的救亡武器。"②

2月23日　《酒》发表于《立报·言林》。《月报》第1卷第3期（3月15日）转载。

3月10日　小说《援兵》发表于上海《光明》第2卷第7期。

3月15日　杂文《汉奸变种》《夜行曲第一章——红灯日记序》发表于《群鸥》第1卷第3期。

4月10日　小说《M站——乡村国难曲之二》发表于上海《光明》第2卷第9期。

5月7日　在上海《国民》第1卷第1期上，黑丁发表《读〈M站〉》一文，认为《M站》"无论如何这是一篇好的作品"。

春末　离开大同中学。来到新乡后，住在豫北日报社。与在邓县教小学的妻子王梅彩在新乡团聚后，两人前往北平。到北平后，在沙滩附近的中老胡同租了两间房住下。此间，开始创作长篇小说《五月的鲜花》，有时也去北平图书馆读书。

---

① 姚雪垠：《一部伟大作品的提议》，《光明》1937年第2卷第5期。
② 姚雪垠：《一部伟大作品的提议》，《光明》1937年第2卷第5期。

6月10日　小说《生死路》发表于上海《光明》第3卷第1期。

6月25日　《一种新写作方法的试验报告》发表于上海《国民》第1卷第8期。

7月7日　卢沟桥事变爆发，中华民族开始全面抗日战争。"杞县大同中学的革命教师和大批进步学生相继奔赴抗日前线，投入壮丽的民族解放事业。"[1] 卢沟桥事变之前，姚雪垠接到梁雷一封要来北平深造的书信；卢沟桥事变之后，接到梁雷一封要去上海的书信。

因担心留在邓县的子女、岳母等无人照顾，姚雪垠让妻子王梅彩在北平被围之前返回邓县，自己选择参加北平保卫战。彼时，收到《光明》半月刊主编沈起予寄来的两篇小说的稿费。"当时上海和北平已经不通汇兑，他将款子汇给在天津女子文理学院教书的李辰冬，然后通过大陆银行转汇给我。"[2] 姚雪垠在《光明》等刊物上发表的稿子，大约是五块钱一千字。"当时银元（圆）改为'法币'没有多久，物价仍很稳定，一块多钱可以买一袋面粉，做大褂用的安安蓝布只要几分钱一市尺，在开封一块钱向馆子要活菜可以吃到荤素八个菜，一个汤。"[3] 在战乱背景下，沈起予寄来的稿费让姚雪垠与妻子王梅彩的生活有

---

[1]　杞县党史研究室编著：《中共杞县历史》（第1卷），河南人民出版社，1998，第94页。

[2]　姚雪垠：《姚雪垠文集（第16卷）》，人民文学出版社，2010，第14页。

[3]　姚雪垠：《姚雪垠文集（第16卷）》，人民文学出版社，2010，第14页。

了一定保障。

7月10日 小说《选举志》发表于上海《光明》第3卷第3期。

7月中旬 宋哲元从北平退走，张自忠留守抵抗。在北平岌岌可危的情况下，与同乡朋友刘兴唐决定逃出北平。因铁路不通，两人把部分行李寄存在学界前辈徐炳昶家里后，便前往辅仁大学一位与刘兴唐熟稔的姓麦的同学的住处，并在此暂时居住，等待逃出北平的机会。

8月8日 日军进驻北平，平津火车开始通车。一早，姚雪垠乘前门火车抵达天津北站。两天后，又搭乘私营直东轮船公司的一艘客轮，出大沽口南下，到龙口登岸，经济南回到开封。

9月11日 嵇文甫、姚雪垠、王阑西主编的《风雨》周刊创刊，吴强负责发行工作。姚雪垠在《编者的话》中指出："伟大的解放战争已经发动，兴奋的日子开始了。谁都知道，全国上下一致奋起走上救亡战线是我们胜利的保证之一。在前线，我们需要飞机和大炮；在后方，我们同样需要文化武器。疯狂的日本军人毅然的（地）来屠杀我们，破坏和平，摧残文化的时候，我们就毅然的（地）起来抗战，为我们，为东亚，为全世界，担当起维护和平，保障文化，反帝反侵略的重任。为着上述天赋的使命，我们的《风雨》就匆匆的（地）诞生了。"[1]此外，在创刊号上姚雪垠署名"雪"发表《给他们救亡的工

---

① 姚雪垠：《姚雪垠文集（第17卷）》，人民文学出版社，2010，第19页。

作》一文。

按：从第 15 期起，《风雨》改为 5 日刊，主编增加了两人，分别为范文澜①、方天逸。社址设在开封同乐街四十一号。沈起予、碧野、刘白羽等人，均为《风雨》撰写过稿子。

作为主编之一，姚雪垠在《风雨》上以书信形式积极探讨有关抗日救亡文艺理论问题。关于《风雨》诞生的历史背景，姚雪垠回忆道："我们在创办《风

北平沦陷后姚雪垠留胡须，化装成商人离开北平

雨》的时候，古城开封的青年们完全沸腾起来了。男女学生投身于抗日救亡运动，有很多人奔往延安，或者奔往山西抗日前方。特别是女学生，一批一批地，抛别家庭，离开学校，奔往陕北，一部分奔往山西决死队。"②关于《风雨》的社会影响，姚雪垠回忆道："最初几期，出版后一销而光。给我印象最深的是，省立淮阳师范学校的师生们在一封信中预定了 88 份。当济

---

① 范文澜（1893—1969），中国历史学家。著有《中国通史简编》、《中国近代史》（上册）、《正史考略》等。

② 张天定、李建伟主编《河南大学出版志》，河南大学出版社，2010，第 466 页。

南和太原沦陷之前，《风雨》在这两个地方也有销路。"① 关于《风雨》的印刷出版，姚雪垠回忆道："《风雨》之所以能够在国民党河南省党部直属的民国日报印刷厂（就在省党部院内）印刷，也反映了当时开封抗日救亡气氛压倒一切的政治形势。"②

9月中旬 大同中学的两位学生来访，告知梁雷在晋北当县长的消息。

9月19日 《通俗文艺论·主题论之一》发表于《风雨》第2期。

9月26日 《兴奋的日子开始了·主题论之二》发表于《风雨》第3期。

9月下旬 收到梁雷的一张明信片。"说他正在导演着一幕戏，背景是荒山加荒山，演员们是雁门关外十三县的游击队，观众是四万万五千万不愿作（做）奴隶的中华儿女。"③

10月3日 《怎样写汉奸·主题论之三》发表于《风雨》第4期。

10月14日 《河南民国日报》报道了上海救亡演剧第一队召集开封文艺座谈会的消息。姚雪垠、王阑西、苏金伞④等

---

① 张天定、李建伟主编《河南大学出版志》，河南大学出版社，2010，第465页。
② 张天定、李建伟主编《河南大学出版志》，河南大学出版社，2010，第466页。
③ 姚雪垠：《姚雪垠文集（第16卷）》，人民文学出版社，2010，第341页。
④ 苏金伞（1906—1997），原名苏鹤田，河南睢县人。诗人。出版有诗集《入伍》《鹁鸪鸟》等。

人，受邀参加了此次座谈会。

10 月 17 日 为纪念鲁迅逝世一周年，《风雨》从第 6 期开始，不仅"风雨"两字选用鲁迅的遗墨，而且刊登了《鲁迅先生周年纪念特辑》。此外，还刊登了一幅刘岘木刻的鲁迅画像，以及鲁迅的《未名木刻选序》一文。在《鲁迅先生周年纪念特辑》中，刊登的纪念文章包括范文澜的《忆鲁迅先生》、王绍的《鲁迅先生与木刻》、嵇文甫的《从鲁迅说起》、宗荻的《旷野上的呐喊者》、徐述之的《秋天的鲁迅》，以及吴组缃①、王余杞、邹雨辰、宋之的、王阑西、刘岘、一波、赵天等人创作的有关鲁迅的杂文。

10 月 31 日 《是否还要反帝反封建·主题论之四》发表于《风雨》第 8 期。

秋冬之间 "陈荒煤和张瑞芳同他们的演剧队在开封停留了一段时间，住的地方距风雨社不很远。"② 闲暇之际，一次陈荒煤、张瑞芳到风雨社聊天，姚雪垠向负责发行工作的吴强借钱，请两人到北街南头吃鳝子肉与烧饼。

11 月 7 日 杂感《不动》《从汉奸谈起》发表于《风雨》第 9 期。

11 月 14 日 《应该特别强调的两个口号·主题论之五》

① 吴组缃（1908—1994），作家、学者。代表作有短篇小说《一千八百担》，还著有长篇小说《鸭嘴崂》（又名《山洪》），短篇小说集《西柳集》《饭余集》，散文集《拾荒集》以及论著《宋元文学史稿》等。

② 姚雪垠：《姚雪垠文集（第 16 卷）》，人民文学出版社，2010，第 34 页。

发表于《风雨》第 10 期。

11 月 21 日　《论大众文学的风格（上）·主题论之六》发表于《风雨》第 11 期。同期文章，刊有一封芦焚所写的题为《力与热情》的短简，主要是回答姚雪垠问及的对于当前文艺的意见。芦焚虽感到姚雪垠所出题目过于宽泛，却坚定地指出："在任何时期，文学都赋有教育、组织、战斗的性能，即在战时，也依旧离不开生活，前方和后方的生活。"①

按：关于《风雨》周刊 1937 年第 11 期的出版时间，刘增杰在《师陀书信选择》（《新文学史料》2005 年第 2 期）一文中指出是 1937 年 11 月 20 日；吴永平在《姚雪垠创作年谱》（《新文学史料》2010 年第 3 期）一文中指出是 1937 年 11 月 21 日。此处采用吴永平的观点。

11 月 28 日　《忽然想到》发表于《风雨》第 12 期。

12 月初　收到梁雷的来信。信里附有一份《雁门关外战时工作纲领》，以及印有梁雷"三行官衔"的两张名片。第一行是"牺盟雁北战时工作委员会军事部部长"，第二行是"第二战区雁北游击司令"，第三行是"署理偏关县县长"。在信中，梁雷向姚雪垠传递出抗日必胜的信心："我们的人民自卫军所到之处，有全家（兄弟妻子）跟着干的，有五十多岁的老头子跟着干的。各队所属的儿童挺进队、妇女冲锋队，情绪之高，意志之坚，不下于正式队员，有不少已经参加游击队，真使人奋发！

---

① 师陀：《师陀全集　第 5 卷　书信、日记、论文、附编卷》，刘增杰编校，河南大学出版社，2004，第 3 页。

朋友，最后的胜利一定是我们的！"① 姚雪垠未给梁雷回信，而是将来信与《雁门关外战时工作纲领》刊于《风雨》第 14 期。

12 月 5 日　《杂感》发表于《风雨》第 13 期。

12 月 12 日　梁雷致信姚雪垠，介绍了偏关、雁北等地抗日游击队的大致情况，以及人民保家卫国的热烈场面。除国家大事之外，梁雷对朋友与家乡表示了挂念之情。接到梁雷的书信之后，姚雪垠立刻给梁雷回了一封信。除向梁雷告知故乡的消息外，"并告诉他我非常讨厌编辑生活，很想一步跑到西北去，吸一点新鲜空气"②。

12 月 21 日　《论大众文学的风格（中）·主题论之七》发表于《风雨》第 14 期。

---

① 姚雪垠：《姚雪垠文集（第 16 卷）》，人民文学出版社，2010，第 342 页。
② 姚雪垠：《姚雪垠文集（第 16 卷）》，人民文学出版社，2010，第 345 页。

1938 年　28 岁

1 月 29 日，朱德、彭德怀、任弼时发布《关于目前抗战的局势及我军的战斗任务的训令》。

3 月 22 日，为保卫徐州，第五战区司令长官李宗仁令第二集团军孙连仲部进驻台儿庄，在此地与日军决战。

3 月 27 日，中华全国文艺界抗敌协会在汉口总商会大礼堂召开成立大会。

4 月 16 日，张天翼的《华威先生》刊于《文艺阵地》创刊号。

6 月 9 日，蒋介石令国民党军队炸开郑州以北花园口黄河大堤，企图以黄河水患阻止日军西犯。

1 月 10 日　梁雷给姚雪垠写下了人生最后一封书信，信中对于战胜日本侵略者充满了豪情壮志："敌人是要用全力消灭雁北之抗日势力的，而他们所能消灭的不过是占领几个没人的死城。同志们，我们的坚壁清野工作还没有达到理想呢，若在短期完成了这工作，还怕他什么的鸟敌人！"①

1月15日　谢冰莹主编的重庆《新民报》副刊《血潮》创刊。叶圣陶、老舍、姚雪垠等人均为其撰写过文章，如叶圣陶的《江行杂诗》《宜昌杂诗》《向简练这方面努力》、老舍的《且讲私仇》《新画片唱词》、姚雪垠的《故乡杂感》《烈士》《捕奸故事——事出西华县》。

按：在《向简练这方面努力》一文中，叶圣陶谈到在《新民报》上占一角地位的《血潮》副刊的篇幅短小问题，并指出："一般读者嫌它篇幅太小；编者冰莹先生也这么说，可是没法把它扩大。我们现在都在过艰苦的生活，往后更要艰苦，我们也甘愿忍受。一种副刊篇幅小些，在种种艰苦之中只是微末的事，哪有不能忍受之理？"② 因此，叶圣陶希望作者下笔时注意到"简练"二字，这既是匹配《血潮》有限版面的要求，也是满足作者发表愿望与读者阅读愿望的要求。

1月26日　《奠定保卫河南的胜利基础》发表于《风雨》第16期。

2月1日　《对于保卫河南的几项紧急建议》发表于《风雨》第17期。

2月2日　《淮北战地巡礼》发表于《河南民国日报》。

3月2日　《为保卫黄河贡献一点愚见》发表于《河南民国日报》。

---

① 姚雪垠：《姚雪垠文集（第16卷）》，人民文学出版社，2010，第346页。
② 丁贤才编《探索——新民晚报研究文集》，文汇出版社，1999，第23页。

3月中旬 因办刊思想产生分歧而离开《风雨》的姚雪垠，带着河南地下省委的介绍信来到武汉，找中共长江局负责组织工作的博古要求解决工作问题。关于来武汉暂留之事，姚雪垠回忆道："一九三八年春天，大概是三月中旬，我因为自己的工作问题到武汉住了一个多月，五月初离开武汉。那时候做革命工作，路费和生活费得自己想办法。台儿庄胜利后，我曾用《风雨》周刊主编和全民通讯社特约记者的名义赴徐州采访，并且到了驻扎在宿县境内的于学忠将军的军部。"①

3月18日 日伪军偷袭右玉县百家嘴村的县政府机关，梁雷在掩护干部群众撤退中壮烈牺牲，头颅被日伪军悬挂在偏关城门上示众。时年27岁。

3月24日 中国学生救国联合会第二次代表大会在日租界小西路15号举行预备会议，选出香港学生代表团等9个单位为大会主席团，姚雪垠、蒋南翔、黄华等9人为大会秘书。

3月25日 中国学生救国联合会第二次代表大会在汉口总商会大礼堂开幕，27日下午闭幕。

4月15日 《蚌埠沦陷后》发表于开封《行动》半月刊第1期。

4月 写成书信形式的报告文学《战地书简》，交给叶以群出版，并预支一笔稿费。关于取材来源，姚雪垠回忆道："在台儿庄战役之后，我曾以《风雨》周刊主编和全民通讯社特约记

---

① 姚北桦、贺国璋、余润生编《姚雪垠研究专集》，黄河文艺出版社，1985，第222—223页。

姚雪垠（右二）在徐州前线采访于学忠（右三）将军

者的名义到徐州一趟，同几位在山东搞抗日武装斗争的同志住在一起，听他们详细谈了一次战斗经过。《战地书简》就是取材于这些同志的战斗生活。"①

5月4日　《抗战文艺》第1卷第1期出版。在《发刊词》中，中华全国文艺界抗敌协会将会刊《抗战文艺》视为进军的大旗、行进的道标、坚强的武器，要让其在神圣的抗战事业中肩负起应该肩负的责任。

5月7日　《论现阶段的文学主题》发表于《抗战文艺》

<hr />

① 姚北桦、贺国璋、余润生编《姚雪垠研究专集》，黄河文艺出版社，1985，第48页。

第 1 卷第 2 期。

5 月 10 日　汉口《半月文摘》第 2 卷第 6 期转载姚雪垠的《蚌埠沦陷后》。

小说《白龙港》发表于汉口《自由中国》第 2 号。

5 月中旬　从武汉回到邓县，从长沙《观察日报》（5 月 8 日出版）上得知梁雷牺牲的消息。

5 月 16 日　短篇小说《差半车麦秸》发表于茅盾主编的香港《文艺阵地》第 1 卷第 3 期。

5 月 21 日　《通俗文艺短论》发表于《抗战文艺》第 1 卷第 5 期。

5 月下旬　来到郑州，遇到两位从风雨社退出来的工作人员，从他们口中得知梁雷的一位朋友曾经给自己写了一封报告梁雷牺牲的信，该信在《风雨》主编之一王阑西的手中。后据王阑西说，在从开封匆忙撤退中未将梁雷的信带出来，姚雪垠为此十分生气。在日军侵占开封前夕，《风雨》被迫停刊，共出版 30 期。

6 月 5—11 日　河南青年救亡协会成立大会在舞阳召开。姚雪垠起草了《河南青年救亡协会宣言》，并获得通过。"《宣言》以激昂的笔调陈述了日军侵略中原的危急形势，阐明了全省青年加强团结之必要，号召中原儿女以血与肉的奉献来保卫河南，解放全国。"① 在会上，姚雪垠被指定为南阳执行部的负责人。

---

① 应时雨、张志功主编《沙颍河怒涛》，河南人民出版社，1990，第 236 页。

6月18日　《母子篇》发表于汉口《大公报》。

6月　"范文澜、姚雪垠、刘玉柱去南阳途经方城，向当地党的负责人侯义方、安心义传达了全国学联会议精神，对该县抗日骨干的培训工作起了很大的推动作用。"①

《战地书简》由汉口上海杂志公司出版。

7月16日　在《文艺阵地》第1卷第7期上，张天翼对姚雪垠的《差半车麦秸》点评道："《差半车麦秸》写得真好，可说是三期来第一篇创作，也可说是抗战以来的最优秀的一篇文艺作品。在文抗会的文艺座谈会中，我提议每人把这篇读一读，预备下次开会时讨论。看到这样的文章真是愉快。"②

8月10日　上海《文艺》第1卷第4期从《自由中国》上转载姚雪垠的《白龙港》。

8月15—16日　《悼烈士梁雷》连载于汉口《大公报》。

8月16日　在《文艺阵地》第1卷第9期上，茅盾发表《八月的感想——抗战文艺一年的回顾》一文。在文中茅盾称赞姚雪垠塑造的抗日游击队员"差半车麦秸"是抗战文艺中的一个"新的典型"，且"肩负着这个时代的'阿托拉斯'型的人民的雄姿"。此外，茅盾肯定了《华威先生》的时代意义，认为张天翼塑造的"华威先生"是"旧时代的渣滓而尚不甘渣滓自安的脚（角）色"。

---

① 姬忠林、刘卫东、张峨建：《中原革命根据地成人教育史略》，河南大学出版社，1990，第301页。

② 张天翼：《张天翼文集（第9卷）》，上海文艺出版社，1991，第62页。

8 月　"中共豫鄂陕工委为了贯彻向西发展的方针，创建新的根据地，派孙题录、姚雪垠重返邓县，与黄有武共同从事党组织的恢复和发展工作。"①

9 月 30 日　上海谊社编选的抗战第一年文艺作品集《第一年》，由该社出版部出版，书中收入姚雪垠的短篇小说《差半车麦秸》。

上海《公余》半月刊第 1 期从《自由中国》上转载姚雪垠的《白龙港》。

10 月 8 日　随笔《离散》发表于《抗战文艺》第 2 卷第 5 期。

10 月　与袁祥生到邓县，协助共产党员李柏创办《抗战》刊物。

11 月 1 日　茅盾（署名"玄"）在《文艺阵地》第 2 卷第 2 期上，对姚雪垠的《战地书简》进行了点评："从各方面看来，这本小书里有的是典型的事（封建性极浓的队伍与努力的然而工作方式上颇多错误的政治工作人员之间的矛盾），以及典型的人物（抗日意志坚决然而政治意识模糊的司令，腐败的中下级军官，以及朴质勇敢的农民出身的士兵），可是因为篇幅太小了，都没有充分发展，使得这本书实际上像是一部更长的巨著的大纲。……把这好好扩充起来，一定是一部杰作，我们对

① 中共邓州市委党史研究室编著：《中共邓州市历史（第一卷）》，中共党史出版社，1997，第 95 页。

于作者抱着无穷的希望。"①

11 月 10 日　在《战地动员》半月刊第 3 期上，王博习发表《评姚雪垠的〈战地书简〉——也莫是怀念远地的友人》一文，不仅回忆了与姚雪垠在开封相遇的经过，而且对《战地书简》进行了评价，认为这是"抗战文艺的园地里一篇比较成熟的东西"。

11 月　自邓县来到第五战区驻地襄樊，参加钱俊瑞、曹荻秋领导的文化工作委员会，被派往均县（今丹江口市）留守处工作。"均县留守处经文工会批准，决定在均县城内办一所抗日文化工作讲习班。我担任讲的课程是唯物辩证法。"② 均县设有七七军训团与国立第六中学，姚雪垠前往两校作过报告。

12 月 10 日　《抗战文艺》第 3 卷第 2 期报道了姚雪垠已经从南阳故乡奔赴第五战区工作的消息。

12 月 23 日　"文协"宜昌襄樊分会在均县大东街文化工作团召开成立大会，与会者 70 余人，推选臧克家为总务股股长、姚雪垠为习作指导股股长、孙陵为出版股股长、田涛为研究股股长。"工作方面，除每周在《鄂北日报》出《抗战文艺》特刊外，并且，计划组织'笔部队'到前线去活动。"③

①　姚北桦、贺国璋、余润生编《姚雪垠研究专集》，黄河文艺出版社，1985，第 440 页。

②　姚雪垠：《姚雪垠文集（第 16 卷）》，人民文学出版社，2010，第 35 页。

③　臧克家：《臧克家全集》（第 5 卷），时代文艺出版社，2002，第 137 页。

姚雪垠（第二排左二坐者）与抗日文化工作讲习班合影留念

本年度重要论文：

茅盾：《八月的感想——抗战文艺一年的回顾》，《文艺阵地》1938年第1卷第9期。

玄（茅盾）：《战地书简》（书报述评），《文艺阵地》1938年第2卷第2期。

王博习：《评姚雪垠的〈战地书简〉——也莫是怀念远地的友人》，《战地动员》（半月刊）1938年第3期。

1939年　29岁

1月，苏鲁豫边区召开第一次各县青年抗日救亡团体代表会议。

3月，洛蚀文编的《抗战文艺论集》由文缘出版社出版。

10月，臧克家的散文通讯集《随枣行》由桂林前线出版社出版。

是年，中华全国文艺界抗敌协会在重庆举行纪念鲁迅逝世三周年大会。

1月7日　《抗战文艺》第3卷第4期上报道了关于翻译与出版中国抗战文艺的重要消息："马耳在港与美国书评家Brown合作，翻译中国抗战文艺给美国各杂志，已刊出者有姚雪垠的《差半车麦秸》，丁玲的《孩子们》，刘白羽的《满洲的俘虏》，碧野的《北方的原野》等篇，并计划于明春在美国出版一部中国抗战小说选及一部中国抗战诗选。""马耳"指的是我国著名翻译家叶君健。《差半车麦秸》问世之后，"英国新派文学刊物

《新作品》首先发表了叶君健译的英译本"①。除被译成英文外，《差半车麦秸》也被苏联人罗果夫译成俄文。

1月19日 《新华日报》报道中华文抗协会均县支会成立的消息。

2月8日 《离散》发表于香港《大公报》副刊《文艺》。

4月6日 姚雪垠、臧克家、孙陵组成的"笔部队"开始了第一次"笔征"，前往随枣前线进行战地采访。

按："笔部队"指的是"抗战时期在各战区内从事救亡的作家团体"，"笔征"指的是"作家团体为配合战区的军事行动而有意识有计划组织的作家深入前线的活动"②。其中，姚雪垠去一四三师，臧克家去一七三师，孙陵去一八九师。火与血的战地洗礼，让一行人收获颇多。臧克家在《笔部队在随枣前线》一文中回忆道："雪垠写了《春到前线》《四月交响曲》，采集了《春暖花开的时候》的材料，得到了他的'戎马恋'。孙陵写了《突围令》和另外一些什么，我也用生命换来了《随枣行》和一心囊的诗料。"③

4月25日 小说《红灯笼故事——一部长篇小说中的断片》发表于《抗战文艺》第4卷第2期。

春 蒋介石下令撤销第五战区文化工作委员会。姚雪垠在

---

① 魏华龄：《桂林抗战文化综论》，广西人民出版社，2014，第137页。

② 吴永平：《五战区"笔部队"的三次"笔征"》，《湖北文史资料》1995年第1期。

③ 臧克家：《臧克家全集》（第5卷），时代文艺出版社，2002，第139页。

均县留守处结束工作后，与全体同志乘船回到襄樊。关于送行的壮观场面，姚雪垠回忆道："我们是在一个天色很黑的晚上上船，讲习班的学员、均县城内的进步青年团体、七七军训团的学员、国立六中的部分学生……打着很多火把，呼着口号，为我们送行。送行的队伍站在均县东门外的襄江岸上，挥动火把，有时呼着口号，有时向我们说着热情的话。火光照耀着临江的一段古城，也照耀着热情的人群、高高的江岸、沉沉的夜空。七七军训团和讲习班的学员们几次向下望着坐在船上的我，大声嘱咐我务必将讲义继续写完，寄给他们。这样壮观的送行场面，实际上是对国民党反动派的抗议示威。对着这样的送行场面，热泪充满了我的眼眶。"① 关于回到襄樊以后的事情，姚雪垠回忆道："我在五战区政治部挂了个设计委员的名，在五战区司令长官部挂了个秘书名，臧克家也当挂名秘书，只是每月去拿工资。黄碧野来得晚些，他在洛阳呆（待）不下去，给我写信说想到鄂北来。我找韦永成（五战区政治部主任）作了介绍，他说：'好，来吧。'我的级别同中校，为了到前线活动方便，有时穿军装。"②

5月28日 通讯《随县前方的农民运动》发表于《群众》周刊第3卷第2期。

① 姚北桦、贺国璋、余润生编《姚雪垠研究专集》，黄河文艺出版社，1985，第238页。

② 中国人民政治协商会议湖北省委员会文史资料研究委员会编《湖北文史资料》（第13辑），湖北人民出版社，1985，第5—6页。

5月 "日军向第五战区发动了一次进攻。从此,第五战区长官部向后撤了一百八十里,移驻老河口。"①

7月1日 在《文艺阵地》第3卷第6期上,黄绳发表《抗战文艺的典型创造问题》一文,对姚雪垠在《差半车麦秸》中描述的抗日游击队员"差半车麦秸"的人物蜕变评价道:"这是很有意义很有价值的,这战士长成的描写,这真正民族战斗成员长成的描写,在抗战文艺的典型创造中,应该成为一个主流。"

8月10日 《抗战文艺》第4卷第3—4期合刊上报道了姚雪垠、臧克家、孙陵、白克等人在第五战区工作的消息。

8月15—16日 《战场之春》连载于重庆《大公报》副刊《战线》。

8月下旬 姚雪垠、臧克家、郑桂文等人组成的"笔部队"进行第二次"笔征",来到皖北阜阳。"当地有'文协'的皖北分会筹备处,负责的是王萍草等。我们的访问把他们的工作兴奋起来了,准备集中力量办一个较大的文艺刊物。后来这计划虽然没有实现,但皖北各地青年对我们这次访问却受到不小影响,像《淮流》等侧重文艺的综合性刊物都是在这时期酝酿成的。而全国和第五战区文艺运动的大体情形,也是在这时候传播到皖北去的。"②

秋 在老河口开始创作长篇小说《春暖花开的时候》。姚雪

① 姚雪垠:《姚雪垠文集(第16卷)》,人民文学出版社,2010,第38页。
② 姚雪垠:《姚雪垠文集(第14卷)》,人民文学出版社,2010,第68页。

垠在解释该部小说的思想主题之际指出:"一二·九运动是一声春雷,抗战开始后就进入春暖花开的时候。虽然会有急(疾)风骤雨,但春天的来到毕竟不可阻挡。国民党右派势力对抗日青年的压迫和打击,会使抗日青年发生分化,但是主流继续前进,很多青年会锻练(炼)得更成熟、更坚强,勇敢地投身民族革命的洪流。这就是《春暖花开的时候》所要表现的主题思想。"①

10 月 19 日　小说《红灯笼的故事——一部长篇小说中的断片》开始于《文艺新闻》第 3 期连载。直到第 7 期(12 月 17 日),连载结束。

10 月 28 日　通讯《界首集》发表于《全民抗战》第 94 期。

10 月　作品集《四月交响曲》由桂林前线出版社出版,收入的文章包括《四月交响曲》《界首集》《血的蒙城》《鄂北战场的神秘武装》《随县前方的农民运动》等。

按:2015 年 9 月 2 日,河南邓州著名军旅作家周大新在姚雪垠抗战作品座谈会上指出:"我读了《四月交响曲》,感受到姚雪垠先生在抗战时期确实是一个战士,他到过湖北战场,到过安徽战场,到徐州战场,也到过山东战场,在长达 5 年时间里经常冒着敌人的炮火,徒步奔走数千里,到前线采访,也经常在敌机的狂轰滥炸中写出一部部作品。当时这么长时间坚

---

① 姚雪垠:《姚雪垠文集(第 16 卷)》,人民文学出版社,2010,第 38 页。

持在前方从事文化救亡工作的作家并不多，姚老确实了不起，是一个有强烈爱国心的作家，是一个一心想把我们国家拯救过来的战士，所以我对他充满敬意。"① 2015 年 9 月 7 日，《文艺报》报道了姚雪垠抗战作品座谈会在北京举行的消息，既谈到与会者对姚雪垠抗战文学作品的评价，又谈到《姚雪垠抗战作品选》（中州古籍出版社 2015 年版）即将出版的消息，出版的作品包括长篇小说《春暖花开的时候》、中短篇小说集《牛全德与红萝卜》、散文集《四月交响曲》。

11 月 10 日 散文《雁门关外的雷声》发表于《抗战文艺》第 5 卷第 1 期。

《抗战文艺》第 5 卷第 1 期报道了姚雪垠、臧克家等人从五战区出发到安徽工作，现已返抵鄂北的消息。

11 月 29 日 《大别山中的文化线》发表于重庆《大公报》副刊《战线》。

12 月 15 日 散文《春到前线》发表于《淮流》半月刊第 5—6 期合刊。

12 月 开始第三次"笔征"，前往鄂北前线访问国民党第 33 军团。在 33 集团军总部住了两日后，前往 77 军司令部拜访军长冯治安将军。告别冯治安将军后，前往钟祥县（今湖北省钟祥市）的洋梓镇附近，与彼时在此驻守的第 179 师的何基沣将军有过往来。

---

① 姚海天、蒋晔编著：《一代文学大家姚雪垠》，沈阳出版社，2018，第 245—246 页。

是年　《差半车麦秸》英译本连载于《国际英文选》第
3—4卷，分别是第3卷第5—6期，第4卷第1—3期。对于
《差半车麦秸》英译本连载之事，《中学生活》第2期刊有一则
《〈差半车麦秸〉的译本》的短讯："姚雪垠的短篇小说《差半
车麦秸》，写一个华北农民，天真而顽固，初以汉奸嫌疑被捉，
后来却在革命的军队的集体生活中锻炼成一个有力的战士，好
像一块矿砂变成炮弹一样。作者对题材的认识与处理皆极正确，
对人物的个性观察深刻，描写细腻，为抗战以来文艺作品的上
乘。茅盾先生曾为文品题，去年谊社出版的《第一年》亦曾选
入。现闻已刊于二月号的《国际文学》，英法俄德四种版本皆有
译文，真是文坛上值得欣幸的事。"

　　本年度重要论文：

　　黄绳：《抗战文艺的典型创造问题》，《文艺阵地》1939年
第3卷第6期。

1940年　30岁

1月，罗荪编辑的《文学月报》在重庆创刊。

5月16日，抗日将军张自忠在枣宜会战中壮烈殉国。

5月，臧克家的《淮上吟》（报告长诗集）由上海杂志公司出版。

9月，孙陵的散文集《突围记》由创作出版社出版。

10月，第五战区剧协分会成立，公演了曹禺的话剧《雷雨》。

元旦后　在钟祥前线创作《战地春讯》，记录在77军采集的战地新闻。

1月15日　孙陵主编的《笔部队》创刊于桂林，由前线出版社出版。第一卷创刊特大号上刊载的文章，包括韦永成的《生长在炮火里》（论文）、舒群的《海的墓》（四幕剧连载）、艾芜的《母亲》（特约中篇）、田涛的《铜号》（短篇）、臧克家的《大别山》（诗）、孙陵的《笔部队随枣会战长征记》（随军报告连载）、黄药眠的《到桂林的初夜》（散文）等。在"作家消息"栏目中，刊有作家书信，包括巴金的《寄自上海》、靳以的《寄自重庆》、姚雪垠的《寄自南阳》、铁弦的《寄自河口》、臧克家的《淮上归来》。《笔部队》的封底部分，印有前线出版社已经出版的姚雪垠的《四月交响曲》、臧克家的《随枣行》，以及即将出版的孙陵的《从东北来》的图书广告。

1月21日 写信给当时在第五战区从事抗战文化宣传工作的白克："此次来鄂中，所获材料，既特别丰富，亦深感切实，生动有趣……预计这次在前方费时两月以上，单只募集材料，不加整理，恐亦在十万字左右。"①

2月13日 通讯《鄂北战场上的神秘武装》发表于《全民抗战》第109期。

2月中旬 回到老河口。

2月22日 《归来感》发表于《阵中日报》。

2月25日 《文人眼中看军纪》发表于《阵中日报》。

2月26日 第五战区政治部召开战地宣传工作座谈会，会上欢迎由前线归来的笔部队健将姚雪垠。

2月 开始写作中篇小说《牛全德与红萝卜》。姚雪垠谈到该部小说的创作目的之际指出："大家多以为我的创作目的是塑造牛全德与红萝卜两个人物，尤其是要塑造具有农村流氓无产者性格的牛全德及其初步转变。这虽然也是我的写作目的，但是我更着眼于继《差半车麦秸》之后探索口头语言的运用和与

---

① 金传胜、刘文静：《姚雪垠集外诗文略说》，《人文》2022年第1期。

这种语言相谐和的带有朴素美的作品风格。"①

3 月 1 日　长篇小说《春暖花开的时候》开始在《读书月报》（胡绳主编）第 2 卷第 1 期连载。连载的截止时间是第 2 卷第 10 期，该期的出版日期是 1941 年 1 月 1 日。

3 月 17 日　《论典型的创造（上）》发表于《阵中日报》。

3 月 21 日　《论典型的创造（下）》发表于《阵中日报》。

3 月 25 日　在西安《黄河》第 2 期上，白克发表《鄂北文化运动的活跃》一文，谈到鄂北文化运动的发展面貌，并指出："'笔部队'健将姚雪垠、臧克家第三次笔征回来，带了前方许多材料，将那些可歌可泣的英勇故事、逐期在《笔部队》，以及后方报纸上发表。"

3 月 27 日　《〈春雷集〉题记》发表于《阵中日报》。

4 月 1 日　《读书月报》第 2 卷第 2 期"读书界"栏目的"作家动态"对姚雪垠的目前创作状况作了说明："《春暖花开的时候》的作者姚雪垠在去年年底与诗人臧克家又到前线，作两月的考察，在二月中旬回老河口。他们这次在前方收获甚大，作品均散见于《全面抗战》及《大公报》，姚雪垠回河口后，除赶写《春暖花开的时候》后半部外，并拟写一篇二万字的短篇，竣事后或将作重庆之行。"

5 月 1 日　《〈春雷集〉题记》发表于《读书月报》第 2 卷第 3 期。

---

① 姚雪垠：《姚雪垠文集（第 16 卷）》，人民文学出版社，2010，第 25 页。

1940 年 5 月在第五战区老河口合影。左起：碧野、姚雪垠、臧克家、田涛

5 月 16—17 日　《论典型人物的创造》连载于重庆《大公报》副刊《战线》。

5 月　《笔部队》第 1 卷第 2 期出版。收录的文章，主要包括梁永裕的《马儿沟之夜》、明德的《黄河之夜——伟大的李队长》、胡明树的《南国草原上的恳亲会》、蒋曼冰的《董营长》、焰火的《我们工作在沦陷后的宾阳》等。第 2 期出版后，《笔部队》即告终刊。

短篇小说集《红灯笼故事》由大地图书公司出版，收录了

《红灯笼故事》《选举志》《差半车麦秸》《碉堡风波》四篇小说。

6月20日　《略论学习过程》发表于香港《大公报》副刊《文艺》。

7月22日　《感情和理智》发表于《阵中日报》。

7月27日　《家的故事》发表于《阵中日报》。

8月10日　《论南洋风云——对于太平洋大战的预测》发表于《阵中日报》。

8月11日　《一开始统一个大圈子》发表于《阵中日报》。

8月15日　《谈战争》发表于《阵中日报》。

9月5日　《战术补例》发表于《阵中日报》。

10月12日　《〈雷雨〉碎语》发表于《阵中日报》。

11月1日　作家生活报道、作家书简《敌人几次冲过来》发表于孙陵主编的《自由中国》（复刊号）新1卷第1期。

12月1日、28日、29日　《文学上的两种风格》连载于《阵中日报》。

12月9日　《病中杂感》发表于《阵中日报》。

冬　患病。"一九四〇年的冬天是抗战阵营第一次公开破裂的黑暗期间。那时我害了一场大病，在停尸间里住了好些天，每次从昏睡中醒来，望着窗上的阳光，总觉得那阳光将永远离开我了。"①

---

① 姚北桦、贺国璋、余润生编《姚雪垠研究专集》，黄河文艺出版社，1985，第211页。

是年　小品《神兵》发表于《战地画刊》第6期。

按："《战地画刊》1940年以（第）五战区政治部名义出版，王寄舟主编，16开本木刻版画，石印黑白画面，封面套有两色。每期20余页。较有影响的作品有延安鲁迅艺术学院安林的《赶集归来》《军民合作》；黄丹为张自忠将军的木刻浮雕、控诉日寇暴行的《救救孩子》、王寄舟的木刻《保卫大襄樊》。还有金若水、傅孤鸿的版画等。……共出6期。因（第）五战区政治部发现刊有延安作品，被迫停刊。"①

---

① 湖北省老河口市地方志编纂委员会编《老河口市志》，新华出版社，1992，第555页。

1941年　31岁

1月，老舍的四幕话剧《张自忠》由华中图书公司出版。

5月16日，中共中央机关报《解放日报》在延安创刊。

9月，重庆进步文艺界为郭沫若50寿辰与创作25周年举行纪念活动。

12月7日，日军偷袭美国海军基地珍珠港，太平洋战争爆发。

1月6日　皖南事变爆发。彼时，寄居老河口的姚雪垠，被第五战区司令长官李宗仁驱逐，遂返回故乡邓县。

1月22—23日　《略论辞赋的发展道路》连载于《阵中日报》。

1月　中篇小说《牛全德和红萝卜》脱稿，并投寄于重庆《抗战文艺》。

4月　《中原副刊》创刊。

5月　从河南邓县来到安徽立煌，住在中原出版社。

《大别山文艺巡礼》《五四与中国新文艺》发表于《中原副刊》第1卷2期。

论文《文艺反映论》发表于《文艺丛刊》第2卷第2期。

6月15日　《江边》发表于《兽宴》（新文丛之一）。

6月　担任《中原副刊》主编。

《日本行动方向之"谜"》发表于《中原》第4卷第1期。

7月　《希特勒的最后一张牌》发表于《中原副刊》第4期。

8月　译文《苏联前线三元帅》发表于《中原副刊》第5期。

9月30日　《怎样描写人物个性》发表于《文艺丛刊》第2卷第5—6期合刊。

9月　《关于〈戎马恋〉》发表于《中原副刊》第6期。

《中原副刊》更名为《中原文化》。

10月15日　《罗斯福是否会牺牲中国》（译文）、《我怎样学习文学语言》发表于《中原文化》第1卷第1期。

10月　《文艺与宣传》发表于《抗战半月刊》。

11月10日　残稿《牛全德和红萝卜》发表于《抗战文艺》第7卷第4—5期合刊。关于《牛全德和红萝卜》为何沦为残稿，姚雪垠解释道："原来印刷所遭了轰炸，稿子也随同蒙难。起初以为全被炸毁了，后来蓬子兄从灰堆中找出大部分，另一部分则杳无踪影。所以在《抗战文艺》上刊出的《牛全德与红萝卜》只是残稿，中间的残缺处刊一段编者声明。"[1] 姚蓬子[2] 添加的编者声明是："雪垠兄此篇小说系《抗战文艺》四五月号被焚时从余烬中检（捡）出，其中缺十九至二十二各节，十八节与二十三节亦各缺数行。因作者远在战地，一时未及补来。一角之缺，自为全璧之累。特此，谨向作者读者同志歉意。"

按：中篇小说《牛全德与红萝卜》刊于《抗战文艺》之际，题名为《牛全德和红萝卜》。1942 年 10 月，由重庆文座出版社首次出版单行本之际，才以《牛全德与红萝卜》为书名。后来姚雪垠的回忆文章，以及读者的评论文章，基本以《牛全德与红萝卜》为最终名称。

11 月 11 日、13 日、20 日、24 日　《我怎样学习文学语言》连载于重庆《大公报》副刊《战线》。

11 月 27 日、28 日、30 日　《关于写小说》连载于重庆《大公报》副刊《战线》。未完。

11 月 30 日　《怎样写人物个性》发表于西安《黄河》第 2 卷第 9 期。

11 月　《欧战现势与远东》发表于《抗战半月刊》。

12 月 1 日　《关于写小说》在重庆《大公报》副刊《战线》连载完结。

---

①　姚北桦、贺国璋、余润生编《姚雪垠研究专集》，黄河文艺出版社，1985，第 212 页。
②　姚蓬子（1905—1969），浙江诸暨人。1930 年参加"左联"，曾任《北斗》杂志编辑、《文学月报》主编。

12 月 10 日　论文《文艺反映论》发表于《文学月报》第 3 卷第 2—3 期合刊。

12 月 15 日　《战时文艺》第 1 卷第 2 期报道了姚雪垠、李春舫在安徽立煌政治学院执教的消息。

12 月 16—20 日　译文《中国不会败》（英国记者 M. H. 端纳作）连载于《阵中日报》。

12 月　《关于写小说》发表于《学生界》创刊号。

《疾风骤雨的太平洋》发表于《中原》第 4 卷第 6 期。

是年　发表的作品还包括《论创作的学习过程》（《中原文化》第 1 卷第 2—3 期连载），译文《封存日本资金与上海贸易》（《中原》第 4 卷第 2—3 期合刊），《戎马恋》（《中原副刊》第 3—6 期连载），《德苏开战后的世界新局势》（《编译月报》第 2 卷第 6 期），等等。

1942年 32岁

1月28日，中共中央政治局通过《中共中央关于抗日根据地土地政策的决定》。

3月，张恨水的《八十一梦》由新民报社出版。

4月，中华剧艺社在重庆国泰大剧院公演郭沫若的历史剧《屈原》。

5月2—23日，中共中央在延安召开文艺座谈会，毛泽东发表《在延安文艺座谈会上的讲话》。

1月15日　《论形象》发表于西安《黄河》月刊第2卷第10期。本刊编者在编后记中言："姚雪垠先生的《论形象》，是与在本刊九期发表的《怎样描写人物个性》为姊妹篇，文字虽然深奥一点，但你读起来是非常耐人寻味的。"

1月　《扩大的世界战争》《反侵略统一作战的明确化》发表于《中原》第5卷第1期。

《一九四二年国际局势展望》发表于《抗战半月刊》第

6期。

2月1日　《新中国的诞生》发表于《战时文艺》第1卷第3期。

《战时文艺》第1卷第3期报道了姚雪垠、臧克家、碧野等人发起文艺青年讲坛会的消息。

2月　《太平洋战局》《长沙三捷》发表于《中原》第5卷第2期。

《新加坡沦陷后的远东情势》发表于《抗战半月刊》第9期。

《抗战文学的语言问题》发表于《中原文化》第1卷第5期。

3月1日　论文《论创作的学习过程》发表于《战时文艺》第1卷第4期。

3月　中篇小说《戎马恋》由重庆大东书局出版。

《印度问题》发表于《中原》第5卷第3期。

《母子篇》发表于《学生界》第4期。

4月5日　《文坛》第2期报道了姚雪垠在安徽立煌的消息。

4月　《创作漫谈》发表于《中原文化》第2卷第1期。

《土耳其的危机》发表于《中原》第5卷第4期。

5月1日　《孩子的故事》《启事》发表于《大地文丛》创刊号。

5月29日　在重庆《时事新报》上，郭沫若发表《中国战时的文学与艺术》一文，强调"新作家姚雪垠的出现，和他的短篇《差半车麦秸》是值得我们提起的"。

5月　《江边》（《戎马恋》之一章）发表于《中原文化》第2卷第2期。

6月15日　《诗人，正义的象征》发表于《皖报》。

6月　报告文学集《M站》由桂林文学编译社出版，收录的文章包括《界首集》《血的蒙城》《鄂北战场神秘武装》《战地春讯》《M战》等。

徐霞村、葛斯永、杨祥生合编《小说五年》（第1集）由重庆建国书店出版，书中收录姚雪垠的短篇小说《差半车麦秸》。

7月15日　《研究屈原诗形式的方法问题》发表于《国讯》第306期。

7月19日　《略论抗战文学的语言问题》发表于重庆《大公报》副刊《战线》。

7月20日　郭沫若的《中国战时的文学与艺术——五月二十七日在重庆中美文化协会讲》刊于《半月文萃》第1卷第3期。

7月　《屈原诗的产生问题》（《屈原的文学遗产》讲稿之一段）发表于《中原文化》第2卷第3—4期合刊。

8月14日　臧克家抵达重庆，住在张家花园六十五号中华全国文艺界抗敌协会内。对于这段生活，臧克家回忆道："我和雪垠连床而居，'斯是陋室，惟吾德馨'。我们都很穷乏，笔耕糊口，他写他的《春暖花开的时候》，我写我的《泥土的歌》

和《我的诗生活》，长诗《感情的野马》，夜深唱唱闲话，窗外石板小径上响着脚板声。"①

8月　《关于〈差半车麦秸〉及其它》《〈创作论初集〉后记》发表于《中原文化》第2卷第5期。

9月　《小说是怎样写成的》发表于《中原文化》第2卷第6期。

按：本期出版之后，《中原文化》终刊。在主编《中原文化》之际，姚雪垠开辟文艺信箱，"以书信形式为青年人解答文艺方面的各种问题，比如《典型环境的典型人物》《什么是诗的自然美》《怎样写童话》《谈主题》《语言的采集与使用》《写短篇小说的准备》等等"②。

10月　离开立煌，途经邓县，前往重庆。

徐霞村、葛斯永、杨祥生合编的《小说五年》（第2集）由重庆建国书店出版，书中收录姚雪垠的中篇小说《牛全德与红萝卜（节选）》。

《牛全德与红萝卜》（创作丛书之二）由重庆文座出版社出版。

散文集《春到前线》由桂林文学编译社出版。

短篇小说集《红灯笼故事》由桂林文学编译社出版，收录的作品包括《红灯笼故事》《选举志》《差半车麦秸》《碉堡风

---

① 臧克家：《臧克家全集》（第6卷），时代文艺出版社，2002，第459—460页。

② 许建辉：《翰墨书香中的追寻》，文化艺术出版社，2014，第155页。

波》等。

11月1日　《〈创作论初集〉后记》发表于重庆《大公报》副刊《战线》。

11月15日　《屈原的文学遗产》发表于桂林《文艺生活》第3卷第2期。

11月30日　桂林《大公报》刊载一则姚雪垠的《牛全德与红萝卜》（创作丛书第二册）售价十元的图书广告。

12月初　在鄂北前线给青年军官周鸣岐题字："文学家应该同时是思想家又是人道主义者，他看得远，看得深，看得正确，他必须有良心，有热情，有正义感。"①

12月　胡绍轩的《中国新文学教程》由文通书局出版，书中对于姚雪垠的短篇小说《差半车麦秸》中的人物塑造、叙事手法等问题作了评价。

---

①　姚海天、蒋晔编著：《一代文学大家姚雪垠》，沈阳出版社，2018，第314页。

1943 年　33 岁

3月27日，郭沫若的《新文艺的使命：纪念文协五周年》刊于《新华日报》。

7月27日，中共冀鲁豫区党委发出《开展豫北工作的指示》，要求把豫北建设成为巩固的抗日民主根据地。

9月，赵树理的《小二黑结婚》由华北新华书店出版。

10月19日，毛泽东的《在延安文艺座谈会上的讲话》刊于《解放日报》。

1月15日　《创作漫谈》发表于桂林《文艺杂志》第2卷第2期。在文中，姚雪垠既讲述了《戎马恋》的故事来源，也对故事再加工的缘由作了说明："我自己既然是一个文化工作者，不管怎样不提气，总算是用文学武器来参加抗战或可说改造社会的事业。我有我自己的世界观，恋爱观，政治思想。"

《新华日报》刊载曹禺、茅盾、陶行知、姚雪垠、吴祖光、梅林、姚蓬子、王亚平、臧克家等人为《新华日报》创刊五周年题写的贺词。姚雪垠的贺词是："说实话，办实事，主持正义，一切均有办法。"

1月29日　重庆《时事新报》报道了姚雪垠正在大别山创作中篇小说《星夜》的消息。

2—4月　中篇小说《重逢》连载于《文艺先锋》第2卷第2—4期。

2月1日　在《学习生活》第4卷第2期上，"文艺新书栏"刊有一则重庆建国书店出版发行《小说五年》（第1集）的书讯："这是一本抗战五年来的短篇小说的选辑，共二十八篇，包括张天翼、沙汀、姚雪垠等二十几个作家的作品，并且多半是抗战以来的有了定评的作品，其中即有张天翼的《华威先生》和姚雪垠的《差半车麦秸》。"

2月12日　《需要批评》发表于重庆《新华日报》副刊。在文中，姚雪垠阐释了作家与批评之间的关系，并呼吁在文坛上用正确的标准进行批评。周恩来对该文赞赏有加，并将其作为新华日报社整风学习的材料。

2月　抵达重庆，住在张家花园65号中华全国文艺界抗敌协会内。

3月15日　《时与潮文艺》第1卷第1期创刊特大号报道了姚雪垠、臧克家在重庆居住于"文协"的消息。

3月27日　中华全国文艺界抗敌协会在重庆文化会堂举行第五届年会。

《为祖国、为人类、笔参战》发表于重庆《大公报》副刊

《战线》。同期文章，还包括茅盾的《文协五周年纪念感想》一文。

《大别山中的文艺孤军》发表于《抗战文艺》（"文协"成立五周年纪念特刊）。

3 月 30 日　与茅盾、郭沫若、老舍等人一起被选为中华全国文艺界抗敌协会第五届理事会在渝理事。巴金、张天翼等 5 人被选为外埠理事，臧克家、戈宝权等 12 人被选为候补理事，冯玉祥、叶楚伧等 9 人被选为监事，马彦祥、张恨水等 4 人被选为候补监事。

4 月 1 日　"文协"召开理事会，胡风、姚雪垠分别被选为研究组正、副组长。

散文《出山》发表于《文化先锋》第 2 卷第 2 期。

5 月 15 日　《风雨时代的插曲》（又名《恐怖之夜》）发表于《抗战文艺》第 8 卷第 4 期。

5 月 23—30 日　《略论士大夫的文学趣味》连载于《大公报》副刊《战线》。

6 月 22 日　《东方日报》报道了姚雪垠做"文化官"的消息。

6 月 25 日　《中国作风与叙事诗》发表于重庆《文学》第 1 卷第 3 期。

6 月 27 日　《我的学校》（一、初学记）发表于《国民公报》。

6 月　文集《小说是怎样写成的》（大时代文艺丛书第二

集）由商务印书馆出版，收入《小说是怎样写成的》《我怎样学习文学语言》《抗战文学的语言问题》《创作漫谈》《文艺反映论》等创作理论文章39篇。

7月　中篇小说《重逢》（东方文艺丛书之五）由重庆东方书社出版。

卫明编的《当代作家书简》由上海普及出版社出版，书中收入姚雪垠1942年除夕写给孙陵等人的一封书简《蜀道行》。在信中姚雪垠主要谈到离开安徽之后的经历："自秋徂冬，饱尝风尘，云山迢遥，我行迟迟，离皖百日，尚滞中途。迩来候船巴东，已历数日。客馆无聊，心同楚囚！市声噪杂，夜不安寝，苦茶薄酒，消磨永昼。半年来写作计划，尽行打破。蜀道之难，于今信然。今日除夕，标语满街，弥增客愁！何日有船何日能行，均无消息，万不得已，拟乘木船上巫峡，纵经历风险，亦不顾也。"[1]

8月2日　《论深刻》发表于《新华日报》。

8月19日　臧克家移居至重庆郊外歌乐山大天池。

按：受臧克家邀请，姚雪垠曾前往大天池往过一段日子。对于这段生活，姚雪垠曾将之记录在两首七言绝句中。第一首诗曰："歌乐山前消夏地，年年惹我梦魂思。风光如画难描画，旧地重游未可期。"[2] 第二首诗曰："寂寞山村喧鸟语，四方小

---

①　卫明编《当代作家书简》，普及出版社，1943，第118页。

②　姚雪垠：《姚雪垠文集（第15卷）》，人民文学出版社，2010，第17页。

院绕芳林。良宵坐对双知己，一片清辉照素心。"①

8—9月　应邀到陶行知办的育才学校讲学，住了大约两周。"学校设在重庆北碚草街子的山岗上，虽然生活较苦，但师生们充满着革命朝气，学习热情很高。"②

9月7日　冯玉祥致信陶行知，谈到9月16号接姚雪垠讲学之事。

9月8日　冯玉祥与陶行知面谈邀请姚雪垠讲学之事。

9月9日　陶行知致信姚雪垠，谈到冯玉祥邀请讲学之事。

9月13日　陶行知致信姚雪垠，谈到冯玉祥对讲学时间的意见。

9月15日　小说《五月的鲜花》（《新生颂》第二部）开始于《时与潮文艺》第2卷第1期连载，发表的是第一到第七小节的内容。

9月16日　冯玉祥因临时有事，未能按时接姚雪垠讲学。

9月17日　冯玉祥致信姚雪垠，既解释失约之事，又再次发出讲学邀请。

9月　《差半车麦秸》（英汉对照文艺丛书）由桂林远方书店出版。

10月1日　《论深刻》发表于《华中周报》第1卷第4期。

①　姚雪垠：《姚雪垠文集（第15卷）》，人民文学出版社，2010，第17页。
②　姚北桦、贺国璋、余润生编《姚雪垠研究专集》，黄河文艺出版社，1985，第358页。

10月15日　小说《五月的鲜花》(《新生颂》第二部)连载于《时与潮文艺》第2卷第2期,发表的是第八到第九小节的内容。

10月20日　小说《少女与小孩》发表于《文学修养》第2卷第1期。在正文前姚雪垠加了一段"解题",谈到与长篇小说《新生颂》的关系:"这是从长篇小说《新生颂》中抽出来的第十四章和第十五章。小孩子夏光明是本书的主人公,他是济南人,父亲在徐州撤退时失踪,母亲和弟弟都在逃难中惨死了。掩护某集团军从鄂东撤退的陈团长把他从死中救出来,带着突围,到鄂北后交给一个青年政工队抚养教育。如今抽出的这两章是一个可以独立的场面,写女队员叶映晖怎样的照料他,教育他,像姐姐,又像温柔的小母亲。苗华是队长,一个十八岁的青年,将来会成立(为)叶映晖的爱人的。关于小光明的身世描写,是一个比较动人的长故事,已经抽出来交《抗战文艺》发表,标题做《夏光明》。为使读者头绪清楚起来,特写出这一段简单'解题'。"

11月5日　重庆《时事新报》"文化动态"栏目报道了姚雪垠正在修改《春暖花开的时候》的消息。

重庆《时事新报》"文化动态"栏目报道了全国驻渝文艺工作者定于明日举行"秋季游园旅行会"的消息。姚雪垠、依风露是旅行会的召集人,集合地点为文化会堂。

11月15日　小说《五月的鲜花》(《新生颂》第二部)连载于《时与潮文艺》第2卷第3期,发表的是第十到第十一小节的内容。

11 月　小说《崇高的爱》（《新苗》第一部）由重庆现代出版社出版。

是年　与冯雪峰①相识于重庆，曾在一个房间里住了一个多月。

本年度重要论文：

王子：《读〈牛全德与红萝卜〉》，《时事新报·青光》1943 年 2 月 23 日。

林曦：《姚雪垠的文学语言观》，《新华日报》1943 年 8 月23 日。

克伦斯：《评"牛全德"与"红萝卜"》，《文学评论》1943 年第 1 卷第 1 期。

李辰冬：《牛全德与红萝卜》（书评），《文艺先锋》1943 年第 3 期。

---

① 冯雪峰（1903—1976），诗人、文学评论家。著有诗集《湖畔》等，文艺论集《鲁迅论及其他》《论民主革命的文艺运动》等。有《雪峰文集》行世。

1944 年 34 岁

7 月 25 日，中共中央发出《关于向河南敌后进军部署的指示》。

8 月，张爱玲的短篇小说集《传奇》由上海杂志社出版。

1 月 1 日　《论目前小说底创作》发表于重庆《时事新报》。

《关于〈戎马恋〉》发表于《新文学》第 1 卷第 2 期。

1 月 20 日　《小说结构原理》发表于《文艺先锋》第 4 卷第 1 期。

1 月 26 日　《关于〈新苗〉一封公开的回信——敬答一群小读者》发表于重庆《时事新报》副刊《青光》。

1 月　《创作漫谈》（续上期）发表于《青年文学月报》新 2 号。

2 月 1 日　小说《夏光明》（长篇《新生颂》之一部分）发表于《抗战文艺》第 9 卷第 1—2 期合刊。

小说《春夜——〈春暖花开的时候〉之一章》发表于《当代文艺》第 1 卷第 2 期。

2 月 12 日 吴组缃致信姚雪垠，邀请其来国立中央大学校本部演讲。

2 月 15 日 《写长篇和写短篇——小说创作经验谈》发表于《文学修养》第 2 卷第 3 期。

3 月 《论目前小说底创作》发表于《半月文萃》第 3 卷第 1 期。

春 茅盾、冯乃超①等人对《牛全德与红萝卜》展开讨论。姚雪垠认为这是"一次最深刻、最公正、最严肃、最使我感激难忘的批评"②。

4 月 4 日 吴组缃致信姚雪垠、臧克家，邀请畅谈。

4 月 16 日 出席在重庆曹家庵文化会堂举行的中华全国文艺界抗敌协会成立六周年纪念大会。

《感想——纪念文协六周岁》发表于重庆《时事新报》副刊《青光》。

4 月 17 日 "老舍先生创作生活廿年纪念会"在重庆百龄餐厅举行。姚雪垠是此次纪念会的发起人之一。

4 月 长篇小说《春暖花开的时候》第一部第一分册，由现代出版社出版。

5 月 6 日 《现代田园诗》发表于《当代文艺》第 1 卷第

---

① 冯乃超（1901—1983），又名子韬，作家。著有诗集《红纱灯》，小说、散文集《傀儡美人》，小说集《抚恤》等。有《冯乃超文集》行世。

② 姚北桦、贺国璋、余润生编《姚雪垠研究专集》，黄河文艺出版社，1985，第 213 页。

5—6 期合刊，对臧克家的诗集《泥土的歌》进行了评价。

5 月 28 日　《从"两面人"看目前戏剧运动》发表于重庆《时事新报》副刊《青光》。

5 月 30 日　《小说是怎样写成的》被收入郭莽西编著《一篇文章的构成》（浙江龙泉龙吟书屋出版）。

5 月　长篇小说《春暖花开的时候》第一部第二分册，由现代出版社出版。

8 月　姚雪垠与陈纪滢、蓝海（田仲济）创办和主编的《微波》第一期出版，刊有姚雪垠的短篇小说《伴侣》、中篇小说《三年间》（连载）。"两篇小说都是以抗战时期的知识分子家庭生活为题材，从人物的变化揭示了社会现实的黑暗。"① 同期文章，还包括陈纪滢的《大鸽主》、田仲济的《更夫》、茅盾的《"无关"与"忘记"》、臧克家的《你不是孤独的》、聂绀弩的《我若为王》等。

9 月 23 日　《联合周报》第 2 卷第 5 期报道了姚雪垠正在赶写以抗战初期中学教员为题材的中篇小说的消息。

9 月　长篇小说《春暖花开的时候》第一部第三分册，由现代出版社出版。

与茅盾、胡风、何其芳、沙汀、艾芜、臧克家、宋之的、沈起予、徐迟、聂绀弩等人，出席叶以群主持的重庆文艺工作者座谈会。该会以"今日文艺工作者的切身问题"为主题。"与

---

① 余冰：《〈微波〉的停刊》，《寻根》2012 年第 5 期。

会者在发言中，倾吐了自己在重庆'篱笆'下搞创作的痛苦。在国民党的文化专制主义压制下，大家都深感欲写不能、欲罢不忍，一致主张向国民党的文化专制主义进行抨击，呼吁给作家以创作自由。"①

10 月 3 日　《北方生活与北方语言》发表于《新华日报》。

11 月 1 日　《硬骨头》发表于《高原》创刊号。同期文章，还包括郑伯奇的《今后文艺工作的方向——读"文协"第六届年会论文的感想》、荒芜的《真实之歌》（杂文）、臧克家的《春风白发》（诗歌）等。

11 月 26 日　《雾中怀北方》发表于重庆《大公报》副刊《文艺》。

11 月　小说《母爱》由现代出版社出版。《母爱》是《崇高的爱》（《新苗》第一部）的易名再版本。

12 月 6 日　《读史随笔》发表于《前锋报》副刊《燧火》。

12 月 9 日　《书评的公式》发表于西安《正报》副刊《豳风》第 93 期。

12 月 16 日　《历史的悲哀》发表于《前锋报》副刊《燧火》。

本年度重要论文：

一群小读者：《一封公开信——评姚雪垠先生的〈新苗〉》，《时事新报·青光》1944 年 1 月 20 日。

---

① 冉庄：《冉庄文集》（散文·小说·戏剧卷），四川民族出版社，2004，第 155 页。

夏逊：《读〈戎马恋〉》，《收获》1944 年第 59 期新。

原流：《〈牛全德与红萝卜〉读后》，《自学》1944 年第 2 卷第 2 期。

李长之：《新苗》，《时与潮文艺·书评副刊》1944 年第 3 卷第 2 期。

李长之：《春暖花开的时候》（第一部），《时与潮文艺·书评副刊》1944 年第 3 卷第 5 期。

李长之：《春暖花开的时候》（第二部），《时与潮文艺·书评副刊》1944 年第 3 卷第 6 期。

石怀池：《戎马恋》，《新华日报》1944 年 7 月 24 日。

1945 年　35 岁

2 月，"文协"三台分会在国立东北大学成立，主要成员有陆侃如、冯沅君、赵纪彬、董每戡等人。

5 月 2 日，由延安鲁迅艺术学院集体创作，贺敬之、丁毅执笔的中国第一部新歌剧《白毛女》在延安公演。

6 月 25 日，昆明文化界人士举行茶会庆祝茅盾创作 25 周年与 50 诞辰。

9 月 2 日，日本政府签署无条件投降书，中国抗日战争取得了最后胜利。

1 月　叶圣陶的《西川集》由重庆文光书店出版，在收录的《能读的作品》一文说道："我见识很狭窄，事实限制，不能广遍的（地）阅读现代的作品。就我所知，如老舍、曹禺、朱自清、李健吾、姚雪垠、沙汀，诸位先生的著作，袁俊、吕叔湘、潘家洵，诸位先生的译品，都是看得又读得的。"①

2月20日　《看铁华木展有感》发表于《新华日报》。

2月22日　郭沫若在《新华日报》发表《文化界时局进言》一文，呼吁民主，挽救民族危机。姚雪垠在"进言"上签名，其他参与联名签署的重庆文化界人士还有巴金、胡风、叶以群、刘白羽、顾颉刚、冯雪峰、冯乃超等人。

2月23日　离开重庆，前往四川三台国立东北大学中国文学系任副教授。

2月　姚雪垠、陈纪滢、蓝海（田仲济）主编的《微波》终刊。

文章《生活、思想、语言》被书入邱晓崧、魏荒弩主编的《诗文学》创刊号。同期收录的文章，包括王亚平的《论诗人思想情感的改造》、何其芳的《谈自己的诗》等。

3月28日　来到国立东北大学。

3月31日　参加"文协"三台分会（后改为"文协"川北分会）在国立东北大学礼堂举办的欢迎会。

3月　《时与潮文艺》第5卷第1期报道了姚雪垠去三台国立东北大学任教的消息。

参加重庆文化界举办的"王亚平四十寿辰和创作十五周年"庆祝会。

4月25日　与陆侃如、冯沅君、董每戡、赵纪彬、黎丁、

---

① 叶圣陶：《西川集》，文光书店，1945，第32页。

谢梓文等人，出席"文协"三台分会在国立东北大学礼堂举办的文艺晚会。

5月4日 在《文哨》第1卷第1期上，茅盾发文点评姚雪垠的小说《戎马恋》，除肯定具有暴露性的讽刺内容外，指出："全书读来总觉力量不够，写人物、写景，都见得力疾（竭）声嘶，写金张二人之心理苦闷与矛盾颇用了些力气，惜未能深刻。照全书故事看来，倘使缩短篇幅或许倒紧凑而精粹些，文章格调与作者另一中篇小说《牛全德与红萝卜》颇不相侔。"①

5月 胡仁宇编述的《恩海集》问世，书末收入姚雪垠等40人的题词。姚雪垠的题词为："人生非金石，岂能长寿考，奄忽随物化，荣名以为宝。"②

6月5日 《文艺的欣赏和批评》（姚雪垠讲、黑黎记录）发表于《文学青年》第1期（创刊号）。该文是姚雪垠应"文协"川北分会暨东大二十余学术团体的邀请，于4月6日在国立东北大学礼堂进行的一次公开演讲，主要谈到文艺欣赏与文艺批评的异同，并强调道："今天没有产生伟大的作家，也没有产生伟大的批评家。现在的中国文坛极需要真正现实主义的批评，却不需要反民主的主观主义和宗派主义。"同期文章，还包括"文协"川北分会会员的发刊词《我们对当前文艺工作的意见》、常任侠的《布谷鸟》、刘黑枷的《母亲的行列》、徐帆译

---

① 姚北桦、贺国璋、余润生编《姚雪垠研究专集》，黄河文艺出版社，1985，第451页。

② 龚明德：《昨日书香》，东南大学出版社，2002，第147页。

的《雪莱诗三首》等。

6月15日 《文艺月报》（田涛主编）第1卷第1期（创刊号）报道了徐盈、碧野、姚雪垠等人的文章因各种原因而不能在本期与读者见面的消息。

6月 《文艺写作讲话》由战时文化供应社出版，书中收入姚雪垠的《怎样写小说》一文。

7月5日 与董每戡拜访在成都燕京大学任教的叶圣陶。叶圣陶在当天的日记中写道："二君皆任教于东北大学，据言东北中文系教师十余人意见皆相近，不敢抱残守阙（缺），重在继往开来，殆为各大学所少有。为文学院长者，则陆侃如也。"[1] "七时至东方书社王畹芗所。王宴姚董二君，邀余同饮。饮白酒不少。酒罢，姚君谈幼年陷于土匪中之情事（姚为河南人），甚可听。"[2]

姚雪垠对叶圣陶、董每戡等人谈到的幼年被土匪绑票之事，后来构成了长篇小说《长夜》的故事原型。关于此次与友人畅谈之事，姚雪垠回忆道："席散后，叶圣陶先生，董每戡兄，东方的王畹芗经理，和我在院中吃茶，随便聊天。不知怎样引起的，我把这故事又从头到尾地讲了一遍。当时叶圣陶先生曾劝我把它写出，王经理也很打气。从这天晚上起，我才有写的决

---

[1] 商金林编《叶圣陶抗战时期文集》（第3卷），人民教育出版社，2005，第253页。

[2] 商金林编《叶圣陶抗战时期文集》（第3卷），人民教育出版社，2005，第253页。

心。若没有这次闲谈，也许这故事会永远放在心里，等将来埋在土里，永远也写不出来。"①

7月8日 应瞿冰森的邀请，前往长美轩赴宴。

7月10日 在成都燕京大学组织的系列文艺讲座上主讲《小说的创作》。叶圣陶在当天的日记中写道："姚君能谈话，杂以诙谐，颇动人听。"②

7月12日 与叶圣陶等人在宴宾楼共进午餐。叶圣陶在当天的日记中写道："午刻，董每戡做东，邀佩弦、觉玄与余吃饭于宴宾楼，雪垠、鼎彝同座。杂谈艺文，甚适。"③

7月16日 受叶圣陶邀请在全家福餐馆吃饭。叶圣陶在当天的日记中写道："十时半，驱车至全家福餐馆，余与钟凡、鼎彝、白尘四人做东道，宴董每戡、雪垠、佩弦三人。谈文艺界种种事，甚欢。席散，复吃茶于茶馆。四时归。"④

7月20日 受王懋芗的邀请，与叶圣陶等人一起进餐。叶圣陶在当天的日记中写道："主要客人为子恺与法尊师，此外有王之同乡及雪垠、雪舟。席间诸人谈相法，雪垠则谈其观人之

---

① 姚北桦、贺国璋、余润生编《姚雪垠研究专集》，黄河文艺出版社，1985，第252—253页。

② 商金林编《叶圣陶抗战时期文集》（第3卷），人民教育出版社，2005，第254页。

③ 商金林编《叶圣陶抗战时期文集》（第3卷），人民教育出版社，2005，第255页。

④ 商金林编《叶圣陶抗战时期文集》（第3卷），人民教育出版社，2005，第257页。

经验，颇有味。"①

7月24日　参加叶圣陶主持的欢迎茶会。叶圣陶在当天的日记中写道："'文协'为茶会，欢迎冯焕章、吴组缃、姚雪垠、戴镏龄，及子恺、佩弦，兼集讲座讲说之诸君。假地于月樵店中之楼上。九时，与白尘、鼎彝、二官到彼布置。冯吴到甚早，前于约定之时间（十时），而他友迟迟其来，十时半始开会。余为主席，致欢迎辞。冯、吴、朱、丰、姚各为谈说，继之自由集谈。午刻聚餐于宴宾楼，尽欢而散。"②

7月29日　在燕京大学讲《小说之结构》。叶圣陶在当天的日记中写道："至燕大，听姚雪垠讲《小说之结构》。"③

7月31日　与李束丝拜访叶圣陶。叶圣陶在当天的日记中写道："雪垠偕李束丝来，雪垠谈文事，余深佩其识。"④

8月5日　参加"文协"成都分会举办的暑期文艺讲座闭幕仪式。

8月14日　拜访叶圣陶，谈到抗战前景问题。对于姚雪垠的谈论内容，叶圣陶在当天的日记中写道："渠言今届胜利之日，投机者有失望之感，丧利者有痛惜之感，而有心人则有沉

---

① 商金林编《叶圣陶抗战时期文集》（第3卷），人民教育出版社，2005，第258页。
② 商金林编《叶圣陶抗战时期文集》（第3卷），人民教育出版社，2005，第259页。
③ 商金林编《叶圣陶抗战时期文集》（第3卷），人民教育出版社，2005，第261页。
④ 商金林编《叶圣陶抗战时期文集》（第3卷），人民教育出版社，2005，第261页。

重之感。以前种种偷惰，皆可诿之抗战时期，今战事结束，更何以推托。其言甚当。"①

9 月 6 日　上青城山写作《长夜》。

9 月 11 日　离开青城山，返回成都。

9 月　与叶圣陶、李劼人、陈白尘、张天翼等人，在呼吁民主统一的《成都文化界对时局的呼吁》上签名。

10 月　回到三台。

按：1945 年秋天以来，三台草堂国专聘请国立东北大学文学院的老师来授课。在 1990 年《绵阳市文史资料选刊》第 5 辑收录的《三台草堂国专与成都尊经国专》一文中，作者袁诲余谈到在聘请的教师当中，陆侃如教授讲《中国文学史》，董每戡教授讲《词曲》，叶丁易教授讲《目录学》《说文解字》，孙道升教授讲《当代哲学史》、姚雪垠副教授讲《中国现代文学史》。关于姚雪垠的具体教学情况，指出姚雪垠讲授《中国现代文学史》之际只是照本宣科，因而无法引起学生的兴趣；当姚雪垠讲授自己的创作实践时，流露出说评书的韵味，因而受到学生的欢迎。

11 月 3 日　《自省小记》发表于河南《前锋报》副刊《燧火》。

11 月 13—15 日　《出山》连载于《神州日报》。

11 月　作为"八十家佳作集"之九的《差半车麦秸》（姚

---

① 商金林编《叶圣陶抗战时期文集》（第 3 卷），人民教育出版社，2005，第 266 页。

雪垠等著，施方穆主编），由新流书店出版。收录的作品，包括姚雪垠的《差半车麦秸》、徐迟的《在前方——不朽的一夜》、草明的《梁王底烦恼》、聂绀弩的《酒船》、李辉英的《福地》、荃麟的《海塘上》等小说 10 篇。

本年度重要论文：

茅盾：《读书杂记》，《文哨》1945 年第 1 期。

安侠：《牛全德与红萝卜》（中），《前线日报·文艺评介》1945 年 6 月 17 日。

安侠：《牛全德与红萝卜》（下），《前线日报·文艺评介》1945 年 7 月 1 日。

1946年　36岁

1月10—31日，政治协商会议在重庆召开，通过了政府组织案、国民大会案、和平建国纲领、军事问题案、宪法草案等五项协议。

3月，赵树理的《李家庄的变迁》由华北新华书店出版。

7月25日，陶行知逝世。

年初　由三台回到成都。

1月19日　散文《我的老祖母》发表于《华西晚报》。

徐霞村、葛斯永、杨祥生合编的《名著选集3》（以《纺车复活的时候》为书名）由重庆建国书店出版，书中收入姚雪垠的《差半车麦秸》、张天翼的《新生》、沙汀的《在其香居茶馆里》、艾芜的《纺车复活的时候》等作品。

张惠人编选的《抗战文选第一辑》（以《兵》为书名）由黑白出版社出版，书中收入《华威先生》（张天翼）、《兵》（魏伯）、《差半车麦秸》（姚雪垠）、《冶炼》（王西彦）4篇小说。

2月14日 《我抗议！一个无党派人的愤怒》发表于《华西晚报》，对国民党制造的"较场口事件"进行了批评。

2月 散文《外祖母的命运》发表于《华西晚报》。

受邀前往位于四川成都华西坝的金陵女子文理学院演讲《中国文艺思潮》，每次2小时，共5次。

3月16日 在上海《大光明》第3期上，蒋星煜发表《文艺作家的书法》一文，分别评论孙伏园、陈望道、老舍、朱光潜、梁实秋、姚雪垠、冯沅君、陆侃如等人的书法。对于姚雪垠的书法特点，蒋星煜评价道："姚雪垠先生的书法光芒毕露，是向前发展的。少用垂露而擅长于用悬针。可以说部分地获得了《兰亭序》中'年'字的精神。从整幅字的布白而论，则近于王守仁的'七言诗'，不过用墨很经济，真所谓惜墨如金，所以比较纤巧，纤巧到如何程度，读过《春暖花开的时候》这部小说的人，一定会想像（象）得出。"

3月 中篇小说《金千里》（《戎马恋》修订本）由上海东方书社出版。

4月1日 《出山》发表于上海《文选》第2期。

4月15日 在《文艺新闻》第6期上，针对有关姚雪垠的写作技巧迷惑读者的来信，《编辑室信箱》中提到要把姚雪垠的主要作品作一番系统的具体的批评。

4月 散文《大嫂》发表于《华西晚报》。

5月11日 《联合晚报》发布连载姚雪垠的长篇小说《长夜》的消息。

1946年5月，国立河南大学邓县同乡欢迎姚雪垠（前排右六）返汴暨欢送毕业同乡纪念留影

5月13日　《世界晨报》报道了姚雪垠即将返回河南的消息。

5月29日　到开封女师大礼堂作关于用什么话写小说的演讲。

6月12日　《南北》第1卷第4期既报道了郭沫若、田汉、姚雪垠等人先后来到上海的消息，又谈到姚雪垠来上海之后，被扒手偷走了钱财，以及因时局不安、物价高涨而打算返回故乡（河南邓县）之事。

7月1日　《出山》发表于《生活与学习》第3—4期

合刊。

7月5—6日 《三年写作计划》连载于《河南民报》副刊。

7—9月 长篇小说《长夜》连载于《河南民报》副刊《民众乐园》。

8月5日 上海武训学校举行开学典礼，姚雪垠被校长李士钊聘为文学专科主任。"开学后不久，姚的父亲在河南老家去世，他从上海赶回老家奔丧，料理后事，又于10月回上海，在武训学校讲授语文课，直至第二年6月学校被迫停办。"① 关于姚雪垠的授课情况，郭衍莹回忆道："姚老师对明末那段历史特有研究，经常在课堂上绘声绘色地向学生讲述300年前那段惊心动魄的史实。他一再称赞郭沫若写的《甲申三百年祭》是世纪之作。根据他的建议，学校请书店影印了几百份《甲申三百年祭》的小册子，作为学生教材。"②

按：郭沫若的文章《甲申三百年祭》于1944年3月19—22日连载于《新华日报》。这篇文章是为了纪念明朝末年李自成领导农民起义胜利三百周年而写的。

8月16日 在《文汇报·笔会》第29期上，李健吾发表《"咀华"记余》一文，认为"姚雪垠先生的短篇小说应当很有

---

① 郭衍莹：《姚雪垠在武训学校讲课的轶事》，《钟山风雨》2016年第1期。
② 郭衍莹：《我所知道的上海武训学校及其文化人士》，《文史春秋》2020年第6期。

好的，我看过的只有一篇《差半车麦秸》，虽说寻篇就非常优秀"①。

10月9日、10日、12日、14日、16日、17日 《怎样写小说》连载于《民权新闻》第2版《晨曦》副刊。

11月24日 《什么是五四精神》发表于《前锋报》第2版《星期专论》栏目。

12月1日 参加陶行知的安葬仪式。郭衍莹回忆道："全国53个人民团体数百名代表护送陶行知的遗体去南京晓庄学校旁的崂山之麓安葬。姚雪垠和李士钊作为护送代表，目睹大批南京市民自发站在道路两旁迎候灵柩，有的市民甚至跪拜在地上，深受感动。他俩在南京逗留几天，仔细参观了晓庄学校，决心回去后把上海武训学校办好。他俩还找到中共代表董必武，请他为学校写校名。董欣然同意，并题词：'行乞为兴学，终生尚育才。'"②

是年 姚雪垠的短篇小说《差半车麦秸》被收入《当代中国短篇小说选》（罗伯特·白英、袁嘉华合作编译，伦敦诺伊尔卡·灵顿翻译公司出版）。另外，书中收录了鲁迅、沈从文、老舍、杨振声、施蛰存、张天翼、端木蕻良、卞之琳等人的短篇小说。

---

① 李维永编《李健吾文集》（文论卷一），北岳文艺出版社，2016，第341页。

② 郭衍莹：《姚雪垠在武训学校讲课的轶事》，《钟山风雨》2016年第1期。

本年度重要论文：

冰菱（路翎）：《谈"色情文学"》，《希望》1946 年第 1 集第 2 期。

辛冰：《我所知道的姚雪垠》，《文艺新闻》1946 年第 4 期。

龚鸾：《骑士的堕马——评姚雪垠著中篇小说〈戒马恋〉》，《中原·文艺杂志·希望·文哨联合特刊》1946 年第 1 卷第 4 期。

黄阳：《评姚雪垠的〈出山〉》，《文艺生活》（光复版）1946 年第 6 期。

公刘：《也谈"色情文学"——读冰菱先生〈谈"色情文学"〉后有感》，《力行日报·人间》1946 年 7 月 26 日。

逸波：《怎样写作——记姚雪垠先生演讲》，《大河日报》1946 年 8 月 18 日。

辛原：《姚雪垠与其作品》，《益世报》1946 年 8 月 20 日。

1947 年　37 岁

1 月 16 日　寓言《希特勒的猴子》发表于《文汇报》。

1 月 26 日　从邓县经开封抵达上海。

1 月 29 日　寓言《面具与手套》发表于《联合晚报》。

2 月 5 日　《中国新文化的源流》发表于开封《山河》半月刊第 3 期。

3 月 15 日　《一个被压杀的天才——记独轨火车发明家卢镕轩先生》开始于《人物杂志》第 2 卷第 3 期连载。关于为卢镕轩作传的原因，姚雪垠指出："本文写作的目的不在表扬一种科学的成果，而在表扬一个人物的科学精神，并要从这个人物身上使大家看清楚官僚社会是怎样的压杀科学。"

3 月 19 日　《读〈天堂春梦〉》发表于成都《四川时报》副刊《华阳国志》第 61 期。

按：《天堂春梦》是徐昌霖的电影小说，于 1947 年 1 月由上海桐叶书屋出版。

3 月 20 日　在《国光新闻》创刊号上，易可发表《听姚雪垠先生讲演两点质疑》一文，就姚雪垠在开封的三次演讲（《新文学的道路》《小说的作法》《内容与形式》），与之商榷接受文学遗产与典型创造的问题。

5月1日　小说《等待》发表于《文潮月刊》第3卷第5期。

《论胡风的宗派主义：〈牛全德与红萝卜〉序》发表于《雪风》半月刊第3期，与"胡风派"进行辩驳，并指出："我提出'胡风派'这名词，毫无恶意，我认为宗派主义是巩固联合战线的一大障碍，不如揭破了的好。"

5月5日　《联合晚报》刊载《姚雪垠氏否认参加作家协会》的消息。根据消息内容可知，上海文艺作家协会成立之际，将姚雪垠纳入理事名单之中。因未征得姚雪垠本人同意，故有否认参加作家协会一说。

按：上海文艺作家协会于是年5月4日在上海贵州路北京路口湖社宣告成立。

5月15日　天公报社、河南学会邀请姚雪垠作学术讲演，演讲的题目是《一个小说家所应具备的条件》。

5月　"雪垠创作集第一种"《差半车麦秸》（短篇小说集），由上海怀正文化社出版，共收录6部短篇小说，分别为《差半车麦秸》、《红灯笼故事》、《新芽》（《孩子的故事》）、《伴侣》、《碉堡风波》、《大选》（《选举志》）。

"雪垠创作集第二种"《长夜》（长篇小说），由上海怀正文化社出版。在《长夜·后记》中，姚雪垠言："说到这部小说的

中国现代文学馆馆藏"雪垠创作集"(《差半车麦秸》《长夜》《牛全德与红萝卜》《记卢镕轩》)等图书

内容，我觉得它还多少表现了我的故乡的风貌，也记录出我的少年时代的历史侧影。将这部小说题名叫《长夜》，是因为在我的计划中还有《黄昏》和《黎明》。在《黄昏》中要写静静的旧农村是怎样地开始崩溃，怎样地沦落为半殖民地的悲惨形态。在《黎明》中要写农村崩溃后由混乱走到觉醒，虽然是'风雨如晦'，但已经'鸡鸣不已'。也许是不自量力，我企图用这三个姊妹篇去表现中国近代农村的三个阶段。"①

"雪垠创作集第三种"《牛全德与红萝卜》(中篇小说)，由上海怀正文化社出版。

---

① 姚北桦、贺国璋、余润生编《姚雪垠研究专集》，黄河文艺出版社，1985，第254—255页。

6月1日　在《大夏周报》第24卷第1期上，"校闻志要"栏目记载了天公报社、河南学会邀请姚雪垠作学术讲演之事。

8月　"雪垠创作集第四种"《记卢镕轩》（传记文学），由上海怀正文化社出版。

9月　文章《人性的恢复》被收入"短篇创作丛刊第一辑"《人性的恢复》（主编张白怀，群力出版社出版）。

9月3日　在《时代日报》"文化版"上，阿垅发表《从"飞碟"说到姚雪垠底歇斯的里》一文，将姚雪垠的文学作品视为色情、娼妓文学。

9月13日　《时代日报》"文化版"刊出姚雪垠给编辑楼适夷①写的一封关于阿垅批评自己的公开信，并要求对方以负责态度切切实实地加以解释。

9月25日　《时代日报》"文化版"刊出阿垅致编者的一封信，对姚雪垠在公开信中要求以负责态度进行批评的问题作了回答。

10月1日　在《中国作家》第1卷第1期（创刊号）上，胡风发表《先从冲破气氛和惰性开始》一文，对姚雪垠及其作品进行含沙射影的批评，并为之归纳了"虎""骗""挡"三种"效率颇高的武器"。

11月3日　一明的《姚雪垠》刊于天津《大公报》，主要对姚雪垠其人其作进行了点评。

11月23日、30日　《近代小说的起源》连载于上海《益

---

①　楼适夷（1905—2001），作家，翻译家。著有小说集《挣扎》《病与梦》等，诗集《适夷诗存》，译著《在人间》等。

世报》。未完。

12月7日、21日、28日　《近代小说的起源》连载于上海《益世报》。未完。

12月29日　上海《益世报》报道了姚雪垠忙于乔迁的消息。

冬　离开上海怀正文化出版社。

按：姚雪垠1947年1月来到上海后，经徐昌霖介绍，与刘以鬯结识。为了方便姚雪垠创作与出书，刘以鬯邀请姚雪垠住到上海怀正文化出版社。"雪垠创作集第一种"《差半车麦秸》，由上海怀正文化出版社1947年5月出版。据此时间推断，姚雪垠住到上海怀正文化出版社的时间，应该是5月之前。大概是春季。

本年度重要论文：

易可：《听姚雪垠先生讲演两点质疑》，《国光新闻》（创刊号）1947年3月20日。

史蒙：《〈差半车麦秸〉读后感》，《大公报·文艺》1947年6月10日。

周斯奋：《〈差半车麦秸〉论》，《文坛》1947年第6卷第2—3期合刊。

阿垅：《从"飞碟"说到姚雪垠底歇斯的里》，《时代日报》1947年9月3日。

胡风：《先从冲破气氛和惰性开始》，《中国作家》1947年第1卷第1期。

1948 年　38 岁

2 月 15 日，中共中央发出《新解放区土地改革要点》的党内指示。

4 月，周立波的《暴风骤雨》由东北书店出版。

6 月 15 日，《人民日报》创刊。

8 月，丁玲的《太阳照在桑干河上》由东北书店出版。

10 月，范文澜的《太平天国革命运动》由东北书店出版。

1 月 11 日、18 日　《近代小说的起源》在上海《益世报》连载完结。

1 月 25 日、27 日　《什么叫做小说》连载于重庆《时事新报》副刊《青光》。

2 月 25 日　上海《益世报》报道了姚雪垠迁居浦东潜心写作的消息。

2 月　搬到上海浦东高行，化名姚冬白，在乡间小镇一所新办的农业职业学校一边教授国文课，一边领导学生从事革命活动。"高行农校只是地下工作的一个点，姚雪垠先生负责宣传，《告上海市民书》就是先生起草的。姚先生还负责联络上海文艺界如电影演员朱苏等人，对他们讲述革命大好形势，让他们留下来不要跟着国民党逃跑，为革命做了大量的工作。"①

3月13日　《铁报》《诚报》《和平日报》《小日报》《前线日报》分别报道了姚雪垠将电影剧本《没有春的春天》交给"中电"开拍的消息。之后，《中华时报》《时事新报》《大公报》《东方日报》《辛报》，均报道了此事。

按：《没有春的春天》是以灾区生活为故事题材创作的电影剧本。至于为何从事电影剧本创作，姚雪垠在接受《新民报（晚刊）》记者刘岚山采访（采访文章发表于是年9月11日）时表示："写电影剧本是近来的事情。第一，当我接触到这工作的时候，我发觉它是直接诉之于观众，而观众确比小说要多得不能相比。可以说，在今天和将来，没有任何艺术的观众能超过电影的，这不是很好的教育工具，很有力的武器吗？第二，这是不用掩饰的，在此时此地，生活问题是任何人所不能不焦虑的，写电影剧本比写小说到底较能够帮助'生活'。第三，我已经写过一部《血腥的年代》尚未完成，另外也计划两三部长篇小说，着手搜集材料都已有数年之久，但因为迫于生活，写起来又不是一年半载可成，而且人民购买力如此低落时，销路不会好，出版者一定要赔本，而且还有其他问题会发生，所以

---

① 姚海天：《上海解放前夕姚雪垠的革命活动》，《新文学史料》2010年第3期。

一直搁了下来。第四，在创作上，应该怎样才能更接近人民，正确地反映现实，把握历史的发展等，自己现在还没有达到成熟的时候，这也是迟迟未敢再以作品问世的原因之一。"①

4 月初　到高桥中学作《关于反对专制，争取民主》的演讲。

5 月　《杜甫与李白的友谊》发表于《文艺工作》第 1 期。

6 月 15 日　《诚报》报道姚雪垠正在编写以河南灾荒为背景的新剧《万里哀鸿》之事。

8—10 月　电影剧本《万里哀鸿》连载于《剧影春秋》第 1 卷第 1—3 期。

8 月 6 日　《历史不容曲解：评吕克难君的中国史观》发表于《时与文》第 3 卷第 16 期，与吕克难就中国史观问题进行商榷。

按：《历史不容曲解：评吕克难君的中国史观》是对吕克难的文章《论"逼上梁山"——我对中国社会的一种看法》的回应。该文发表于是年 7 月 11—13 日。是年 9 月 11 日，吕克难的回应文章《论一种评价标准：答复姚雪垠君的责难》刊于《世纪评论》第 11 期。

9 月 9 日　《悼张上将自忠殉国八周年》被收入《张上将自忠纪念集》（张上将自忠纪念委员会出版）卷十八。在文中，姚雪垠认为："军人死于战场并不难，难在死后永远被大家纪

---

① 刘岚山：《人生走笔》，安徽文艺出版社，1993，第 176 页。

念！那必须他所参与的是神圣的战争，是保卫最大多数人的利益的战争。张将军之所以永为我们敬仰和纪念，便因为他是为全民的利益而牺牲的。"

10 月 1 日　《论现实批判与要求改革》发表于上海《求是》月刊第 5 期。

10 月 15 日　《论批评》发表于《书报精华》第 46 期。

冬　张西曼①将《历史回忆》的书稿托付给姚雪垠介绍书店出版。

年底　为上海高行农业学校举行的文艺演出创作了以"反饥饿，反压迫，要民主，要自由"②为内容的活报剧。

是年　发表的作品还包括三篇历史论文《论石敬瑭式的政权》（《时与文》第 3 卷第 20 期）、《明代的锦衣卫》（《中国建设》第 7 卷第 6 期）、《崇祯皇帝传》（《幸福》月刊第 23—26 号，具体时间是 1948 年 12 月至 1949 年 3 月）。

按：三篇文章寄托着姚雪垠感时忧国之意，《论石敬瑭式的政权》是"用借古讽今的手法将投靠美国以求生存的蒋介石比作石敬瑭"，《明代的锦衣卫》是"借论述锦衣卫影射蒋介石的特务统治"，《崇祯皇帝传》是"想弄明白明朝中叶以后各代皇帝的政治生活，一则考察崇祯所承继的历史包袱，二则探索他

---

① 张西曼（1895—1949），中国早期马克思主义的传播者。《民主与科学》杂志社社长兼总编辑，九三学社创始人之一。
② 姚海天：《上海解放前夕姚雪垠的革命活动》，《新文学史料》2010 年第 3 期。

的悲剧性格形成的诸种因素"①。

是年 《差半车麦秸》被收入叶君健英译的中国短篇小说集《三季》（*Three Seasons*）（英国伦敦斯塔坡出版社出版），书中还收入了茅盾的"农村三部曲"（《春蚕》《秋收》《残冬》）、张天翼的《华威先生》等小说。

本年度重要论文：

胡绳：《评姚雪垠的几本小说》，《人民与文艺》（《大众文艺丛刊》第 2 辑）1948 年第 1 期。

万枚子：《历史与现实：略论吕克难姚雪垠两先生的观点》，《再造》1948 年第 1 卷第 7 期。

---

① 姚北桦、贺国璋、余润生编《姚雪垠研究专集》，黄河文艺出版社，1985，第 51—52 页。

1949 年　39 岁

6月1日，《河南日报》创刊。

6月16日，《光明日报》创刊。

6月18日，《长江文艺》创刊。

7月2—19日，中华全国文学艺术工作者第一次代表大会在北京召开。

7月，《文艺报》创刊。

10月，《人民文学》创刊。

1月　张西曼的《历史回忆》由东方书社出版，该书是姚雪垠主编的"现代史料丛刊"之一。

3月5日　《战争与和平》发表于《报告》第1期。该刊主编是姚雪垠、徐中玉。

3月10日　《刘瑾与钱宁》（"明朝特务政治史"之一）发表于上海《春秋》半月刊第6卷第3期。

3月25日　《明代特务重心的移转》（"明朝特务政治史"

之二）发表于上海《春秋》半月刊第 6 卷第 4 期。

4 月末　离开上海高行农业学校。

4 月　《母爱》（现代文艺丛书一辑之四）由现代出版社出版。

5 月 27 日　上海解放。

5 月 29 日　到上海警备司令部军法处，要求为上海解放前夕的政治革命活动正名。"一、解决他的党籍问题；二、安排他参加工作；三、给予由他发动参加工作的电影界人士以一定的政治地位与名义。"①

7 月 15 日　为考上华东军政大学的高行农业学生刘光杰等人送行。

8 月　受聘上海私立大夏大学文学院中国文学系兼任教授，聘期自 1949 年 8 起至 1950 年 7 月底止。在秋季教员课程安排中，主讲中国现代文艺思潮、西洋现代文艺思潮两门课程。

12 月 1 日　小说《因为我也是工人》发表于香港《小说》月刊第 3 卷第 3 期。

---

① 许建辉：《姚雪垠与"上海密工站"》，《档案春秋》2011 年第 9 期。

1950年　40岁

1月15日，河南省文联筹委会编印的半月刊《翻身文艺》创刊。

3月1日，河南省文联筹委会与开封市文联合办的双月刊《河南文艺》创刊。

6月25日，朝鲜战争爆发。

10月19日，中国人民志愿军跨过鸭绿江，抗美援朝。

春　在上海私立大夏大学，继续讲授中国现代文艺思潮、西洋现代文艺思潮两门课程。

6月　独幕剧剧本《一封信》由上海劳动出版社出版。

7月22日　香港《周末报》报道了有关上海艺人新动向的消息，即改制改剧改人、一切为工农兵服务，具体措施包括去农村、到工厂、下部队等，其中对柯蓝、魏照风、杜高、杨波、姚雪垠等人到工厂之事作了简要介绍。

7月　填写上海市高等教育及学术研究工作者登记表。

8月20日　《刚摸着工人生活的边》《论所谓〈纯文艺〉》发表于《河南文艺》第1卷第4期。

8月　受聘上海私立大夏大学文学院专任教授，聘期自1950年8月起至1951年7月底止。

秋　拿着栾星的介绍信，到河南渑池采访一月有余。

10月　受聘上海私立大夏大学文学院院长职务。

11月10日　在上海参加纪念太平天国运动一百周年大游行。

12月23日　被上海私立大夏大学任命为即将于25日召开的全校师生员工代表大会秘书处秘书长。

12月　向上海新生政权提交思想报告，"其中谈了从抗日战争开始到解放战争结束的12年间自己在第五战区、大别山、重庆、上海等地的思想、工作情况以及与国民党内一些人物的关系……"①。

中篇小说《突围记》（河南文艺丛书之一）面世，在初版本版权页上标注的是"编辑者：河南省文联编辑部""出版者：河南省文联""总经售：新华书店河南分店""承印者：大众印刷厂"。

按：《突围记》刊出之后，也遭到过批评。其中，南丁回忆道："1952年，我扮演的是革命小将的角色、批判者的角色。姚雪垠回河南后写了一部中篇小说《突围记》，我认为是歪曲了共

---

① 许建辉：《档案解读——姚雪垠在1950年代》，《文艺报》2012年4月18日。

产党人的形象，曾写文章批评，后《长江文艺》以读者来信的方式摘要发表了这批评文字。"① 此外，寒冰在《忆姚雪垠先生在渑池》（《仰韶》1981 年第 1 期）一文中，谈到周基在《河南日报》上发文批评《突围记》之事。

---

① 南丁：《经七路 34 号》，河南文艺出版社，2017，第 23 页。

1951 年　41 岁

6 月 15 日，《解放军文艺》创刊。

1 月　被上海私立大夏大学任命为春季招生委员会委员，参与招生工作。

2 月　受聘上海私立大夏大学副教务长，聘期自 1951 年 2 月起至 7 月止。此前上报教育部部长马叙伦审批备案。

3 月 13 日　致信卢镕轩，既谈到寄送书籍《记卢镕轩》之事，也告知个人的目前状况："弟于去年任文学院院长，寒假以来又任副教务长，事忙，且与写作事业相违。打算作（做）到暑假，再作请求，以冀埋首乡间，与农民一起生活，从事写作工作。"[1]

3 月 18 日　吴组缃致信姚雪垠，谈到教书与写作之间的矛盾，并建议姚雪垠"摆脱教书岗位，去实现写作计划"[2]。

---

①　姚雪垠：《姚雪垠文集（第 19 卷）》，人民文学出版社，2010，第 160 页。
②　吴永平：《吴组缃致姚雪垠书信三札考》，《博览群书》2012 年第 4 期。

3月22日　在上海私立大夏大学第15次教务会议上作关于教学计划的报告。

3月　受上海私立大夏大学委托整理图书馆堆存的旧书。

4月2日　在"大夏大学给华东军政委员会教育部的公文"中，载有关于教职工参加土改工作的说明。因对当地的风土人情、历史背景、生活状况等不够熟悉，此次经历成了姚雪垠辞去教职的重要缘由。"这次浙东之行，更坚定了我回河南故乡的决心。既然要专业写小说，就破釜沉舟地回到家乡去！"①

4月28日　暂代上海私立大夏大学社会教育系主任之职。

春　在上海私立大夏大学主讲中国现代文艺思潮、文艺写作两门课程。

7月　应河南省文学艺术工作者联合会之邀，欲前往河南从事文艺工作，故申请辞去大夏大学的职务。离校时，学校开出辞职证明。

8月底　到河南省文联报到。彼时有两个创作规划，一是"以河南农村作背景，以一家四代人的生活和命运为线索，写一部反映河南农村从民国初年到解放初，几十年间变化的大部头长篇小说"②。二是"完成抗战期间计划写的'农村三部曲'，即《黄昏》《长夜》《黎明》。《长夜》已经在解放前出版过二千册，打算修改一次，扩大它的内容，再花两年的时间将《黄昏》

---

① 姚雪垠：《姚雪垠文集（第16卷）》，人民文学出版社，2010，第81页。
② 姚雪垠：《姚雪垠文集（第16卷）》，人民文学出版社，2010，第81页。

和《黎明》写出"①。因现实环境的制约,两个创作规划均未实现。故有"农村三部曲"梦断开封之说。

中国现代文学馆馆藏国立东北大学、上海市立高行农业职业学校、上海私立大夏大学聘请姚雪垠的聘书

11 月 《庆祝苏联十月革命三十四周年》发表于《翻身文艺》第 7 卷第 5 期。

参加河南省组织的土改复查工作队,下派到陕州专区的渑池等县,担任工作组组长。历时半年。

12 月 3 日 开始记录《土改复查日记》。

12 月 《突围记》发表于南京市文联领导下的文学部主编的《文艺月刊》第 2 卷第 6 期。

是年 《文学革命的前夜》发表于上海《新中华》第 14 卷第 2 期。

---

① 姚雪垠:《姚雪垠文集(第 16 卷)》,人民文学出版社,2010,第 82 页。

1952年 42岁

5月24日，曹禺的《永远向前——一个在改造中的文艺工作者的话》刊于《人民日报》。

10月6日至11月4日，中央人民政府文化部（今文化和旅游部）主办的第一届全国戏曲观摩演出大会在北京举行。

10月19日，《人民日报》发表社论《继承鲁迅的革命爱国主义的精神遗产》。

3月7日　在《土改复查日记》中记载进城参加整风会议之事。

3月9日　在《土改复查日记》中记载参加斗争大会主席团之事。

3月18日　在《土改复查日记》中记载找一区委书记解决个人问题之事。

4月18日　《土改复查日记》到此为止。

5月15日　夏承焘在日记中谈到阅读姚雪垠的《突围记》

的感受："阅《南京文艺报》，姚雪垠所为《突围记》，甚动人。"①

6月 在"对姚雪垠同志的土改复查鉴定"中，获得"不接受同志意见，反右倾时小组没通过，有时抵抗，或动感情"②的评语。

7月16日 《改造的初步》发表于《河南日报》。

7月 河南省文联在"姚雪垠同志在'三反'运动中的鉴定"③中，对姚雪垠的优点与缺点分别作了评语。

10月19日 《再读鲁迅的〈论第三种人〉》发表于《河南日报》。

11月 河南省文联在开封召开重点业余作者座谈会，会议由苏金伞主持，姚雪垠负责报告和讨论。在《翻身文艺》上发表曲剧《小心地主反间计》、唱词《小两口走亲戚》等作品的作者贾翰如参与了会议，并同与会者畅谈了姚雪垠的《红灯笼故事》《差半车麦秸》《牛全德与红萝卜》等作品的影响。

是年 在《土改复查日记》中写下一则长达138行的《土改复查快板》。"这是1952年姚雪垠唯一的文学作品，……不曾发表，可见本人对此并无多大兴趣。"④

---

① 夏承焘：《夏承焘集》（第7册），浙江教育出版社，1998，第257页。
② 许建辉：《档案解读——姚雪垠在1950年代》，《文艺报》2012年4月18日。
③ 许建辉：《档案解读——姚雪垠在1950年代》，《文艺报》2012年4月18日。
④ 许建辉：《档案解读——姚雪垠在1950年代》，《文艺报》2012年4月18日。

1953年 43岁

3月9日，《人民日报》刊载毛泽东悼念斯大林的文章《最伟大的朋友》。

11月20日，李準的短篇小说《不能走那条路》刊于《河南日报》。

6月16日　《端午节与屈原》发表于《翻身文艺》第12本。

6月26日至7月8日　中南文学工作者代表大会在武汉举行，大会选出中南作家协会委员会，正式成立中南作家协会。中南作家协会委员中又选出黑丁、李蕤、俞林等人为正、副主席。姚雪垠从河南调入武汉，家仍居开封。之后，下新乡同丰面粉厂体验生活。

8月1日　《长江文艺》（复刊特大号）第8期刊登《中南文学工作者代表大会报告特辑》，收录的报告主要包括《中共中央中南局代书记叶剑英同志对文艺工作的指示》、《为产生更多更好的作品而奋斗》（赵毅敏）、《组织创作力量，发挥创作力量，为伟大的祖国经济建设积极服务》（于黑丁），以及7月8日通过的《中南文学工作者代表大会决议》等。

10月1日　中篇小说《携手》发表于《长江文艺》第10期。

是年　受友人邀请，到郑州高中演讲如何学好语文课、如何写作。对于此次演讲之事，姚雪垠回忆道："我讲到一般散文开头不要写得太复杂，也不要空空洞洞地描景一大片（中学生作文常有此毛病），中间内容要充实；如果写矛盾，也要在中间展开，而最后结尾要结得有力，不可拖沓、松懈。"①

---

① 姚雪垠：《姚雪垠文集（第17卷）》，人民文学出版社，2010，第285页。

1954 年　44 岁

4月1—12日，河南省文学艺术工作者第一次代表大会在开封召开。

6月，杜鹏程的《保卫延安》由人民文学出版社出版。

10月，河南省会从开封迁往郑州。

12月11日，中国作家协会在北京举办吴敬梓逝世二百周年纪念会，会议由茅盾主持并致开幕词，何其芳作《吴敬梓的小说〈儒林外史〉》的专题报告。

4月1日　报告文学《牛全福和百泉发电厂》发表于《新观察》第7期。

评论《试论〈儒林外史〉的思想性——吴敬梓逝世二百年纪念》发表于《长江文艺》第4期，指出吴敬梓具有反清的民族主义思想。

5月29日　《人民日报》报道《中南作家协会制订工作计划》的消息。

6 月　中南作家协会给姚雪垠作了"干部鉴定"的考评，"以肯定为主"①。

江晓天②来访。对于拜访之事，江晓天回忆道："1954 年 6 月，我和萧也牧、陈碧芳同志去武汉约稿，曾登门造访姚雪垠同志，并和他签订了一部写公私合营纺织厂女工生活的长篇小说的约稿合同。"③

7 月　《读〈当太阳出来的时候〉》发表于《河南文艺》第 4 期，认为徐慎的短篇小说《当太阳出来的时候》是"河南文学创作方向值得注意的新收获"④。

8 月 7 日　在《人民文学》第 8 期上，吴组缃发表《〈儒林外史〉的思想与艺术》一文，在吴敬梓具有反清的民族主义思想方面与姚雪垠持相似观点。

10 月　小说《广播员》发表于《河南文艺》第 20 本。

11 月 1 日　在《长江文艺》第 11 期上，潘旭澜发表《评〈试论《林外史》的思想性〉》一文，针对吴敬梓具有反清的民族主义思想的观点，对姚雪垠提出商榷意见。

是年　秘密创作反映我国轻工业艰难成长的长篇小说《白杨树》。

---

①　许建辉：《档案解读——姚雪垠在 1950 年代》，《文艺报》2012 年 4 月 18 日。

②　江晓天（1926—2008），原名靳家宝，长期从事编辑出版和文学理论研究等工作。曾先后参与筹建中国青年出版社、作家出版社。主持和参与编辑出版的文学著作有《李自成》《红日》《红岩》等。

③　陈浩增主编《雪垠世界》，中国青年出版社，2001，第 23 页。

④　胡涌、张文彬主编《河南社会科学手册》，河南人民出版社，1989，第 81 页。

按:《白杨树》是一部未列入中南作家协会计划的稿子，姚雪垠将之视为自己最得意的小说之一。在写到将近 20 万字之际，因写作思路遭到否定而一时激愤，姚雪垠烧掉稿子。为此，追悔莫及。

1955 年　45 岁

2 月 8 日，金庸的第一部武侠小说《书剑恩仇录》开始于香港《新晚报》连载。

3 月 21—31 日，中国共产党全国代表会议在北京举行，通过《关于发展国民经济的第一个五年计划草案的决议》。

1 月 1 日　《论俞平伯底美学思想底腐朽性及其根源》发表于《长江文艺》第 1 期。

1 月 16 日　在《河南日报》上，王大海发表《一位"名作家"的报告》一文，对姚雪垠在郑州高中的演讲进行冷嘲热讽，"重点是批评'凤头、猪腹、豹尾'的说法多么庸俗无聊，多么充满着资产阶级的艺术思想"[1]。姚雪垠将王大海视为"当时那种历史思潮和社会风气的受害者"[2]。

---

① 姚雪垠：《姚雪垠文集（第 17 卷）》，人民文学出版社，2010，第 285 页。
② 姚雪垠：《姚雪垠文集（第 16 卷）》，人民文学出版社，2010，第 80—81 页。

2月23日　中国作家协会武汉分会举行座谈会，批判胡风的资产阶级唯心主义文艺思想。

3月1日　《胡适和白话运动》发表于《长江文艺》第3期。

5月1日　小说《回到祖国的岗位上》发表于《长江文艺》第5期。

6月1日　《正告胡风反党集团》发表于《长江文艺》第6期。

10月1日　《为征服黄河的事业欢呼》发表于《长江文艺》第10期。

冬　将中篇小说《携手》修改为长篇小说《捕虎记》。关于《捕虎记》的主要内容，姚雪垠解释道："写的是一个面粉厂的老工人，技术好，但思想保守，他的年轻徒弟，技术较差，但有革新精神，这矛盾被一个潜藏的敌人利用，影响了生产。后来敌人被揭露，师徒携手搞革新，做出了成绩。这部小说本来要由作家出版社出版，即将发排，因反右派斗争开始而停止了。"①

---

①　姚北桦、贺国璋、余润生编《姚雪垠研究专集》，黄河文艺出版社，1985，第52页。

1956年　46岁

1月1日，《解放军报》在北京创刊。

1月14—20日，中共中央召开关于知识分子问题的会议，周恩来作《关于知识分子问题的报告》，肯定了知识分子在社会主义建设中的作用。

2月15日，《文艺报》第3号转载苏联《共产党人》杂志专论《关于文学艺术中的典型问题》。

5月2日，毛泽东在最高国务会议的讲话中，提出发展科学和文化的"百花齐放，百家争鸣"的方针。

1月1日　散文《从几个村子看高潮》发表于《长江文艺》第1期。

3月　应华中师范学院中文系邀请，前往讲授新文学史。关于姚雪垠此次讲课的经历，周勃回忆道："他又告诉我们他在华师住了近两个月，一边讲课，一边体验大学的生活，准备写一部长篇，暂定名《青春》，已写出了其中一章《实习的第一课》。"①《青春》中的一章，后题为《实习的第一课——长篇小说〈青春〉中的片段》发表于《奔流》1957年第5期。

5月　因患头晕病，回到开封家中修养，并且得到了中国青年出版社的及时帮助。"一九五六年我因头晕病严重，很需要一点钱，适有文学编辑室的一位同志到臧克家同志那里，克家透露了我的情况，附了一张字条说我想预借一点稿费，出版社随即向我家中汇去了五百元。当时物价低，这笔钱颇能济燃眉之急。这是对作家雪里送炭的工作，青年出版社做得很好，根本不问我什么时候有稿子给他们。"②

初夏　应周勃、高定鼎邀请，前往武汉大学讲评《三里湾》。在演讲中，姚雪垠"对《三里湾》作了热情而周到的肯定，首先是题材的现实性，其次是赵树理将民间说唱与现代小说的有机结合，再次是小说中体现的质朴、幽默、乐观的创作风格。而对《三里湾》的批评，主要集中在两点：一是赵树理对长篇小说缺乏驾驭能力，捉襟见肘，力不从心；二是对生活的反映比较浅，缺乏历史的深度把握"③。

按：1955年1月8日，赵树理《三里湾》开始于《人民文学》第1期连载，直到第4期（4月8日）连载结束。同年5月，由通俗读物出版社正式出版。《三里湾》是新中国最早出现

①　周勃：《姚雪垠下放东西湖琐忆》，河南大学出版社，2010，第4页。
②　姚雪垠：《姚雪垠文集（第16卷）》，人民文学出版社，2010，第156页。
③　周勃：《姚雪垠下放东西湖琐忆》，河南大学出版社，2010，第4页。

的一部反映农业合作化运动的长篇小说。

7 月 根据作家出版社的意见，开始修改长篇小说《捕虎记》。

8 月 1 日 《谈打破清规与戒律》发表于《长江文艺》第 8 期。

秋 在江苏无锡太湖养病之际，受《文汇报》记者谢蔚明的邀请而撰写谈创作问题的文章，即《创作问题杂谈》。

11 月 15 日 《现实主义问题讨论中的一点质疑》发表于《文艺报》第 21 期。

按：该文主要是针对现实主义的发展历史等问题，与刘大杰的《中国古典文学与现实主义问题》一文进行商榷。刘大杰的《中国古典文学与现实主义问题》于是年 8 月 30 日刊于《文艺报》第 16 期。

11 月 25 日 《读〈带经堂诗话〉有感》发表于《文汇报》。

12 月 21 日 《读〈带经堂诗话〉有感之二》发表于《文汇报》。

1957 年　47 岁

4 月 10 日，《人民日报》发表社论《继续放手，贯彻"百花齐放，百家争鸣"的方针》。

6 月 19 日，毛泽东的《关于正确处理人民内部矛盾的问题》刊于《人民日报》。

10 月 15 日，中共中央发出《关于划分右派分子标准的通知》。

1 月 10 日　《创作问题杂谈》发表于《文汇报》。

1 月 16 日　散文《惠泉吃茶记》发表于《新观察》第 2 期，主要记述在江苏无锡梅园西边太湖岸上疗养之际，去惠山游玩吃茶之事。

2 月 1 日　在《萌芽》第 3 期上，陈霞发表《作家的旧社会的生活经验——从姚雪垠先生〈创作问题杂谈〉想到》一文，批评姚雪垠的文学观念。姚雪垠认为作者"态度十分恶劣，有些地方简直是含沙射影，作（做）人身攻击。这是什么思想支使他写出这样的批评文章呢？也是宗派主义"①。

3月8日　毛泽东在中南海与郭沫若、茅盾、周扬等文艺界人士的座谈会上，谈到姚雪垠的散文《惠泉吃茶记》，认为"这篇文章写得很好，很讲求艺术技巧"，称赞"姚雪垠很会写文章"，同时指出："他的文章也有毛病，阅后给人一种'众人皆醉我独醒'的感觉。恐怕作者有知识分子的清高吧！"②

3月16日　与黑丁等人在益康馆吃饭。郭小川③在当天的日记中写道："十二时会毕，与黑丁、姚雪垠、周钢鸣等去吃益康馆。因有方殷在，大家对作家出版社大肆攻击。"④

3月18日　受臧克家邀请，与黑丁等人在五芳斋吃饭。郭小川在当天的日记中写道："晚饭，臧克家请客，在五芳斋吃了饭，大部分都是在（第）五战区与克家一起工作的老人，姚雪垠、李蕤、黑丁、碧野等。"⑤

春　来北京修改即将出版的长篇小说《捕虎记》。"起初住在北池子，后来住在西山八大处的第五处。"⑥ 改稿期间，应《旅行家》主编彭子冈之约，准备撰写一组《北京散记》。"选

————————

①　姚雪垠：《姚雪垠文集（第 17 卷）》，人民文学出版社，2010，第 285 页。

②　刘汉民编写《毛泽东谈文说艺实录》，长江文艺出版社，1992，第 180 页。

③　郭小川（1919—1976），原名恩大，河北丰宁人。诗人。著有《将军三部曲》《一个与八个》等。有《郭小川全集》行世。

④　郭小川：《郭小川 1957 年日记》，郭小惠、郭小林整理，河南人民出版社，2000，第 56 页。

⑤　郭小川：《郭小川 1957 年日记》，郭小惠、郭小林整理，河南人民出版社，2000，第 58 页。

⑥　姚雪垠：《姚雪垠文集（第 16 卷）》，人民文学出版社，2010，第 119 页。

定题目有《官厅一水库》《八达岭长城纵目》《十三陵感怀》。刚发表《登景山》和《卢沟桥礼赞》两篇，反右派运动已经进行得如火如荼，子冈同志首先被批斗，成为'右派'。我的写作计划中断，接着我也遭到同样命运……"①

4月12日 完成《田野上的鲜花》一文。该文后发表于《戏剧报》1957年第8期。

5月12日 《朴素、豪迈、富于生活色彩的艺术——看安阳市豫剧团演出随笔》发表于《文艺报》第6期。

5月16日 《乐观与信心》发表于《文汇报》。

5月19日 《打开窗户说亮话》发表于《文艺报》第7期，主要谈到官僚主义、教条主义等问题。

5月22日 《登景山——北京散记之一》发表于《旅行家》第5期。

5月25日 《新疆日报》刊载《党外作家继续向作协党组提意见》的消息。该消息源于新华社北京24日电，主要谈到姚雪垠、徐迟、冯亦代、汝龙、陈伯吹、金克木、李长之等在京党外作家，在中国作家协会党组召开的座谈会上提意见之事。其中，姚雪垠在发言中谈到今后老作家应该继续努力自我改造，同时党也要给予关怀与帮助，在出版等条件方面要做到一视同仁，并希望党员作家和党外作家一起在党的领导下来展开创作竞赛。

---

① 姚雪垠：《大嫂》，河南人民出版社，1982，第1—2页。

5 月 26 日　《文艺报》以《正确对待文艺界内部矛盾》为题，发表了姚雪垠、陈梦家等人应邀参加该报召开的座谈会发言和书面发言，分别为姚雪垠的《要广开言路》、陈梦家的《要十分放心的放》、吴组缃的《我的一个看法》、臧克家的《个人的感受》、白刃的《文艺界的主要矛盾在哪里?》、舒芜的《关于改进文学刊物现状的一个建议》，以及李希凡、蓝翎的《文艺批评的队伍在哪里?》。

5 月 28 日　郭小川来访。郭小川在当天的日记中写道："约十时去看姚雪垠。随便谈了几句，来了一位农民发明家，这是一个有趣的人物，研究了一辈子的独轨火车、水利和园艺，人是完成了，但发明是没有结果的，这是一个悲剧的人物，但也是时代的悲剧。现在，他住在他的儿女家，还在日夜地研究。姚雪垠曾为他写过一本书。"① 郭小川提到的这位农民发明家，指的是姚雪垠笔下的卢镕轩。姚雪垠为之写的书，即传记文学《记卢镕轩》。随后，郭小川记载道："（下午）六时去姚雪垠家，约去碧野处，一起到鸿宾楼吃饭，姚谈了一些对武汉分会的意见。"②

5 月底、6 月初　与姚北桦、周希、王西玲、谢蔚明等人去看望张友鸾。当时姚雪垠受出版社邀请正在北京修改作品。

---

①　郭小川：《郭小川 1957 年日记》，郭小惠、郭小林整理，河南人民出版社，2000，第 109—110 页。

②　郭小川：《郭小川 1957 年日记》，郭小惠、郭小林整理，河南人民出版社，2000，第 110 页。

6月16日 老舍、赵树理、张恨水等联名邀请沈从文、钟敬文、李长之、姚雪垠、邵荃麟、艾青等100多名在京文艺工作者举行座谈会，就繁荣大众文艺、创办《大众文学》杂志等问题交换意见。

6月22日 《卢沟桥礼赞——北京散记之二》发表于《旅行家》第6期。

7月9日 《施永怀教授》发表于《人民教育》第7期。

7月14日 致信李蕤，既告知因身体坏、修改《捕虎记》而不打算回汉口之事，同时表达了挨整的无奈之情："我不知道我们是否也出了点毛病。如在鸣放中出了毛病，不必太有沉重心情，倒是抱着轻松一点的心情才好。……我快习惯了。"①

8月5—29日 中国作家协会武汉分会召开七次座谈会，揭批姚雪垠。

8月9日 《施永怀教授》（续）发表于《人民教育》第8期。

8月31日 《长江日报》刊登《姚雪垠的历史简介》，提及姚雪垠"彻头彻尾的反动资产阶级的丑恶灵魂"②。

8月 中国作家协会武汉分会先来电报，继之来人，将姚雪垠从北京叫回去参加运动。

9月3日 《人民日报》报道《资产阶级文艺复辟的道路

---

① 姚雪垠：《姚雪垠文集（第19卷）》，人民文学出版社，2010，第242页。
② 姚海天：《上海解放前夕姚雪垠的革命活动》，《新文学史料》2010年第3期。

不通　姚雪垠的狂想破灭　作协武汉分会揭穿了这个右派分子的一贯反动本质》的消息。

《工人日报》报道《姚雪垠是一贯反共反人民的政治野心家　作协武汉分会连续集会进行揭露和批判》的消息，该消息源于新华社武汉2日电。

8—9月　从北京返回武汉，被视为"极右派"分子，既受到批判，也被当众宣布取消写作权和发表资格。在呈报上级等待批示的日子里，受到"孤立"待遇的姚雪垠，开始偷偷撰写长篇历史小说《李自成》。

9月　中共湖北省委宣传部编"内部资料"《右派言论选集》由湖北人民出版社出版。该书"编者的话"介绍道："反击资产阶级右派的大斗争已经获得了第一个决定性的胜利，目前正在全国范围内和全省范围内深入展开。这一政治战线上和思想战线上的伟大的社会主义革命是一个长期的、艰巨的、复杂的阶级斗争。为了彻底打垮右派、为了使各界人民在斗争中更进一步地辨别资产阶级右派的反党反人民反社会主义的凶恶面目，特别是为了教育青年一代，我们特将本省各界已经揭露的一部分右派分子的言论（包括他们所写的文章及在座谈会上的发言等）选编为'右派言论选集'，以供内部参考和作为反面教材之用。这个'选集'所收集的材料，一部分是报刊上已经发表的，另一部分则是尚未公开发表而由有关单位提供的。为了便于读者了解这些右派分子的来历，我们选辑了若干头面人物的历史简介，附在正文之后，其余只在正文前面作了简单说明。"① 书中收入程千帆、李蕤、姚雪垠等人的"右派"言论。其中，"姚雪垠的"右派"言论"共由三部分组成，第一部分是"姚雪垠的几篇反党、反社会主义的文章"，包括《创作问题杂谈》《打开窗户说亮话》以及《卢沟桥礼赞》中的一部分；第二部分是"在大鸣大放中的两次发言"，第一次是"5月24日在北京中国作家协会座谈会上的发言"，第二次是"在《文艺报》座谈会上的书面发言"；第三部分是"给姜弘的一封信"。此外，还有一则附录"姚雪垠的历史简介"。

10月9日 《人民教育》第10期刊登批判姚雪垠的《施永怀教授》的三篇文章，分别为西泉的《"施永怀教授"一文是有毒的》、铜驼的《剥开"施永怀教授"的外衣来看它的反动本质》、郑钟毓的《必须对"施永怀教授"一文进行应有的批判》。

10月上旬 开始动笔写作长篇历史小说《李自成》第一卷。"为着重视这一项工作，我特意花八元钱买了本皮面的活页夹。"②

10月 中共湖北省委宣传部编"内部资料"《右派言论选集》（续编）由湖北人民出版社出版。

是年 批评姚雪垠的文章在《文艺报》《湖北日报》《长江文艺》《桥》上不断出现，如《姚雪垠的怪声叫好》《揭穿姚雪

---

① 中共湖北省委宣传部编《右派言论选集》，湖北人民出版社，1957年。
② 姚雪垠：《姚雪垠文集（第16卷）》，人民文学出版社，2010，第123页。

埌的谎言》《姚雪垠的反党面目毕露》《保卫党对文艺战线的领导》等。

本年度重要论文：

陈霞：《作家的旧社会的生活经验——从姚雪垠先生〈创作问题杂谈〉想到的》，《萌芽》1957年第3期。

张光年：《文艺界右派是怎样反对教条主义的?》，《文艺报》1957年第37期。

思基：《永恒的真理——重读"党的组织与党的文学"》，《处女地》1957年第11期。

1958年　48岁

1月，杨沫的《青春之歌》由作家出版社出版。

6月1日，《红旗》创刊。

7月，周立波的《山乡巨变》由作家出版社出版。

2月7日　致信长子姚海云、儿媳李凤云，鼓励其放长眼光，趁年轻努力学习。

2月11日　中共作协武汉分会党组对姚雪垠作出撤销中国作家协会武汉分会创作委员会副主任等处理的决定。

2月　河南省文联编《捍卫社会主义文艺路线》由河南人民出版社出版。书中收入的《苏金伞怎样篡改"奔流"的政治方向》（余昂）、《为培养工人阶级的文艺队伍，建设社会主义的文艺而斗争》（杜希唐）等文章，对苏金伞、姚雪垠等"右派"分子作了批判。

8月　被湖北省委正式划为"右派"，下放到武汉郊区东西湖农场监督劳动。彼时，已写成《李自成》第一卷以及第二卷开头一部分。"当然写得十分粗糙，但有了这粗糙的初稿就有了后来加工整理的基础，而且以后的戏就从这个起点唱下来了。这一点艰难奋斗的成果，对我非常重要。"①

本年度重要论文：

江平：《姚雪垠的〈戎马恋〉宣扬些什么？——驳姚雪垠的"生活经验作为创作源泉看，并没有阶级性"论》，《长江文艺》1958年第2期。

1959 年　49 岁

5 月，师陀的短篇小说集《石匠》由作家出版社出版。

7 月 2 日至 8 月 16 日，中共中央政治局在江西庐山召开了扩大会议以及八届八中全会。

8 月，知晋改编、方瑶民绘图的《鱼腹山》由辽宁美术出版社出版，该部连环画主要叙述明末闯王李自成率领农民起义在"鱼腹山"发生的故事。

2 月　贺朗的《浪花集》由广东人民出版社出版。书中收录贺朗 1957 年 10 月写成的《在"因地制宜"论的后面》一文，该文在批评刘绍棠的"因地制宜"论之际，同时批评了姚雪垠："以这种'因地制宜'论来反对党的文艺方针，反对作家自我改造，在文艺界又岂止刘绍棠一个，君不见'右派分子'姚雪垠在那篇《创作问题杂谈》中，不是也这么主张么（吗）？"① "他

---

① 贺朗：《浪花集》，广东人民出版社，1959，第 64 页。

们以'因人制宜'作为幌子，向党反戈一击，企图致社会主义文学于死地。"①

3月 程云前往东西湖农场看望姚雪垠等人。程云回忆道："1959年3月，我'斗胆'到东西湖去看望市文化系统的'右派分子'们，才知道他们是在多么艰难地生活着——他们伙食标准很低，劳动量却很大——挖河道。就连姚雪垠这样的正牌教授、著名作家也不例外。"②

秋 因挑砖头等强体力劳动，两腿膝盖患急性关节炎。经连队同意，获两周假期，返回武汉治疗腿疾。"我回到武汉作协（中国作协武汉分会），住进一间空房，房内只有一张单人床、一把椅子、一张三屉桌。我悄悄地住了下来，根本没去医院诊治双腿，而是利用这次看病的机会抓紧整理《李自成》第一卷的草稿。"③

① 贺朗：《浪花集》，广东人民出版社，1959，第66页。

② 姚海天、蒋晔编著：《一代文学大家姚雪垠》，沈阳出版社，2018，第191页。

③ 姚海天、蒋晔编著：《一代文学大家姚雪垠》，沈阳出版社，2018，第15页。

1960 年　50 岁

3 月，李準的《李双双小传》刊于《人民文学》第 3 期。

5 月，郭沫若的《武则天》刊于《人民文学》第 5 期。

6 月，柳青的《创业史》（第一部）由中国青年出版社出版。

7 月 11 日，杨沫的《献上一颗炽热的心——为〈青春之歌〉的再版致青年读者》刊于《人民日报》。

7 月 22 日至 8 月 13 日，全国文学艺术工作者第三次代表大会在北京举行。

3 月中旬　"中国作家协会武汉分会召开创作座谈会，专业作家于黑丁、胡清波、姚雪垠等就革命的现实主义和革命的浪漫主义相结合的创作方法等问题，同业余作者进行了讨论。会议中，郭沫若出席讲话。"①

---

① 湖北省地方志编纂委员会编纂《湖北省志·文艺》（上），湖北人民出版社，1997，第 459—460 页。

春 参观汉口的一个人民公社。

夏 随武汉市政协组织的参观团,参观郑州的一个人民公社,到洛阳参观敬事街小学,又参观三门峡水库的建设。对于此次参观学习的情况,姚雪垠回忆道:"回到农场以后,汪柏泉和李德林除要我向本大队传达参观情况之外,还去另外的大队传达。我带着十分振奋的激情传达和歌颂了我所看见的共产主义新生事物,也说出了我自己在参观中所受到的共产主义的思想教育。"①

国庆前夕 摘掉"右派"帽子,被分配到武汉市文联工作。"回武汉市文联报到以后,领导给我的任务是到武汉市豫剧团,跟着剧团下乡,编写剧本。"② 在参与《武昌战火》《王昭君》等剧本的创作过程中,姚雪垠积极整理《李自成》第一卷。程云③看到《李自成》的稿子后,对其评价很高,遂向武汉市委汇报,得到宋一平、辛甫等领导的重视和支持。

---

① 姚雪垠:《姚雪垠文集(第16卷)》,人民文学出版社,2010,第146页。

② 姚雪垠:《姚雪垠文集(第16卷)》,人民文学出版社,2010,第146—147页。

③ 程云(1920—2011),武汉市委宣传部原副部长。著名作家、音乐理论家。

1961 年　51 岁

1月1日，《人民日报》发表社论《团结一致，依靠群众，争取世界和平和国内社会主义建设的新胜利》。

1月，吴晗的《海瑞罢官》刊于《北京文艺》第1期。

12月，罗广斌、杨益言合著《红岩》由中国青年出版社出版。

夏　《李自成》第一卷初稿整理完毕，继续创作《李自成》第二卷。

9月　创作一组总题为《题〈李自成〉第一卷原稿》的七言绝句。后刊于《花城》1979年第1辑。第一首诗曰："不同流派同千载，白发宁甘输众贤。三百年前悲壮史，豪情和泪著新篇。"① 姚雪垠解释道："一九五七年我被错划为'极右派'。在遭批判，被孤立，等待处理的逆境中，开始偷偷写作《李自

---

① 姚雪垠：《姚雪垠文集（第15卷）》，人民文学出版社，2010，第2页。

成》。我常常是一边写一边哭，有时哭得不能写下去只好停顿下来，等胸中略微平静时继续写。可以说《李自成》第一卷的草稿是在痛哭中写出来的，以后我也经常为自己创造的故事情节和人物命运激动得热泪横流，泣不成声。所以当一九六一年我将《李自成》第一卷的初稿整理完毕后，首先写下此七绝抒怀。"①

10 月中下旬 中国作家协会办公室来信。"大意说，听说我正在写长篇，如有什么困难，作协可以帮助解决。我回信说，我写的长篇小说《李自成》第一卷已经脱稿，希望作协帮助我请一两位研究明史的专家看看稿子。作协办公室来信表示同意，要我将稿子寄去。于是我怀着热切的盼望与感激的心情，将稿子挂号寄去。"②

10 月 28 日 江晓天以中国青年出版社文学编辑室的名义致信姚雪垠，商谈出版《李自成》之事："听说你的长篇历史小说已全部脱稿，并已送交作协审阅。我们仍然希望你能将这部作品交我社出版，不知尊意如何？"③

11 月 2 日 致信中国青年出版社文学编辑室，谈到《李自成》的整体创作计划："《李自成》计划中要写五卷，约一百五十万字，几年前才写了第一、二卷，约六十万字。最近寄到全

---

① 姚雪垠：《姚雪垠文集（第 15 卷）》，人民文学出版社，2010，第 2 页。
② 姚雪垠：《姚雪垠文集（第 16 卷）》，人民文学出版社，2010，第 154 页。
③ 姚雪垠：《姚雪垠文集（第 16 卷）》，人民文学出版社，2010，第 154—155 页。

国作协去的是第一卷，第二卷尚在整理。因为这部作品距离完成尚远，所以现在还不好决定出版的问题，你们说已经脱稿，那是听别人传错了。"①

11月7日　中国作家协会办公室致信姚雪垠，告知收到寄稿之事："寄来的《李自成》第一卷原稿（前后共五分册）业已收到了。目前，我们正在接洽找人阅读，如有结果，当另函告。"②

11月8日　江晓天以中国青年出版社文学编辑室的名义致信姚雪垠，谈到出版《李自成》之事："你十一月二日的来信敬悉。我们仍然希望你能同意将《李自成》交我社出版。如果你觉得在送作协领导机关征求意见之后，自己还需要再作一些修改，稿子目前交编辑部有所不便的话，交稿时间晚一些没有关系，你何时定稿就何时交稿。总之，我们希望你能答应将《李自成》交我社出版。"③

11月13日　致信中国青年出版社文学编辑室，谈到同意出版《李自成》之事："第一卷稿子在作协总会。既然我同意你们出版，把完成《李自成》作为咱们的共同事业，我希望你们同作协办公室联系一下，一面由领导机关请人看稿，一面你们也抽出一位同志花费几天时间把稿子看看。这样做，一则是想听听你们的宝贵意见，二则是好让你们了解这部稿子的面貌，以

①　姚雪垠：《姚雪垠文集（第19卷）》，人民文学出版社，2010，第1页。
②　姚雪垠：《姚雪垠文集（第16卷）》，人民文学出版社，2010，第154页。
③　姚雪垠：《姚雪垠文集（第16卷）》，人民文学出版社，2010，第157页。

便在具体工作上给我帮助。"①

11 月 15 日 江晓天联系中国作协，想要回《李自成》第一卷书稿。

中国作协办公室致信姚雪垠，谈到关于《李自成》第一卷书稿转让之事："中国青年出版社谈，您已有信给他们，说《李自成》将由该社出版。现他们急于想看原稿，特此函询是否可将原稿转给青年出版社，望速见复。"②

11 月 16 日 江晓天致信姚雪垠，谈到希望姚雪垠给中国作协办公室写封书信，以方便中国青年出版社可以拿到《李自成》第一卷书稿之事。

11 月 20 日 致信中国作协办公室，谈到请专家审阅《李自成》第一卷书稿、打算春节后去北京而请帮助解决住处问题等事。

11 月 24 日 中国青年出版社寄来约稿合同。

11 月 25 日 中国作协办公室致信姚雪垠："《李自成》原稿仍未找妥人看。作家出版社听说这部稿子现在这里，很想要去看一下，不知您意如何？盼告。您春节后想到北京来，我们很欢迎。住的问题，当可解决；吃的方面，也只能在北京副食供应允许的条件下，尽力予以安排。"③

12 月 9 日 致信中国青年出版社文学编辑室，言及中国作

---

① 姚雪垠：《姚雪垠文集（第 19 卷）》，人民文学出版社，2010，第 3 页。
② 姚雪垠：《姚雪垠文集（第 16 卷）》，人民文学出版社，2010，第 160 页。
③ 姚雪垠：《姚雪垠文集（第 16 卷）》，人民文学出版社，2010，第 160 页。

协未转交稿子的原因、自己何时抵达到京、签订约稿合同等事。

12月15日　中国青年出版社致信姚雪垠，谈到愿意在北京提供住宿之事："你来京后的住处问题，如觉住西山或颐和园方便，全国作协在那里有房子；如觉得住城内方便，作协能解决更好，因为他们的条件好一些。若有困难，我们负责解决。总之，我们当尽力为你提供一些方便。如何安排合适，望能在你动身前的三五日内来函赐告。"①

12月29日　致信中国青年出版社文学编辑室，谈到可以取走《李自成》第一卷书稿之事："今天接到作协来信，知道《李自成》尚未找好看的人，作家出版社想拿去看。既然这样，我想你们就可以取去了。你们把稿子取去以后，希望就组织几位同志看一遍。如果需要外边力量，也不妨约请外边力量。我的要求是认真的（地）、仔细的（地）、共同来推敲这部作品，为春天的修改提供积极的意见。"②

冬　参加湖北省高级知识分子座谈会期间，结识湖北省图书馆分管业务的副馆长张遵俭，从而将借阅图书资料之事落到实处。

---

① 姚雪垠：《姚雪垠文集（第16卷）》，人民文学出版社，2010，第161页。
② 姚雪垠：《姚雪垠文集（第19卷）》，人民文学出版社，2010，第4—5页。

1962 年　52 岁

3 月 2 日，周恩来在广州向出席全国科学工作会议和全国话剧、歌剧和儿童剧创作座谈会的代表，作了《论知识分子问题》的报告。

8 月，中国作家协会在大连召开农村题材短篇小说创作座谈会。

11 月，茅盾的《关于历史和历史剧——从〈卧薪尝胆〉的许多不同剧本说起》由作家出版社出版。

1 月 3 日　江晓天派人将姚雪垠 1961 年 12 月 29 日写给中国青年出版社的信，转给中国作协办公室，并向中国作协秘书长张僖打电话，谈到想取走《李自成》第一卷书稿之事。

1 月 4 日　中国作协办公室致信姚雪垠，言及中国青年出版社取走《李自成》第一卷书稿之事："本来，经过几次联系约请，我们最后想把原稿送给楼适夷、韦君宜同志看的，因为他们一是作协的理事，一是人民文学出版社的副社长。今天，又接到你同日给我们写来的信，我们决定尊重您的意见，已在今日将原稿（共五分册）送给该社，请他们先看了。"①

1月8日　江晓天以中国青年出版社的名义致信姚雪垠，言及从中国作协取到《李自成》第一卷书稿之事。

1月29日　致信中国青年出版社文学编辑室，告知打算二月底去广州之事。

1月30日　致信中国青年出版社文学编辑室，谈到和程云去广东合写歌剧《闯王旗》的计划。

1月31日　江晓天致信姚雪垠，谈到《李自成》第一卷的阅读感受："打开《李自成》第一卷稿子一看，迥然不同，真可谓'别开生面'。它那宏伟磅礴的气势，绚丽多彩的画面，浓郁的历史时代氛围，跃然纸上！栩栩如生的人物形象，引人入胜的生动情节，一下把我抓住了！当了十几年文学书稿编辑，我第一次尝到了艺术欣赏的愉悦，感到满足，不忍释手。"②

1月　接到臧克家问候短札，想起两人往事，遂创作七绝组诗《璇宫感旧诗》。

2月3日　致信中国青年出版社文学编辑室，谈到想集中时间完成《李自成》第一、二卷的想法："我很希望把第一卷早日改成，并把第二卷整理完（第二卷稍长一点），下半年出去旅行。虽然创作活动的规划由我作主，但如果程云同志对写作

① 姚雪垠：《姚雪垠文集（第16卷）》，人民文学出版社，2010，第161页。

② 姚雪垠：《姚雪垠文集（第16卷）》，人民文学出版社，2010，第163—164页。

《闯王旗》的歌剧依然很热情，不变原来打算，我也不好变卦。你们看，如果想要我早日把第一、二卷拿出成品，就请你们来信说明，我就同程云同志商量，取消春天去广东的计划，秋后写歌剧也不迟。"①

2月8日 中国青年出版社文学编辑室致信姚雪垠，谈到想要尽早出版《李自成》第一卷的计划："我们很希望能在今年下半年出版《李自成》第一卷，因此，再次要求您考虑并与程云同志协商一下，把歌剧的创作放缓一步，先集中精力将《李自成》第一卷修改定稿。"②

2月10日 致信中国青年出版社文学编辑室，谈到想与中国青年出版社面谈的想法，并且"（湖北）省文联扩大理事会开会期间，本省专业作家大部分集中一起，机会难得，你们可以趁机会来摸摸底，约点稿子，也是一举两得"③。

2月上旬 江晓天抵达武汉，与姚雪垠商谈《李自成》第一卷出版事宜。

2月17日 《为〈借妻困城〉抱不平》发表于《武汉晚报》。

4月7日 致信中国青年出版社文学编辑室，谈到修改《李自成》第一卷书稿之事："稿子正在改，原来想着有些章可

---

① 姚雪垠：《姚雪垠文集（第19卷）》，人民文学出版社，2010，第7页。
② 宋应离等编《中国当代出版史料》（第5卷），大象出版社，1999，第453页。
③ 姚雪垠：《姚雪垠文集（第19卷）》，人民文学出版社，2010，第8页。

以不动，但事隔半年后，一提起笔，发现不但每章都得改，几乎每页都有必要改动。个别章节还是大动手术。按现在看起来，四月份改不完了。但五月下旬一定可以改完。"①

4 月 18 日　《试谈〈昭君出塞〉》刊于《戏剧报》第4 期。

4 月 20 日　老舍致信姚雪垠，谈到阅读《李自成》之事，且称赞姚雪垠当为今日之文坛旗手。

5 月 10 日　致信中国青年出版社文学编辑室，谈到修改《李自成》第一卷的进度："按现在修改第一卷的情形看，第一卷改定后要有三十几万字。第二卷只会比第一卷多，不会少。为求全书各卷在布局上和字数上有均衡感，除第五卷稍短之外，其他四卷的字数大体差不多。"②

5 月　《谷城起义》（长篇小说《李自成》中之一章）发表于《长江文艺》第5 期。

6 月 8 日　致信中国青年出版社文学编辑室，告知《李自成》第一卷已经挂号付邮，并推荐了看稿之人："重要的，我看还是茅盾先生。史学家方面，除吴晗同志外，最好能找一位熟悉明末典章制度掌故的。"③

6 月 29 日　致信中国青年出版社文学编辑室，谈到希望完善《李自成》第一卷的想法："稿子寄上后，我自己也觉得应该

---

①　姚雪垠：《姚雪垠文集（第 19 卷）》，人民文学出版社，2010，第 9 页。
②　姚雪垠：《姚雪垠文集（第 19 卷）》，人民文学出版社，2010，第 11 页。
③　姚雪垠：《姚雪垠文集（第 19 卷）》，人民文学出版社，2010，第 11 页。

作些修改，方能心安。将来在清样上小改一下，或干脆等大家提过意见后一总修改也好。"①

7月下旬 与程云共赴庐山，合写歌剧《闯王旗》。姚雪垠负责写歌词，程云负责谱曲。在写作歌词之余，继续创作《李自成》第二卷。彼时，应《文汇报》之约，写了一篇游记文章《铁船峰游记》。"从观赏庐山铁船峰的风景发挥我对于风景的评论，也就是我的美学思想。"②

8月上旬 中国青年出版社将《李自成》第一卷排出征求意见本。"当时编辑室有个打算：征求意见后倘若修改不大，争取下半年出书。这征求意见本给湖北省委宣传部、武汉市委宣传部、省市文联各寄一本，寄给市委文教书记宋一平同志一本，寄给我两本。我将一本交给程云同志，请他提意见。"③

8月17日 致信中国青年出版社文学编辑室，告知寄送《李自成》第一卷排印本的人员信息，并谈到对于书稿的基本看法："据我看，稿子到现在只可修修补补，不能大改。可能有人提出大改，作家也有自己见地，不能东倒吃猪头，西倒吃羊头。至于逐步使它提高，完美，那是长期问题，不经过几版之后，很难一切做得好。"④

---

① 姚雪垠：《姚雪垠文集（第19卷）》，人民文学出版社，2010，第13页。
② 宋应离等编《中国当代出版史料》（第5卷），大象出版社，1999，第459页。
③ 宋应离等编《中国当代出版史料》（第5卷），大象出版社，1999，第460页。
④ 姚雪垠：《姚雪垠文集（第19卷）》，人民文学出版社，2010，第14页。

9月3日　吴晗开始阅读《李自成》第一卷。

9月4日　致信中国青年出版社文学编辑室，谈到去北京"拜师"之意："你们所约请的几位看稿子专家，都是我所敬佩的。我这次去北京听取意见，同时也是拜老师的，座谈会实质上是个拜师会。"① 此外交代了《李自成》第二卷的创作规划："第一卷修改毕，集中力量整理完第二卷，别的活一切放下。我想明年三月以前可以交稿，趁你们在审阅期间，我去广东、广西跑一跑。也许第二卷在明年也可以拿出来。"②

9月5日　吴晗阅读完《李自成》第一卷。

9月6日　吴晗与中国青年出版社文学编辑室人员会面，对《李自成》第一卷提出具体意见。

9月14日　中国青年出版社文学编辑室致信姚雪垠，催其赴京。信中除告知吴晗阅读完书稿之外，又言："排印稿分发多处，重点只想抓三个人，吴已看过，阿英、李文治（明代民变史专家）正在看。听说郭老病了，茅盾处我们最近去信催一下。因为急于排印，争取年底出书，编辑部也未及作整理就先发排了，错、别、漏字不少，有的排印本页码也弄错了，处处可以看出我们的工作是赶得很匆忙的。好在这些问题，定稿前一下子就解决了。"③

---

① 姚雪垠：《姚雪垠文集（第19卷）》，人民文学出版社，2010，第15页。
② 姚雪垠：《姚雪垠文集（第19卷）》，人民文学出版社，2010，第16页。
③ 宋应离等编《中国当代出版史料》（第5卷），大象出版社，1999，第460页。

9月20日　致信中国青年出版社文学编辑室，告知10月上旬赴京"拜师"之事："吴晗同志的热情我十分感激。除座谈会外，我想另外拜访他一次，领领教。李文治同志在十几年前写过一本《晚明民变》，我读过，所以我也很希望专意访他一次，谈谈明末的一些历史问题，向他请教。"①

9月底　撂下未完成歌词的《闯王旗》，从庐山返回武汉。"过了国庆，宋一平同志主持为《李自成》开了一次小型座谈会，随即（湖北）省委宣传部部长曾淳同志在汉口胜利饭店约我谈了谈，我很快就到北京了。"②

10月上旬　到京后，住在中国青年出版社，受到热情招待。此后在江晓天的陪同下，姚雪垠拜访了吴晗、阿英、李文治等明史专家，征求他们对《李自成》第一卷的意见。吴晗认为小说的质量不亚于《水浒传》，甚至比它高；阿英认为小说中存在的反历史主义倾向，让人觉得小说不像写农民起义而是在写游击战争；李文治指出小说中的李自成人物形象过高，以及李自成军队与少数民族之间的关系等问题。在指出小说存在的问题之际，阿英与李文治肯定了姚雪垠在《李自成》第一卷中取得的文学成就。

10月　小说《草堂春秋》发表于《长江文艺》第10期。

---

① 姚雪垠：《姚雪垠文集（第19卷）》，人民文学出版社，2010，第17页。
② 宋应离等编《中国当代出版史料》（第5卷），大象出版社，1999，第460页。

1963 年　53 岁

2 月，沈西蒙执笔的话剧《霓虹灯下的哨兵》刊于《剧本》第 2 期。

4 月 11 日，贺敬之的《雷锋之歌》刊于《中国青年报》。

6 月 20 日，河南省文联在郑州召开文艺创作座谈会，讨论关于加强文艺战线、发挥文艺战斗作用的问题。

8 月 17 日至 11 月 17 日，"曹雪芹逝世二百周年纪念展览会"在北京举行。

1 月中旬　在中国青年出版社住了一百天后，姚雪垠从北京返回武汉。关于姚雪垠在北京修改《李自成》第一卷之事，根据江晓天回忆，除到吴晗、李文治、阿英三位专家处听取审稿意见外，姚雪垠共出去三次："一次是他工作急需史料，社里资料室没有，到琉璃厂中国书店去买旧书；第二次，臧克家同志请他吃了一餐饺子；还有，元旦中午到我家吃了顿便饭。其余时间全蹲在老君堂11号东院的一间小屋子里修改稿子。"①

2月9日　致信阙道隆、江晓天，谈到《李自成》第一卷出版之事："《李自成》如无较大问题，请早日付排。有些小问题，等我看清样时弥补和改正。准备从今天起整理第二卷。"②

3月29日　致信中国青年出版社文学编辑室，告知发现清样本《李自成》第一卷中存在的零碎问题。"一、细节上有前后矛盾和文字重复的。""二、经过几次剪贴、删改，个别地方有接不上的。""三、用字错误，修辞不严、不准确，以及笔误之处不少。"③

3月　致信江晓天，告知湖北省委宣传部部长曾淳即将赴京开会。后来，江晓天在前门饭店找到曾淳后，与之商定了出版《李自成》第一卷的三条"限制"方法："一、不宣传，包括不在报上登新书介绍；二、控制印数；三、稿费标准从严、偏低。"④

4月14日　致信阙道隆、江晓天，谈到关于《李自成》第一卷的错字修改问题："原稿中有不少错字都由同志们在校对时细心改正了。但也有一个字改错了，我没有重新纠正过来，反而将错就错，以求统一。后来仍觉不妥，认为倘能来得及，还是应该纠正过来。"⑤

①　江晓天：《江晓天近作选》，大众文艺出版社，1999，第23页。
②　姚雪垠：《姚雪垠文集（第19卷）》，人民文学出版社，2010，第89页。
③　姚雪垠：《姚雪垠文集（第19卷）》，人民文学出版社，2010，第17页。
④　江晓天：《江晓天近作选》，大众文艺出版社，1999，第25页。
⑤　姚雪垠：《姚雪垠文集（第19卷）》，人民文学出版社，2010，第90页。

6月29日　致信长子姚海云、儿媳李凤云，告知将于7月7日去当阳县（今当阳市）玉泉寺避暑等事。

7月15日　致信中国青年出版社文学编辑室，谈到对于《李自成》第一卷插图的意见。

7月　《李自成〔第一卷（上、下册）〕》由中国青年出版社出版。关于《李自成》第一卷出版后的读者接受状况，江晓天回忆道："虽然连新书广告都没有，但却很快就在全国范围内各行各业的读者中，受到极为广泛的、热烈的欢迎。"[1]　姚雪垠回忆道："《李自成》第一卷于一九六三年在中国青年出版社出版后，我曾给主席寄呈一部，表示对主席的无限敬爱，也表示是在主席思想的哺育下开始做出的一点成果。"[2]

8月22日　中国青年出版社文学编辑室致信姚雪垠，请教《李自成》第一卷第二十四章中"马革裹尸""马援裹尸"的用法问题。

8月24日　致信中国青年出版社文学编辑室，既谈到"马革裹尸""马援裹尸"的词源问题，又补充了对《李自成》第一卷插图的意见，如李自成画像缺少闯王气概且手中宝剑画得过宽、卢象升的刀拿反了等。

8月25日　"姚雪垠邀周勃到他家里吃午饭，庆祝《李自成》第一卷问世，并出示诗作若干首。"[3]

---

①　江晓天：《江晓天近作选》，大众文艺出版社，1999，第26页。
②　姚雪垠：《姚雪垠文集（第19卷）》，人民文学出版社，2010，第145页。
③　周勃：《周勃文集》，长江出版社，2019，第748页。

9月9日　致信长子姚海云、儿媳李凤云，告知从当阳县玉泉寺回来，并且在那里把《李自成》第二卷向前推进之事："在那里住了不足两月，写了十万多字，使第二卷跨过了一两道难关。"①

9月30日　致信阙道隆、江晓天，谈到《李自成》第一卷存在的问题。

10月25日　武汉市政协约请姚雪垠等文艺界人士到汉阳登高。

10月　茹志鹃来访，谈到《收获》将于明年元月复刊，希望连载《李自成》第二卷之事。

11月17日　致信江晓天、阙道隆，谈到"搞好"长篇历史小说《李自成》第二卷的决心："第一卷出版后，虽未有文字评论，但读过的人对它的评价都是肯定的，留给人的印象还相当深刻。大家的眼睛望着第二卷，倘若第二卷保持同样劲头和感染力，才能算是过关。这种看法，完全是理所当然的，所以我自己也认为第二卷是个关键。基于这个原因，必须争取搞好第二卷，纵然在刊物上发表，也须十分慎重。"②

11月　作诗《欢呼》七首。诗前"小序"言："十一月一日，我空军部队再次击落美蒋 U-2 间谍飞机一架；四日，我公安部队宣布全歼美蒋登陆武装特务九股。不禁拍案欢呼，吟诗

---

① 姚雪垠：《姚雪垠文集（第 19 卷）》，人民文学出版社，2010，第 619 页。
② 姚雪垠：《姚雪垠文集（第 19 卷）》，人民文学出版社，2010，第 92 页。

抒情。"① 其中，第一首诗曰："美蒋连年心不死，碟机再次敢偷临。太空偏少祥云护，一霎逍遥堕地深。"② 第七首诗曰："神州威力春潮涨，敌国西风送夕阳。守土必将归一统，岂容美帝久猖狂。"③

12月1日 散文《重阳登高漫记》发表于《长江文艺》第12期。

① 姚雪垠：《姚雪垠文集（第15卷）》，人民文学出版社，2010，第18页
② 姚雪垠：《姚雪垠文集（第15卷）》，人民文学出版社，2010，第18页
③ 姚雪垠：《姚雪垠文集（第15卷）》，人民文学出版社，2010，第19页。

1964 年　54 岁

1 月 1 日，毛泽东、刘少奇、朱德、邓小平等党和国家的领导人，在中南海怀仁堂观看河南豫剧三团演出的《朝阳沟》，并接见全体演出人员。著名豫剧演员常香玉参加了此次演出。

6 月 5 日至 7 月 31 日，文化部举办的全国京剧现代戏观摩大会在北京举行。

3 月 12 日　《我所理解的李自成》发表于《羊城晚报》。

初春　周世安①去汉口拜访姚雪垠，谈到李自成之孙李来亨的事情。

4 月 6 日　致信中国青年出版社文学编辑室，谈到《李自成》第二卷的创作状况："第二卷因争取不低于第一卷，甚至某些地方有所突破，所以原稿大部分抛弃，重新构思情节，精雕细刻，笔笔不苟，进度很慢。现在把前边所写的大约三十万字

---

①　周世安（1932—　　），1957 年毕业于华中师范学院中文系。中学语文特级教师。曾任湖北省政协委员，湖北省劳动模范。

仔细推敲，认真修改，俟初步改定，再接着写后一部分。第一卷的写作过程是'大轰大嗡'的，速度较快，但章与章，单元与单元之间，往往水平很不齐，后来在北京改的时候很吃了力。第二卷吸收了这个经验，采取稳步前进的办法，各单元的水平大致统一，所以看来似慢，最后算起来可能是快的。"①

5月30日　致信长子姚海云、儿媳李凤云，谈到寄送书籍《汜（因范）胜之书辑释》等事。

6月7日　金观海②阅读姚雪垠的《李自成》第一卷，并指出："此书可和明史《李自成传》等书合看。"③

6月14日　端阳节作诗《登东湖屈原纪念馆》一首。

7月　与冯雪峰在汉口饭店相见。

本年度重要论文：

严立：《一九六三年的长篇、中篇小说》，《文艺报》1964年第1期。

陈安湖：《姚雪垠的〈草堂春秋〉宣扬了什么?》，《江汉学报》1964年第12期。

———————

①　姚雪垠：《姚雪垠文集（第19卷）》，人民文学出版社，2010，第22页。
②　金观海（1897—1971），字晓晚，浙江省诸暨市人。1921年毕业于南京高等师范，深受陶行知教育思想熏陶，后担任省立湘湖师范学校校长达25年。
③　《金海观全集》编纂委员会编《金海观全集》（下），方志出版社，2003，第1182页。

1965年　55岁

3月24日至4月28日，老舍率领中国作家代表团访问日本。

12月，金敬迈的《欧阳海之歌》由解放军文艺出版社出版。

1月　在《长江文艺》第1期上，宋漱流发表《在历史题材的掩盖下——评姚雪垠的〈草堂春秋〉》一文，对《草堂春秋》作了严厉批评，并指出："在历史题材的掩盖下面，在作者精心结构的艺术画图里，这篇小说隐蔽而顽强地宣扬了同我们社会主义时代精神和党的政策方针绝不相容的思想感情，是一篇对读者特别有害的作品。"

按：关于《草堂春秋》被批判之事，姚雪垠于1978年回忆道："一九六四年秋天，陈翔鹤同志的历史短篇小说《陶渊明写挽歌》被诬指为反党反社会主义的毒草，在北京发起批判。既然北京发现了'样板'，外省当然跟着办，湖北和武汉市就决定批判《草堂春秋》，组织两个写文章班子，随心歪曲，无限上纲，在报刊上批判一阵。反正我没有权利解释，更莫提答辩，硬是像打敌人一样，要把我的名字搞臭。从此我也就不写《杜甫传》了，已有的稿子也丢掉了。"①

夏 "（湖北）省曲艺工作组抽调武汉市新艺评书队万生鼎、沈邦寿，浠水县鼓书艺人魏子良，枣阳县曲艺队胡万一等人，并邀请湖北省文联副主席张肇铭、作协武汉分会专业作家姚雪垠，由省文化局副局长钱远铎带队，到当阳县玉泉寺，进行中、长篇曲艺作品的创作和改编，历时45天。沈邦寿、万生鼎合编20多万字的长篇评书《战斗在敌人心脏》；魏子良、蒋敬生合作长篇鼓书《农歌传》；胡万一将《烈火金刚》改编成坠子书；程时将《枫橡树》改编成说唱。"②

按 此处提及的姚雪垠去玉泉寺的时间是1965年夏，这便与姚雪垠1963年6月29日与9月9日写给长子姚海云、儿媳李凤云的信，在时间年份上存在出入。姚雪垠在信中谈到去玉泉寺"这是省里的安排。据说那里树木很多，有一大庙，比较凉爽，一月前已由省里派人去同地方上加以修理改造"③，但未具体说明是因何事而去，只是言及去避暑。在玉泉寺避暑期间，姚雪垠继续创作《李自成》第二卷，写了十万多字，令其跨过

---

① 姚雪垠：《姚雪垠文集（第17卷）》，人民文学出版社，2010，第319页。
② 湖北省志湖北省地方志编纂委员会编纂《湖北省志·文艺》（上），湖北人民出版社，1997，第235页。
③ 姚雪垠：《姚雪垠文集（第19卷）》，人民文学出版社，2010，第618页。

一两道难关，又言"那里没有电灯，点的是煤油灯，起初夜间起来用功只觉眼花，日久也就习惯了"①。

8 月 20 日　致信长子姚海云，鼓励其认真学习毛泽东的《实践论》《矛盾论》。

10 月 1 日　致信长子姚海云、儿媳李凤云，谈到接儿孙来武汉居住之事。

11 月 29 日　致信长子姚海云，谈到目前状况："我在旭光，将再深入生活一年，中间抽时间到别的最新进的公社（如新洲新集公社）看看。这样，一则有利于深入生活，有利于思想改造，二则为将来写出一部反映社会主义新农村的作品打好基础。"②

是年　写出论文《谈诸葛亮的出山》。姚雪垠回忆道："1965年冬天或是 1966 年的春天，在'山雨欲来风满楼'的日子里我终于写出了一篇论文《谈诸葛亮的出山》。有一万字上下，计划以后继续写几篇，但不久'文化大革命'开始了，我的计划中废，而已经写成的稿子也在'文化大革命'中撕毁了。"③

本年度重要论文：

宋漱流：《在历史题材的掩盖下——评姚雪垠的〈草堂春秋〉》，《长江文艺》1965 年第 1 期。

---

① 姚雪垠：《姚雪垠文集（第 19 卷）》，人民文学出版社，2010，第 619 页。
② 姚雪垠：《姚雪垠文集（第 19 卷）》，人民文学出版社，2010，第 623 页。
③ 宋应离等编《中国当代出版史料》（第 5 卷），大象出版社，1999，第 458 页。

1966 年　56 岁

5 月 16 日，中共中央政治局扩大会议通过《中国共产党中央委员会通知》，拉开了无产阶级"文化大革命"的序幕。

8 月 8 日，党的八届十一中全会通过《中国共产党中央委员会关于无产阶级文化大革命的决定》，该文件涉及十六个方面的问题，简称《十六条》。

8 月 24 日，老舍在北京投湖自尽。

1 月 14 日　致信长子姚海云、儿媳李凤云，谈到思想觉悟问题："政治思想是一切工作的灵魂。这个问题，我最近较有体会。你们一定要注意学习毛著，学习《人民日报》的社论和重要文章，还要经常关心时事问题，养成习惯。你们搞科研，毛主席的《实践论》和《矛盾论》是一把很好的哲学钥匙。"①

3 月 3 日　致信儿媳李凤云，言及孙女小卉在武汉的生活状

---

① 姚雪垠：《姚雪垠文集（第 19 卷）》，人民文学出版社，2010，第 626 页。

况等事。

6月2日 致信长子姚海云、儿媳李凤云，叮嘱其学习竺可桢的农业科学论文等事。

8月 党中央召开政治局常委扩大会议，湖北省委第一书记、中央"文革"小组副组长王任重列席。会议休息期间，毛泽东对王任重言："姚雪垠的《李自成》第一卷，我看过一半，写得不错。你告诉武汉市委，要对姚雪垠加以保护。让他把书写完。"① 第二天早晨，王任重给武汉市委第一书记宋侃夫打电话，转达毛泽东保护姚雪垠的指示。

按： 因受到毛泽东的保护，姚雪垠在"文革"中少挨了被批斗之苦，而且《李自成》第二卷手稿、资料卡片和藏书都完好无损。

是年 红卫兵开始破"四旧"，因害怕惹祸被抄家，姚雪垠烧毁在庐山写的游记散文《铁船峰游记》，以及《李自成》第二卷中《刘宗周写奏本》一章等稿件。同时，大街上出现了丑化姚雪垠与《李自成》的大字报、小字报、漫画等。

按： 《刘宗周写奏本》另有一份誊稿，姚雪垠应《羊城晚报》的约稿，曾予投寄，未刊出。直到1977年春，《羊城晚报》编辑吴其琅将私下保存的《刘宗周写奏本》誊稿寄来，遂于《李自成》第二卷重印时增补进去，成为第33章。在"文革"中，《李自成》被批判为一部反党反社会主义的"大毒草"。在"造反派"印出的小册子《大毒草一百种》中，位列第53种。

---

① 姚北桦、贺国璋、余润生编《姚雪垠研究专集》，黄河文艺出版社，1985，第54页。

1967 年　57 岁

1 月 1 日，《人民日报》、《红旗》杂志联合发表元旦社论《把无产阶级文化大革命进行到底》，号召向党内外一小撮走资本主义道路的当权派和社会上的牛鬼蛇神展开总攻击。

5 月 25 日，《人民日报》报道《八个革命样板戏在京同时上演》的消息。

6 月 19 日，《文汇报》发表社论《正确处理革命队伍内部的矛盾》。

7 月下旬　写下一组题为《江城纪事诗》的七言律诗，主要是追忆发生于武汉的"七二〇事件"。

1968年　58岁

5月23日，在上海《文汇报》上，于会泳发表《让文艺舞台永远成为宣传毛泽东思想的阵地》一文，阐释"三突出"原则，即在所有人物中突出正面人物、在正面人物中突出主要英雄人物、在主要人物中突出最主要的中心人物。

9月12日，《人民日报》刊登《红旗》杂志评论员的文章《关于知识分子再教育的问题》。

12月22日，《人民日报》传达毛泽东关于"知识青年到农村去，接受贫下中农的再教育，很有必要"的指示。

4月15日　致信次子姚海星、儿媳王宝珠，告知打算"文革"结束后退休之事。此外，谈到想把家里的书籍寄存到儿子、儿媳那里。"我只留下与写《李自成》有关的书和喜欢读的古人诗集、小说。"①

---

① 姚雪垠:《姚雪垠文集（第19卷）》，人民文学出版社，2010，第638页。

5月26日　致信长子姚海云、儿媳李凤云，谈到武汉的武斗氛围相当浓厚，鼓励他们学习理论、提高思想觉悟等事。

8月　"被造反派作为内部问题对待，参加斗争。"①

秋　参加"斗批改"。姚雪垠回忆道："1968年秋天，武汉市直属机关的干部大批被赶到武昌金口镇，进行'斗批改'。我所在的连队大约有二十个老干部和知识分子被视为'牛鬼蛇神'，住在'牛棚'。'牛棚'中阴湿透风，到冬天差不多全体患了感冒。我管喂猪，在外边活动的时候较多。"②

12月12日　致信长子姚海云、儿媳李凤云，谈到被视为"反动权威"遭批判之事，并告知："如果从作品上批判，打不倒《李自成》就打不倒我。但是一加上'反动权威'帽子，就立刻变成外部问题。关于这个问题，在造反派内部有尖锐分歧。我已经作好思想准备，准备随时再被抄，被作为'反动权威'批斗。但是我坚信随着运动的发展，群众对于《十六条》中关于两个'区别对待'的认识会清楚起来，部分造反派也有机会高举毛泽东思想红旗，按照党的政策替我说话。运动后期，还得按照《十六条》，实事求是地办事。当前如果受到猛烈冲击，被作为'反动权威'打，也要从中吸取积极东西，决不怀抵触情绪。"③

---

① 姚雪垠：《姚雪垠文集（第19卷）》，人民文学出版社，2010，第631页。

② 邱幸凡、周安方、胡明贵、钱汉云编著：《养生必读》，湖北科学技术出版社，1986，第209页。

③ 姚雪垠：《姚雪垠文集（第19卷）》，人民文学出版社，2010，第631页。

1969 年　59 岁

1 月 1 日，《人民日报》、《红旗》杂志、《解放军报》发表元旦社论《用毛泽东思想统帅一切》。

10 月 26 日，中共中央正式发布《关于高等院校下放问题的通知》。

11 月，臧克家被下放至湖北咸宁文化部"五七干校"。

夏　长江涨水，金口受威胁，姚雪垠随"斗批改"大队返回武汉。

10 月 20 日　香港《新晚报》刊载《啼笑皆非的"社会调查"》，指出徐速的长篇小说《星星·月亮·太阳》（1954 年 5 月由香港高原出版社出版）抄袭姚雪垠的《春暖花开的时候》。

是年　香港高原出版社将姚雪垠的《春暖花开的时候》收入"鲁壁文艺丛书"出版。在是年 12 月 1 日所写《〈春暖花开的时候〉出版小记》中，徐速对《春暖花开的时候》作了评价，认为该书文笔流畅、情节动人，且人物塑造较为成功。

1970 年　60 岁

3 月 27 日，中共中央发出《关于清查"五一六"反革命阴谋集团的通知》。

4 月 24 日，我国成功发射第一颗人造卫星东方红一号。

7 月 15 日，《人民日报》发表《做好普及革命样板戏的工作》的文艺短评。

12 月 16 日，《人民日报》刊载《群众文艺是一条重要战线》，指出群众文艺的中心内容是学习样板戏和宣传样板戏。

3 月 9 日　致信次子姚海星、儿媳王宝珠，告知被下放至"五七干校"之事："我将于十五日去蒲圻赵李桥'五七干校'，编在'干校'第一连第二班。在羊楼洞附近，紧靠湖南边界，是个国营大茶场。文、教、卫系统的干部，大部分到崇阳插队落户，处级以上和问题尚未解决的去'五七干校'，与当前运动重点有关系的送东西湖学习班继续深挖深揭。去'五七干校'

的，家属暂不动，所以咱们家也不搬了。要搬也是几个月以后的事。"①

3月　作诗《赴五七干校》一首。诗云："老妻送我破晓天，行李肩挑挂笑颜。到死方休填大海，有情不忘攀高山。白头渐似苏卿节，岁月原非邓氏钱。梦里据鞍人尚健，立功犹望趁衰年。"②姚雪垠对首联解释道："一九七〇年三月初，我得到通知去市直属'五七干校'劳动。从我住家的地方到集合地点（市卫生局）很远，虽然行李挑不动，不断休息，但心情很愉快。因为进入'五七干校'，斗争的风浪比较小了。'行李肩挑挂笑颜'一句，写出我当时的侥幸心理。"③

春　作诗《平生》一首。

5月上旬　随羊楼洞机修厂工人赴松峰山麓支援农民采茶。

5月下旬　作诗《五七干校值夜》两首。

5月　作诗《羊楼洞初晴》一首。

10月　作诗《欢聚》两首。

————————

①　姚雪垠：《姚雪垠文集（第19卷）》，人民文学出版社，2010，第639页。

②　姚雪垠：《姚雪垠文集（第15卷）》，人民文学出版社，2010，第24—25页。

③　姚雪垠：《姚雪垠文集（第15卷）》，人民文学出版社，2010，第25页。

1971年　61岁

1月1日，《人民日报》、《红旗》杂志、《解放军报》发表元旦社论《沿着毛主席革命路线胜利前进》。

2月28日，中共中央批转中央机关"五·七"干校会议领导小组《关于进一步办好中央机关"五·七"干校的报告》。

9月18日，中共中央向党内高级干部发出《关于林彪叛国出逃的通知》。

10月，郭沫若的《李白与杜甫》由人民文学出版社出版。

2月3日　作诗《收到新版〈北京旅游图〉》一首。

3月28日　致信长子姚海云、儿媳李凤云，既叮嘱辩证地看待政治运动与从事业务的关系，又谈到在"五七干校"的生活与工作情形："我现在专门搞保管工作，一天到晚在仓库中，其他劳动不参加。但每天忙得没闲工夫。近几个月又盖了不少房子，自来水和发电设备正在安装。我住在仓库中，单独隔了一个小房间，生活较方便。"①

4 月 19 日　致信次子姚海星、儿媳王宝珠，告知不要邮寄香肠到"五七干校"，以免造成不好影响，并谈到目前状况："我的生活很好，每天劳动之后，有热水洗一洗，还可以自己喝杯酒。上次放假，我到羊楼洞买了两瓶好酒。今天放假，又去羊楼洞，未买到，只买了一瓶葡萄酒回来。"②

9 月 13 日　林彪外逃叛国，途中机毁人亡，又称"林彪叛逃事件"。姚雪垠回忆道："当时我在'五七干校'。在学习小组会上，同志们都感到林彪事件实在出乎意外。我在发言时引了白居易的四句诗：'周公恐惧流言日，王莽谦恭下士时，向使当初身便死，一生真伪复谁知。'小组长孙川四当夜汇报上去，说我引这四句诗是反党反毛主席，层层上报到校本部，对我开了一次大规模的批判会。他们质问我：'你把林彪比做（作）王莽，那末（么）汉平帝是指的谁？'原说要在全干校批斗，后来不提了，可能是他听到传说叶帅也谈到这首诗。但这件事仍写成材料，认为我犯了政治错误，存入档案。"③

夏　作诗《收早稻》一首。

10 月 22 日　致信次子姚海星、儿媳王宝珠，告知请假回家之事。

　　①　姚雪垠：《姚雪垠文集（第 19 卷）》，人民文学出版社，2010，第 633 页。
　　②　姚雪垠：《姚雪垠文集（第 19 卷）》，人民文学出版社，2010，第 640 页。
　　③　姚雪垠：《姚雪垠文集（第 19 卷）》，人民文学出版社，2010，第 679—680 页。

12 月 22 日　作诗《冬至》一首。

12 月　作诗《放牧》一首。

是年　朱子奇①阅读《李自成》第一卷。朱子奇回忆道："姚老的多卷本历史小说《李自成》的第一卷，我是 1971 年在干校一口气读完的，是利用在菜园子看猪的空隙和在被窝里照手电筒读的。有些同志也是在那种军管下集体劳动的紧张生活中轮读甚至偷读完的。"②

---

① 朱子奇（1920—2008），中共党员，湖南汝城人。著名诗人、评论家。著有诗集《春草集》《春鸟集》、散文集《十二月的莫斯科》等。

② 朱子奇：《献给文学大师姚雪垠的贺辞》，《文艺理论与批评》1991 年第 1 期。

1972 年　62 岁

3 月 9 日，《人民日报》发表社论《抓路线教育，促春耕生产》。

9 月 23 日，金庸的最后一部武侠小说《鹿鼎记》在香港《明报》连载完结。

10 月，臧克家被批准从湖北咸宁向阳湖"五七干校"返京。

1 月　作诗《放牧抒情》《读报有感》《施罗》《逝水》四首。

《逝水》曰："逝水滔滔逐浪远，沙滩雪尽有鸿踪。金鳌玉蛛残秋月，浅海枯荷败叶风。五里愁心凋树路，二更暖腹破糜篷。蓬莱客馆青袍薄，抱病犹攀百丈松。"[1] 对于《逝水》的创作缘由，姚雪垠在 1982 年 6 月 10 日所写"跋"中解释道："自

---

[1]　姚雪垠：《姚雪垠文集（第 15 卷）》，人民文学出版社，2010，第 32 页。

一九三一年暑假至三七年北平沦陷，我四次居住北平，都住沙滩一带，两次住蓬莱公寓。除坐在公寓的斗室中写稿子，我常到北图看书，往往上午去，晚九时闭馆回来。我青年时期的知识基础，颇得力于北图，而北图也是我终身（生）难忘的地方。旧作七律《逝水》一首，系写秋夜从北图出来回公寓情况。"①

2月2日　作诗《连队栽竹树数万株》一首。

2月16日　致信长子姚海云、儿媳李凤云，谈到工作问题。

2月　作诗《感怀》两首。

春　"获知《李自成》第一卷已被列入开放书目，遂乘休假之便，去见（武汉）市革委会有关负责人辛甫，要求继续写作《李自成》，获得同意。"②对于休假还家之事，作诗《春节休假还家》一首。诗云："飞雪连天铺广野，南风次第吹寒晴。烟消玉海畅心碧，日照银峦耀眼明。夹道青苗蒙素被，沿江白瓦望锦城。还家兼喜丰收兆，烫酒敲诗细细倾。"③

5月24日　致信长子姚海云、儿媳李凤云，谈到读书与照相之事。

夏　在"干校"参加劳动的同时，写作《李自成》第二卷。

---

①　姚雪垠：《姚雪垠文集（第15卷）》，人民文学出版社，2010，第32页。

②　吴永平：《姚雪垠创作年谱》，《新文学史料》2010年第3期。

③　姚雪垠：《姚雪垠文集（第15卷）》，人民文学出版社，2010，第33页。

1973 年　63 岁

3 月 19 日，《人民日报》报道《深入批修整风　发展大好形势》的消息。

8 月，俞平伯的《红楼梦研究》由人民文学出版社出版。

11 月，《批判孔子文辑》(1) 由浙江人民出版社出版。

2 月 2 日　农历除夕作诗《辞岁》一首。

4 月 25 日　致信徐盈、彭子冈夫妇，谈到历史小说创作的细节考证问题。

春　从"五七干校"返回武汉，被分配到武汉市文化局创评室。根据武汉市委宣传部的指示，继续创作《李自成》第二卷，只是受到了干扰。

5 月初　江晓天来访，与姚雪垠谈论《李自成》的写作与约稿之事。江晓天回忆道："在汉口姚家书房里，我们先后谈了四个半天。主要是他向我介绍写作进展情况，他这几年对一些有关史实材料的新发现，由此而引起的对一些人物、事件艺术处理上的新考虑，以及对全书五卷的通盘构想。"① "我们商定：一卷先不改，集中力量把二卷搞完，还是采取当年搞一卷时的老办法——流水作业，即他整理抄写出若干章节就寄给我。"②

5月20日　致信江晓天，除告知"今天将第二卷抄出来的两个单元寄上。从本月份起，将分批整理付邮"之外，主要谈到《李自成》第一卷中崇祯、卢象升等人物形象的修改意见，认为应该对第一卷花两个月时间作小的修改，提了六条具体修改意见，并商量道："原来咱们商量决定，第一卷暂不修改。这是我重新考虑的意见，是否妥当，请你斟酌。"③

6月25日　沈从文致信姚雪垠，既谈到借阅明朝参考文献资料之事，又对《李自成》表示钦佩之意。

按：关于沈从文1973年6月25日致信姚雪垠的主要内容，可参见文章：俞汝捷《沈从文致姚雪垠信》（《新文学史料》2010年第3期）。

6—7月　参加武汉市委宣传部举办的关于如何繁荣武汉市文艺创作座谈会，在发言中对"三突出"创作原则提出质疑。

夏　作诗《夏日》一首。

9月15日　致信王亚平，谈到在武汉可以倾心交谈的老朋友徐迟、碧野，以及自己下苦力气学习之事。

9月16日　致信江晓天，既谈到压缩《李自成》第二卷的

①　江晓天：《江晓天近作选》，大众文艺出版社，1999，第32页。
②　江晓天：《江晓天近作选》，大众文艺出版社，1999，第33页。
③　江晓天：《江晓天近作选》，大众文艺出版社，1999，第34页。

考虑，又表述了写作《李自成》的雄心壮志："不管你们什么时候出书，我按照计划往前赶，第二卷结束后就向第三卷'进军'。一年、两年、三年、五年，什么时候条件成熟，你们什么时候出书。我应该做的是，努力，认真，一丝不苟地将稿子写好。"①

秋 阅读郭沫若的《李白与杜甫》，并给臧克家写了一封书信评论此书。"克家给我潦草地写封回信，说我什么也不懂，根本不懂得马克思主义理论，对郭老的著作妄加评论。"②

10月10日 致信江晓天，谈到给茅盾寄送《李自成》第一卷，以及让茅盾为《〈李自成〉全书内容概要》提意见之事。

11月7日 致信王亚平，希望来看望等待分配工作的自己，并谈到端木蕻良、碧野、徐迟等人的大致状况。

12月10日 作诗《祝方殷兄六十寿》一首。

是年 作诗《喜接克家近照，赋诗奉赠》一首。

---

① 姚雪垠：《姚雪垠文集（第19卷）》，人民文学出版社，2010，第42页。
② 姚雪垠：《姚雪垠文集（第19卷）》，人民文学出版社，2010，第116页。

1974 年　64 岁

1 月 18 日，经毛泽东批准，中共中央转发由江青主持选编的《林彪与孔孟之道》，全国开始大规模"批林批孔"运动。

3 月 3 日，《人民日报》发表社论《批林批孔，搞好春耕》。

4 月 10 日，中共中央发出《关于批林批孔运动几个问题的通知》。

11 月 29 日，彭德怀逝世。

1 月 10 日　致信江晓天，谈到给茅盾寄送《李自成》第二卷部分单元，以及向茅盾请教之事："我希望抓紧机会，向他请教。如今老一代中像他那样创作经验丰富而又习惯于分析作品、深懂小说艺术的人，已经不多了。而我也是六十多岁的人，精力逐年衰退，能够将重要稿子向他请教的机会也很少了。"①

2 月 8 日　致信江晓天，谈到创作与出版《李自成》第二

① 姚雪垠：《姚雪垠文集（第 19 卷）》，人民文学出版社，2010，第 45 页。

卷的想法："按目前情况，何时出版，自然是遥遥无期。两年、三年、五年，说不定。但何时可以出版，我并不放在心上，我所关心的是如何将这部稿子写完，写好。"①

3月31日　致信江晓天，谈到对于《李自成》第二卷中李自成入河南与破洛阳在明末农民战争史上的历史意义、李岩的出身与李岩在农民起义中的作用、李自成自何处入豫等历史问题的看法。

5月16日　作诗《寂寂》一首。

5月下旬　致信臧克家，谈到写作《〈李自成〉全书内容概要》的缘由。

6月16日　作诗《有感》一首。

6月30日　作诗《抒怀》一首。

7月2日　作诗《奉寄叶老圣陶》一首。

7月10日　致信茅盾，既表达对五四前辈的钦佩之意，又希望得到指教。

7月12日　应中国青年出版社的嘱托，叶圣陶开始阅读姚雪垠的长篇历史小说《李自成》第二卷书稿。

7月17日　收到茅盾的来信，茅盾在信中谈到期待阅读《〈李自成〉全书内容概要》之事："来函谓全书有五卷之多，逾百万言，想见笔锋所及，将不仅为闯王作传，抑且为明、清之际社会变革绘一长卷，作一总结。如此规模，不愧鲁殿灵光。

---

① 姚雪垠：《姚雪垠文集（第19卷）》，人民文学出版社，2010，第46页。

蒙兄抄示全书简要，企足以待。"①

7月21日　致信王亚平，谈到茅盾等人的书法造诣等事。

7月27日　致信茅盾，谈到《李自成》的写作计划，以及《〈李自成〉全书内容概要》的基本安排。此外，在信中给茅盾附赠了一张个人照片。

8月13日　茅盾致信姚雪垠，不仅谈到姚雪垠的照片风采："看近影不但流露了坚韧不拔的意志与开朗阔大的胸襟，亦可见强健的体魄，虽白发满头而风采不减当年。"② 而且鼓励姚雪垠努力创作《李自成》："承示大著纲要，并谓全书告成时将在二百五十万言以上，鄙见以为不嫌其多，亦不愁其末尾有败笔，盖今非著书都为稻粱谋之时，正可从容推敲，反复删改也。谨再预祝成功。"③

8月14日　致信王亚平，谈到对于历史问题的看法。

9月1日　致信茅盾，谈到《〈李自成〉全书内容概要》的写作情况。

9月5日　创作一组总题为《咏史》的七律。

9月6日　致信茅盾，谈到茅盾在"五四"新文学运动中的成就。

9月14日　致信端木蕻良，谈到创作历史小说需深入研究历史的治学态度。

---

①　茅盾、姚雪垠：《茅盾　姚雪垠谈艺书简》，人民文学出版社，2006，第4页。
②　茅盾、姚雪垠：《茅盾　姚雪垠谈艺书简》，人民文学出版社，2006，第7页。
③　茅盾、姚雪垠：《茅盾　姚雪垠谈艺书简》，人民文学出版社，2006，第7页。

9月15日 致信全国妇联"五七干校",谈到《李自成》中高夫人与红娘子的历史来源与艺术处理问题。

9月20日 致信蔡仪,谈到《李自成》第二卷创作状况,并希望提出意见。

9月21日 致信叶圣陶,既谈到《〈李自成〉全书内容概要》的内容,也希望他对《李自成》第二卷提出意见。

9月26日 致信江晓天,既谈到历史小说实现古为今用的三个方面,也谈到《李自成》的创作规划,以及寄送《〈李自成〉全书内容概要》之事:"我有心在明年冬天写成第三卷的初稿,将来第一、二、三卷同时问世。我今年夏天写成一份详细提纲,替后边三卷的写作打了一个十分有用的基础。这份提纲题为《〈李自成〉全书内容概要》,将在十日以后给你寄去一本。"①

9月30日 作诗《往事》一首。诗前小序云:"今日细雨,芸窗寂寞,忽忆歌乐山大天池,提笔成诗一首,即寄克家。"②

夏 武汉市群艺馆邀请姚雪垠、李薇、莫元钦等人参与话剧剧本《家长》《警钟长鸣》的评审工作。

10月6日 致信全国妇联,谈到妇女起义之事,如吕母起义等。

10月7日 茅盾致信姚雪垠,表示希望阅读《〈李自成〉

---

① 姚雪垠:《姚雪垠文集(第19卷)》,人民文学出版社,2010,第72—73页。

② 姚雪垠:《姚雪垠文集(第15卷)》,人民文学出版社,2010,第44页。

全书内容概要》。

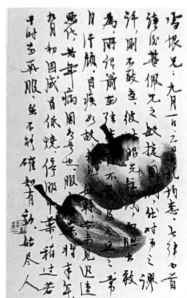

1974 年 10 月 7 日茅盾致信姚雪垠手迹

10 月 9 日　致信荒芜，谈到对歌咏武则天的两首诗的阅读意见。

10 月 10 日　致信叶圣陶，谈到为《李自成》添加小题目之事。

10 月 12 日　荒芜致信姚雪垠，并附赠一首七律。诗云：
"三十年前隔巷居，张家园畔桔花初。嘉陵春涨诗增色，扬子潮生志未舒。湖海元龙情款款，文章司马意徐徐。巴公寂寞茅公

209

老，挥汗江干独著书。"①

10 月 16 日　致信茅盾，谈到创作《李自成》之际为历史人物、历史事件"翻案"之事。

10 月 20 日　收到茅盾的来信，茅盾在信中既言及已经收到油印本《〈李自成〉全书内容概要》，又谈到长篇历史小说《李自成》第一卷的阅读感受："写潼关之战，脱尽《三国演义》《水浒传》之传统写法，疏密相间，呼应灵活，甚佩甚佩。"②

10 月 29 日　作诗《步原韵和克家〈答友人问〉》一首。

11 月 2 日　致信茅盾，谈到《李自成》第一卷的修改，以及邮寄《〈李自成〉全书内容概要》之事。

致信白寿彝，征询其对《〈李自成〉全书内容概要》的阅读意见。

11 月 6 日　致信江晓天，谈到《〈李自成〉全书内容概要》的刊印等问题。

11 月 12 日　茅盾致信姚雪垠，谈到写《〈李自成〉全书内容概要》的阅读感想被延误之事："《概要》已读完，第一卷上下册亦均读过。正想写点感想以供参考，不料中央统战部组织人大、政协部分在京人士（约一百五十人）集体参观京内外人民公社、工厂、大学；从明日起至二十日止，为第一期，以后还要有第二、三期。每日半天到一天。因此，写点感想这愿望

---

① 荒芜：《荒芜旧体诗新编》，林玉编，花城出版社，2017，第 154 页。
② 茅盾、姚雪垠：《茅盾　姚雪垠谈艺书简》，人民文学出版社，2006，第19 页。

不得不暂搁起来了。"①

11月15日　臧克家致信姚雪垠，既谈到《〈李自成〉全书内容概要》的阅读感受："'提要'前半已读毕。极兴奋。可谓宏图大展，我读之，不能释手。"② 又对《李自成》一书提出一些意见："你的大作，引人入胜，但望在细节方面，尽力删汰。因为我们这样老年人，对一些旧时代的风俗习惯，比较熟悉，往往在作品中多所引入，情不自禁，觉得弃之可惜，以此炫耀（此二字也许'重'了一点），取悦读者。该写的不可少，与主题无大关系，或对于人物性格刻画，非必要时，痛下决心：'割爱'。你小说语言，用得好。"③

11月19日　致信茅盾，谈到《〈李自成〉全书内容概要》的重要性。

11月22日　新疆叶城的几位解放军战士致信姚雪垠，谈到被《李自成》中农民起义英雄人物的行为感动之事。

11月26日　致信王亚平，回忆青年时代蹉跎岁月之事。

11月29日　致信胡绳，谈到托臧克家转上《〈李自成〉全书内容概要》之事，并提出了殷切希望："送上的这份材料，一则向老友请教，冀能在历史问题的看法上，对待史料的态度上，处理上，以及小说的布局上，得到指正；二则也是向老友报告

---

① 茅盾、姚雪垠：《茅盾　姚雪垠谈艺书简》，人民文学出版社，2006，第20页。

② 臧克家：《臧克家全集》（第11卷），时代文艺出版社，2002，第587页。

③ 臧克家：《臧克家全集》（第11卷），时代文艺出版社，2002，第588页。

关于《李自成》全书的写作计划。所遗憾者，后一部分因刻印字迹潦草，须得返工，未能同时寄上。后半部有份抄稿，将来会转到兄处。"①

12月9日 致信臧克家，既谈到创作《李自成》的甘苦，又谈到对于历史小说的认识。

12月10日 致信荒芜，谈到为10月12日来信中的七律作和诗之事。

12月22日 收到臧克家的来信，臧克家在信中附有《书怀》一首。

12月23日 收到茅盾的来信，茅盾在谈到《李自成》第一卷的阅读意见，涉及人物塑造、结构剪裁、战争描写、文白对话、史实筛选等方面，并对李自成失败的原因提供了添加有关"儒法斗争"的参考意见。

12月24日 臧克家致信姚雪垠，既谈到胡绳论述《李自成》之际指出的农民起义军中的流氓无产阶级问题，又谈到姚雪垠的诗歌见解，同时鼓励姚雪垠趁有生之年完成《李自成》。

12月25日 致信臧克家，既附有为《书怀》所写和诗——《次韵和克家〈书怀〉》，也鼓励臧克家在晚年作出一番成绩："诗为心声。最近从你的诗中既流露出'闲适'情调，也表现出雄心壮志。我希望你摆脱前者，发展后者。"②

12月29日 致信茅盾，从"儒法斗争"角度谈到关于李

---

① 姚雪垠：《姚雪垠文集（第19卷）》，人民文学出版社，2010，第468页。
② 姚雪垠：《姚雪垠文集（第19卷）》，人民文学出版社，2010，第567页。

自成、牛金星、李岩、俞上猷等人物塑造问题，并交代道：
"大体而论，第二卷比第一卷写阶级斗争要深刻一些，人物性格也写得深一些，另外，从第一卷起所摸索的道路，即西洋近代长篇小说手法同中国章回体长篇小说手法如何互相融化，现实主义手法同浪漫主义手法如何结合，都比第一卷多一些经验。"①

臧克家致信姚雪垠，谈到个人"闲适"的生活："我'闲适'情调重，因无工作、无处发表文章，如加以责成某项工作，或委以责任，自信如你所称许，不会太后于人。积极一面：因系天下大势好，社会主义祖国蒸蒸日上，个人生活又极舒适，精神愉快，情绪饱满，故能不计死生，乐观一切。此已大不易。诗为心声，不能隐蔽。此言极是。"②

12月30日　作诗《寄克家》一首。诗云："故人岁尾飞书至，投笔欣然读小诗。金口秋涛回梦远，松峰春汛好音迟。茶田雪尽追施粪，瓜架风停助挂系。道路楼台浸汗水，云天南望起深思。"③诗前小序言："昨接克家短信，附新作回忆'五七干校'生活小诗五首，今日凌晨起床，吟成七律一首奉寄。"④

①　姚雪垠：《姚雪垠文集（第19卷）》，人民文学出版社，2010，第384页。
②　臧克家：《臧克家全集（第11卷）》，时代文艺出版社，2002，第590页。
③　姚雪垠：《姚雪垠文集（第15卷）》，人民文学出版社，2010，第46页。
④　姚雪垠：《姚雪垠文集（第15卷）》，人民文学出版社，2010，第46页。

1975 年　65 岁

9月4日，《人民日报》发表社论《开展对〈水浒〉的评论》。

10月，电影剧本《创业》刊于《解放军文艺》。

1月1日　致信江晓天，谈到茅盾阅读《〈李自成〉全书内容概要》以及对《李自成》第一卷作艺术评价之事，同时希望"第二卷稿子争取茅公看一看，提提意见，然后进行修改"[1]。再者，交代了《李自成》第三卷的创作进度："第三卷正按计划进行，争取在春节前写完第四个单元。"[2]

1月3日　致信臧克家，谈到在新的一年继续创作《李自成》之事。

1月6日　茅盾致信姚雪垠，既谈到在小说《李自成》中加入"儒法斗争"的内容、李岩的人物塑造等问题，也表示了

---

① 姚雪垠：《姚雪垠文集（第19卷）》，人民文学出版社，2010，第75页。
② 姚雪垠：《姚雪垠文集（第19卷）》，人民文学出版社，2010，第75页。

对该书的期待之情。

1月10日　致信臧克家，谈到对其诗歌的阅读意见："你的绝句胜于律诗。回忆'五七干校'生活的小诗，或五绝，或七绝，都不错；《寄雪垠》一诗也好。这些小诗都很自然，清新完整。其所以能好，主要是有生活体验，而赠友人的诗富有感情。"①

1月24日　胡绳致信姚雪垠，谈到对于《李自成》的阅读意见。

1月25日　致信臧克家，对所写怀念'五七干校'的诗歌，如《微雨插秧》《夜出工》《喜奔干校》《黑金》《向阳湖》等作出评价，并指出："我已经读了你好多首反映'五七干校'生活的小诗，希望你继续写下去。我已经说出过我的整个印象，即肯定这些小诗，但又觉得深度不足。"②

2月1日　收到臧克家寄来的《工地午休》等十首诗。

2月9日　致信茅盾，谈到创作《李自成》的稳扎稳打态度。

2月11日　致信臧克家，既谈到对《工地午休》《场园午餐》《欣逢干校战友》《放鸭》《小黑》等诗歌的阅读意见，也表达了创作与出版《李自成》的基本态度。

2月21日　致信胡绳，回答1月24日来信中提及的"对农民军内部作阶级分析""张献忠的性格""张献忠与李自成会面

---

① 　姚雪垠：《姚雪垠文集（第19卷）》，人民文学出版社，2010，第571页。
② 　姚雪垠：《姚雪垠文集（第19卷）》，人民文学出版社，2010，第573页。

之事""高夫人身边的女兵写成了小资产阶级女性"" '高夫人' 的称呼"等问题。

3月7日 致信茅盾，既谈到为《李自成》拟定单元题目的想法，也谈到李自成与"批孔"问题的意见："李自成领导的大规模农民战争是对明末北方封建统治阶级的致命打击，其历史意义和作用的深度和广度大大超过了地主阶级内部的'儒法斗争'。能够努力写好这一点，《李自成》这部小说就基本上完成了任务。"[1]

致信臧克家，既谈到李自成射承天门（今天安门）、李来亨受南明封爵的问题，也谈到对其诗歌的阅读意见："我鼓励你做（作）诗的目的，和我对你的诗的严格要求是统一的。治学问，搞其它（他）创作，都需要在有积极内容的前提下有创造性、有严格要求，方能有较高成就。不然就没有生命力。"[2]

3月14日 茅盾致信姚雪垠，谈到收稿与阅读《李自成》第二卷之事。

3月15日 作诗《寄碧野——步克家〈怀碧野〉原韵》一首。

3月18日 作诗《寿亚平兄》一首。

致信江晓天，谈到茅盾阅读《李自成》第二卷之事。

3月22日 作诗《参加星期六义务劳动》一首。诗前小序

---

① 姚雪垠：《姚雪垠文集（第19卷）》，人民文学出版社，2010，第388页。
② 姚雪垠：《姚雪垠文集（第19卷）》，人民文学出版社，2010，第578—579页。

云："今日随文化局同志赴岱山附近参加填土固堤劳动，归来得诗一首。"①

3月23日　致信臧克家，谈到为何不采用李自成射承天门的传说。

4月4日　作诗《忆干校种菜》一首。

4月8日　致信江晓天，既谈到工作条件的利弊，又谈到胡绳关于《李自成》第二卷稿子提出的应重视历史上流氓无产者对农民革命破坏的影响的意见颇为重要，并阐释道："第一卷中写的张献忠是带有流氓无产者色彩的，郝摇旗更鲜明。第二卷的第一单元（《商洛壮歌》），写杆子叛变，郝摇旗酒醉失山寨，都反映流氓无产者的阶级性。但他的意见引起我注意在以后几卷中深入探讨一些人物性格问题。至于李自成及其几个亲信大将，我不打算写他们也有这种特色。"②

4月13日　致信茅盾，谈到如何增删修订《李自成》之事，并以《商洛壮歌》《张献忠在鄂西》等单元为例作了说明。

作诗《忆羊楼司旧街》一首。

4月14日　茅盾致信姚雪垠，谈到因患病而耽误写作《李自成》第二卷的阅读感想等事。

4月18日　收到李祥霆寄来的古、近体诗各数首。

4月19日　作诗《赠古琴演奏家李祥霆同志》一首。

4月　作诗《无题》六首。

---

① 姚雪垠：《姚雪垠文集（第15卷）》，人民文学出版社，2010，第48页。
② 姚雪垠：《姚雪垠文集（第19卷）》，人民文学出版社，2010，第77页。

5月1日　致信茅盾，既表示了完成《李自成》第三卷的决心，又将六首《无题》抄呈给茅盾，希望得到指教。

5月4日　茅盾致信姚雪垠，既谈到《无题》对于《红楼梦》《水浒传》《三国演义》等古典文学的评价甚为公允，又对《无题》第一首的末联提出意义似不明确的疑问，同时推荐了阅读书目《战争与和平》。

5月9日　致信华中师范学院《花边文学》注释小组，回答鲁迅杂文中的典故问题，如张献忠在成都杀考生、杨贵妃和花蕊夫人的故事等。

5月18日　致信华中师范学院《花边文学》注释小组，回答鲁迅在杂文《清明时节》中提到的曹操设置发丘中郎将和摸金校尉的问题。

5月25日　致信茅盾，既解释《无题》第一首的末联为何意义不清晰，又谈到《三国演义》值得借鉴学习之处，如诸葛亮出山。

5月31日　收到臧克家寄来的诗稿一册。

6月1日　致信臧克家，既谈到对寄来的诗稿有了成熟意见后再专函详谈之事，又针对读书是为了与学术界朋友见面时有话可谈的说法作了辩驳。

6月7日　茅盾写下《商洛壮歌》一单元的读书意见。

6月12日　茅盾写下关于《商洛壮歌》一单元分卷分章问题，且建议姚雪垠仿用章回体回目。

6月13日　碧野来访，谈到臧克家的《忆向阳》诗集。

6月15日　致信臧克家，谈到对《忆向阳》诗集的看法："由于你丢掉了五七道路的灵魂，丢掉了'五七干校'生活的实质，不去反映它的深刻内容，所以不管你动机如何，这几十首诗实际上是当代田园诗。"①

6月17日　茅盾写下《宋献策开封救金星》《杨嗣昌出京督师》等单元的读书意见。

6月18日　茅盾致信姚雪垠，谈到将《李自成》第二卷原稿《商洛壮歌》《宋献策开封救金星》《杨嗣昌出京督师》《玛瑙山之役》四个单元，以及读书意见挂号寄给姚雪垠之事。

6月20日　茅盾写下关于《紫禁城内外》《闯王星驰入河南》等单元的读书意见。

6月21日　茅盾写下《李岩起义》《伏牛冬日》《河洛风云》等单元的读书意见。

6月23日　致信茅盾，表达给《李自成》第二卷提供读书意见的感激之情。

6月28日　致信茅盾，谈到长篇小说的美学问题。

7月1日　茅盾致信姚雪垠，既问及探索长篇小说的美学问题是否有写论文的打算，又对《李自成》与"批孔"、"儒法斗争"史的关系作了说明。

7月7日　致信茅盾，谈到虽在长篇小说写作中探索了一些美学问题却无写论文的打算，并说明了缘由："一则我自知世界

---

① 姚雪垠：《姚雪垠文集（第19卷）》，人民文学出版社，2010，第585页。

观没有改造好，一写出或谈出来很可能会被说成宣扬'资产阶级艺术观'，'流毒害人'；二则我必须集中精力和时间写完《李自成》，倘若能活到您那样高龄，还有志写一部《天京悲剧》。"①

7月14日 致信茅盾，谈到《李自成》一书为何不用回目的问题，并作了解释："我不用回目那种格式，是考虑到章回体小说的两句回目，讲究对仗，是从律诗、律赋的造句演化出来的，是一个完全旧的传统。《李自成》虽然融化了一部分章回体小说的手法，但目的是在创新。"②

8月12日 致信江晓天，既告知茅盾对于《李自成》的阅读意见，又问及中国青年出版社何时复业的消息："按目前形势，特别是毛主席对《创业》批示之后，出版事业会逐渐活跃起来，半年内可能有新的发展。形势看来对中青的前途是有利的。"③

按：1975年7月25日，毛泽东为张天民编剧的反映大庆石油工人艰苦创业的电影《创业》写下批示语："此片无大错，建议通过发行。不要求全责备。而且罪名有十条之多，太过分了，不利调整党的文艺政策。"④

8月14日 茅盾致信姚雪垠，谈到《李自成》因想要摆脱

---

① 姚雪垠：《姚雪垠文集（第19卷）》，人民文学出版社，2010，第398页。
② 姚雪垠：《姚雪垠文集（第19卷）》，人民文学出版社，2010，第399页。
③ 姚雪垠：《姚雪垠文集（第19卷）》，人民文学出版社，2010，第78—79页。
④ 李捷主编《毛泽东著作辞典》，浙江人民出版社，2011，第37页。

旧传统而不用回目的问题:"鄙见以为,旧传统不妨以'古为今用'的方法而化为神奇,回目的造句格式是旧传统,属于形式方面的;但回目的内容,可出奇制胜,不落窠臼。"①

8 月 18 日 致信湖北省出版发行局编辑部,谈到对《小闯王李来亨》的《前言》的阅读意见。

8 月 22 日 致信茅盾,既谈到《李自成》的回目取舍问题,又言及冯雪峰患病之事。

9 月 15 日 致信江晓天,既谈到中国青年出版社的复业问题,也谈到继续修改《李自成》第二卷之事。

9 月 23 日 碧野致信茅盾,谈到姚雪垠想去丹江参观之事:"姚雪垠同志想到丹江去参观。过去我在丹江工作过,至今尚有半个主人的身份。国庆节后我准备陪同他去走一走。"②

9 月 28 日 江晓天致信姚雪垠,建议就创作《李自成》之事给毛泽东写信。

10 月 5 日 因得知碧野的《丹凤朝阳》脱稿而作诗《赠碧野》一首。

10 月 7 日 致信茅盾,言及 9 月 28 日江晓天来信,建议给毛泽东写信之事:"关于江晓天同志的建议,我正在慎重考虑。有无必要,何时写信,如何能到达主席手中,如何措词(辞),

---

① 茅盾、姚雪垠:《茅盾 姚雪垠谈艺书简》,人民文学出版社,2006,第65页。

② 上海图书馆中国文化名人手稿馆编《尘封的记忆:茅盾友朋手札》,文汇出版社,2004,第103页。

都要仔细斟酌，务求妥当。另外，我也作第二步设想，即万一中青不能复业，或明年复业后完全改变作风，《李自成》不得不交别处出版。"①

致信江晓天，既谈到"暂时不同碧野去丹江，一则继续医治牙痛，二则想抓紧时间将第二卷逐字逐句推敲修改一下"；又谈到上书毛泽东之事，"你建议写那一封信，很重要，我明白你的意思。我将慎重考虑，如何措词（辞），如何能确实送到他老人家面前。不宜匆忙从事，亦不可使外人知道"。② 同时，谈到中国青年出版社的复业问题与《李自成》第二卷的出版问题。

10月8日 致信宋一平③，既谈到《李自成》的创作和出版问题，又向宋一平征求给毛泽东写信的意见与渠道。

10月10日 辛甫与姚雪垠谈话，支持将《李自成》交于中国青年出版社出版。

10月11日 致信江晓天，告知辛甫支持将《李自成》交于中国青年出版社出版之事。

10月19日 致信毛泽东，请求对创作《李自成》一书予以支持。

致信宋一平，谈到上书毛泽东之事。

10月20日 致信江晓天，告知给毛泽东写信以及《李自

---

① 姚雪垠：《姚雪垠文集（第19卷）》，人民文学出版社，2010，第407页。
② 姚雪垠：《姚雪垠文集（第19卷）》，人民文学出版社，2010，第80页。
③ 宋一平（1916—2005），湖北省石首市人，中华人民共和国成立后任国务院副秘书长、国务院机关党组副书记等职。

成》可能由人民文学出版社出版之事，且就可能存在的两社争稿之事提供了预想解决方案。

10 月 23 日　茅盾致信姚雪垠，谈到对于上书毛泽东之事的意见："此事不宜贸然为之，将来你全稿写成（即使是初稿）而没有出版社敢接受的时候，那时再诉诸主席，情况就不同了。"①

胡乔木致信毛泽东，谈到姚雪垠上书之事。胡乔木的书信由两部分内容构成，其一是言及姚雪垠就创作与出版多卷本长篇历史小说《李自成》的困难，请求毛泽东给予帮助；其二是言及姚雪垠的来信是由当时在哲学社会科学部工作的宋一平托自己转送，并附上姚雪垠写给宋一平的两封信，以便毛泽东能够根据这两封信了解姚雪垠当时的具体困难。

10 月 24 日　茅盾致信碧野，告知姚雪垠的目前状况："姚雪垠兄因种种原因，没有到丹江去。他有信给我，也是为了中青社复业遥遥无期而烦恼。我劝他先把《李自成》全书初稿写成再等待时机出版。"②

11 月 2 日　毛泽东在胡乔木信的天头写下支持姚雪垠创作《李自成》的批示语："印发政治局各同志，我同意他写李自成小说二卷、三卷至五卷。"③

11 月 6 日　致信茅盾，谈到接受集中精力完成《李自成》

①　茅盾、姚雪垠：《茅盾　姚雪垠谈艺书简》，人民文学出版社，2006，第75 页。

②　上海图书馆中国文化名人手稿馆编《尘封的记忆：茅盾友朋手札》，文汇出版社，2004，第 104 页。

③　姚雪垠：《姚雪垠文集（第 19 卷）》，人民文学出版社，2010，第 148 页。

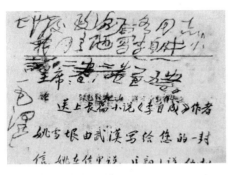

1975 年 11 月 2 日毛泽东在胡乔木信的天头写下批示语

的建议。

11 月 7 日 致信茅盾，告知毛泽东支持创作《李自成》之事。

致信王西玲，告知毛泽东支持创作《李自成》之事。

致信程涛平，告知毛泽东支持创作《李自成》之事。

11 月 9 日 茅盾致信姚雪垠，告知一个好消息："人民文学出版社奉中央指示，派韦君宜等二人将于今日飞汉口，就《李自成》出版事宜与兄商谈。"①

11 月 11 日 韦君宜与姚雪垠谈话，从政治原则上谈到《李自成》应当交由人民文学出版社出版之事。

11 月 12 日 致信江晓天，告知韦君宜根据出版局下达的任务来争《李自成》书稿之事。

致信臧克家，告知上书毛泽东之事。

11 月 13 日 碧野致信茅盾，言及刚回武汉，"雪垠就告知我主席对他创作问题的批示，很振奋。他写的是'闯'王，有

---

① 茅盾、姚雪垠：《茅盾　姚雪垠谈艺书简》，人民文学出版社，2006，第79 页。

224

个闯劲"①。

11 月 14 日　收到臧克家的来信，臧克家在信中谈到有关《忆向阳》诗集与"五七干校"的"感情"问题："你在干校时间不短，但我觉得，你并未完全理解干校生活（感情上），有点作'客'气。我昨晚与文井谈，我们在干校真是'深入'，根本想干一辈子。"②

11 月 18 日　"中青和团中央筹备小组同时呈报中央：中青不等团中央成立先复业，尽快出版《李》第二卷，第一卷重印本亦同时出书。"③

11 月 19 日　致信长子姚海云、儿媳李凤云，告知毛泽东支持写作《李自成》之事。

11 月 23 日　致信臧克家，既谈到给毛泽东上书之事，又认为"寄来的诗，写干校生活的较有韵味，写赠茅公的和冯至同志的则非上乘"。另就冯至的诗集《北游及其它》回忆道："冯的《北游及其它》，我二十来岁时读过，当时印象较佳。"④

按：《北游及其它》是冯至的第二本诗集，于 1929 年 8 月由北平沉钟社出版。

发电报给中国青年出版社，询问《李自成》是否可以交给人民文学出版社出版。

---

①　上海图书馆中国文化名人手稿馆编《尘封的记忆：茅盾友朋手札》，文汇出版社，2004，第 104 页。

②　臧克家：《臧克家全集》（第 11 卷），时代文艺出版社，2002，第 596 页。

③　姚雪垠：《姚雪垠文集（第 19 卷）》，人民文学出版社，2010，第 587 页。

④　姚雪垠：《姚雪垠文集（第 19 卷）》，人民文学出版社，2010，第 586 页。

11月24日　针对姚雪垠来电询问《李自成》可否交给人民文学出版社出版之事，中国青年出版社回电姚雪垠说候中央批示后照办。

11月27日　致信江晓天，既祝贺中国青年出版社在团中央成立之前提早复业，又言及经过多方沟通后《李自成》将继续由中国青年出版社出版。

11月28日　致信丁力①，谈到中国青年出版社邀请赴京写作《李自成》之事。

12月2日　茅盾致信碧野，其中谈到《李自成》第二卷出版之事："雪垠兄久无来信，想来他在赶紧修改第二卷，现在，出书不成问题了，问题在于归谁家出版；因为中青和人文都派人去组稿。鄙意雪垠兄管写他的书，何处出版，让他们自己解决。"②

12月7日　致信江晓天，谈到进京创作《李自成》的准备工作。

12月8日　致信臧克家，谈到进京创作《李自成》的各种打算。

12月11日　致信叶圣陶，谈到进京创作《李自成》以及拜访之事。

12月13日　致信茅盾，谈到进京创作《李自成》以及拜

---

① 丁力（1922—2008），武汉市原文化局党委副书记。
② 上海图书馆中国文化名人手稿馆编《尘封的记忆：茅盾友朋手札》，文汇出版社，2004，第105页。

访之事。

12 月 14 日　叶圣陶致信姚雪垠，欢迎姚雪垠来京，并对其从创作实际中得出的经验表示认可。

12 月 21 日　抵达北京，住在中国青年出版社北京朝阳区幸福一村职工宿舍。

12 月 22 日　作诗《到京次日凌晨写此抒怀》一首。

12 月 23 日　致信茅盾，谈到抵达北京以及前往拜访之事。

1976年 66岁

4月5日，天安门广场爆发反对"四人帮"的四五运动。

9月9日，毛泽东逝世。

9月12—20日，河南电视台转播北京电视台播送的首都及全国人民沉痛悼念伟大领袖毛主席逝世的活动。

1月3日　致信丁力，既谈到抵京之后的状况，又谈到向沈从文借阅资料之事。

1月5日　叶圣陶在日记中写道："姚雪垠欲往访谢刚主，询问有关晚明史实之问题，即作一介绍书，托出版社同志转交雪垠。"[1]

1月8日　周恩来在北京逝世。王维玲[2]回忆道："一九七

---

①　商金林撰著：《叶圣陶年谱长编（第四卷）》，人民教育出版社，2005，第176页。

②　王维玲（1932—2019），山东蓬莱人，1950年至1994年供职于中国青年出版社，历任编辑、主任、编委、副总编辑。1975年至1981年担任《李自成》第二卷、第三卷责任编辑。撰有《岁月传真》《四十二年磨一剑》等著作。

六年周恩来总理逝世，姚老坚持要到劳动人民文化宫参加吊唁，那悲伤沉重的感情，让我们没有理由不同意他去。当时正是寒冬季节，来自全国各地和首都的人民，排着长队缓缓地向周总理的遗像走去。姚雪垠当时已是六十六岁的老人，穿着棉衣棉裤，整整在露天里站了两个多小时。"①

1月　《虎吼·雷鸣·马嘶》（长篇历史小说《李自成》选载）发表于《武汉文艺》第1期。

《闯王星驰入河南》（长篇历史小说《李自成》第二卷选载）发表于《湖北文艺》第1期。

2月3日　与江晓天拜访叶圣陶。

3月　《伏牛冬日》（长篇历史小说《李自成》第二卷选载）发表于《湖北文艺》第2期。

6月26日　致信胡乔木，既感谢转递上书毛泽东的书信，又谈到关于《李自成》的创作规划。

致信茅盾，谈到祝寿之事。

7月3日　与臧克家登门祝贺茅盾八十大寿。

7月28日凌晨3点42分　河北省唐山市发生7.8级地震。

7月　完成《李自成》第一卷修订本《前言》。

8月4日　校对完《李自成》第二卷全部清样。

8月5日　致信茅盾，谈到唐山大地震与坚持创作《李自成》之事："当地震发生时，我正在案头工作。幸楼房较坚固，

---

① 王维玲：《岁月传真》，中国青年出版社，2003，第252页。

人平安，物无损。震后，移居马路旁，在棚子下继续工作。"①

致信栾星，既谈到牛金星的籍贯、李岩的问题、三次开封战役、歼灭孙传庭之战等四个"河南人与事"的问题，又谈到唐山大地震对于出版《李自成》的影响，同时回忆了1933年在河南图书馆阅读《守汴日志》《大梁守城记》的往事。

8月15日　致信周勃，谈到唐山大地震与坚持创作《李自成》之事："地震以来，我基本上都在坚持工作。第二卷最后一部分清样约二百页，是在棚子中校完的。现在在继续修改第一卷下册。第二卷共一千三四百页，工厂中已经根据最后校样改出来二三百页。大地震使我的工作受了影响，但未停顿。"②

8月20日　臧克家致信姚雪垠，谈到作为一名老友、诤友的责任。

8月29日　致信涂怀瑾，谈到《李自成》中张献忠的人物塑造问题。

9月9日　毛泽东在北京逝世。

9月11日　到人民大会堂瞻仰毛泽东的遗容遗体。

9月12日　参加中国青年出版社举行的吊唁毛泽东的活动，并写下短文《我的悲痛和决心》来表达对毛泽东的怀念与感激之情。

10月6日　"四人帮"被粉碎，"文革"结束。

---

① 姚雪垠：《姚雪垠文集（第19卷）》，人民文学出版社，2010，第413页。
② 姚雪垠：《姚雪垠文集（第19卷）》，人民文学出版社，2010，第458页。

10 月 24 日　作诗《都门即事》四首。

11 月 4 日　致信周勃，谈到《李自成》第二卷付印、《李自成》第一卷修订本发排等事。

11 月　作诗《讽事》两首。

12 月 17 日　致信茅盾，既谈到《李自成》第二卷正在排印之事，又希望茅盾对《李自成》第一卷修订本《前言》提些意见。

12 月 19 日　茅盾致信姚雪垠，对《李自成》第一卷修订本《前言》中提到的问题表示赞成，并指出："打倒'四人帮'使《李自成》出版更为顺利，也使您在《前言》中能够痛快地把江青之流的歪曲叛变了毛主席文艺思想的恶霸行为尽情指责，为典型环境中的典型性格学说及毛泽东号召的革命现实主义与革命浪漫主义相结合的创作方法详加阐述，真是大好事。"[1]

12 月 26 日　致信茅盾，谈到《李自成》的银幕改编之事。

12 月 29 日　茅盾致信姚雪垠，谈到《李自成》第一卷修订本《前言》，《李自成》的影视改编、文艺评论与文艺创作上的弊病等问题。

12 月　《李自成〔第二卷（上、中、下册）〕》，由中国青年出版社出版。

---

① 茅盾、姚雪垠：《茅盾　姚雪垠谈艺书简》，人民文学出版社，2006，第82 页。

1977 年　67 岁

1 月 12 日，豫剧《朝阳沟》在郑州重新演出，受到观众热烈欢迎。

3 月 24 日，《人民日报》发表评论员文章《广泛开展社会主义劳动竞赛》。

8 月 13 日至 9 月 25 日，教育部在北京召开全国高等学校招生工作会议，决定恢复已经停止了 10 年的全国高等院校招生考试，以统一考试、择优录取的方式选拔人才。

11 月 20 日，刘心武的《班主任》刊于《人民文学》第 11 期。

1 月 7 日　致信茅盾，从《李自成》改编电影剧本的角度，谈到历史题材的处理问题，并指出："写历史人物的对话，必须注意三个方面：个性化、时代特色、阶级烙印。""《李自成》改编电影剧本，写对话是一道关。"①

1月10日　碧野致信茅盾，谈到因出版小说《丹凤朝阳》与中国青年出版社产生分歧之事，并言："我与中青之间发生分歧的过程，雪垠兄全知道。"②

1月19日　致信郭沫若，征询对《李自成》第一卷修订本《前言》的意见。

1月21日　茅盾致信碧野，除告知把《丹凤朝阳》书稿直接寄给人民文学出版社的韦君宜之外，并言："人文社与青年出版社过去曾因《李自成》稿有过交涉，很不愉快。"③

1月22日　郭沫若致信姚雪垠，表示同意姚雪垠在《李自成》第一卷修订本《前言》中的意见，并指出文字的三两处错误，且用红笔改了过来。

1月23日　茅盾致信姚雪垠，既谈到历史剧改编的弊病，又谈到碧野的长篇小说《丹凤朝阳》的出版问题。

1月29日　致信周勃，谈到寻找工作助手的方法以及工作范围问题，比如将《李自成》从录音变为初稿、整理文件、到图书馆查阅资料等。

2月2日　致信茅盾，谈到《李自成》第二卷出版、郭沫若对《李自成》第一卷修订本《前言》的看法、摘抄发表茅盾

①　姚雪垠：《姚雪垠文集（第19卷）》，人民文学出版社，2010，第420页。
②　上海图书馆中国文化名人手稿馆编《尘封的记忆：茅盾友朋手札》，文汇出版社，2004，第107页。
③　上海图书馆中国文化名人手稿馆编《尘封的记忆：茅盾友朋手札》，文汇出版社，2004，第108页。

1977 年 1 月 22 日郭沫若致信姚雪垠

论述《李自成》的书信等问题。

2月8日 接到崔嵬①的来信。

2月9日 致信丁力，既谈到《李自成》第一卷修订本《前言》的修改与请郭沫若审阅之事，也谈到《李自成》影视改编的大致安排。

2月14日 致信茅盾，谈到《李自成》出版的时代意义："在党中央粉碎了'四人帮'之后，不论《李自成》这部书的水平还不足以满足读者愿望，它的出版就标志着一个新的历史阶段确已开展。"②

2月17日 致信朱光潜，请教长篇小说创作中的美学问题，比如怎样对待古为今用的问题、如何处理历史科学与小说艺术的关系、怎样使作品再现历史生活、如何处理大部头长篇小说的结构等。

---

① 崔嵬（1912—1979），电影演员、导演。1956 年入北京电影制片厂，主演《老兵新传》等影片，导演了《青春之歌》《小兵张嘎》等影片。

② 姚雪垠：《姚雪垠文集（第 19 卷）》，人民文学出版社，2010，第 423—424 页。

2月18日　作诗《春节感怀》一首。

2月19日　茅盾致信姚雪垠，谈到《李自成》第二卷第一分册问世的时代意义，以及被工农兵文作品困住的文学评论者可能无暇评论此书的社会情境。

2月28日　致信臧克家，既告知拜访茅盾、朱光潜、吴组缃、杨宪益等人与出京作短期旅行的计划，也谈到两人在事业上的隔阂。

3月2日　作诗《〈李自成〉第二卷开始问世》一首。

读者在北京王府井书店购买《李自成》第二卷的场景

3月3日　致信穆青，谈到与梁雷、赵伊坪在大同中学的往事。

3月9日　应邀到武汉师范学院作关于《李自成》创作问

姚雪垠为解放军读者签名的场景

题的学术报告。根据录音内容，李悔吾整理成《喜借春风拂杏枝——记作家姚雪垠谈〈李自成〉的创作》一文，刊于《湖北日报》1977 年 3 月 18 日。

3 月 11 日　致信茅盾，谈到《李自成》的评论问题："我不喜欢泛泛的评论。从来对一部作品，谩骂不等于定谳，喝彩不等于知音。将来会有了解较深的同志从各个侧面对《李自成》做一些研究和分析工作。这种分析文章也是对'四人帮'在文艺领域的流毒进行严肃的战斗。"①

---

① 　姚雪垠：《姚雪垠文集（第 19 卷）》，人民文学出版社，2010，第 427 页。

3月12日 接到朱光潜来信。信中，朱光潜对《李自成》点评道："此书保存了我国章回小说的优良传统，根植于民族土壤，必传之作，可庆可贺。"①

3月13日 致信吴组缃，征求对《李自成》的阅读意见。

3月14日 与崔嵬就《李自成》影视改编之事进行商谈。

楼适夷致信黄源②，谈到阅读《李自成》第二卷上、中册的感受，认为写得不坏，比《李自成》第一卷更有声色。

3月15日 致信李準，谈到同崔嵬以影片《甲午海战》为例来谈论《李自成》影视改编之事。

茅盾致信姚雪垠，告知为《春节感怀》和诗一首。

3月17日 碧野致信茅盾，其中谈到《李自成》的创作与出版之事："雪垠在汉时，曾将您给他写的有关读《李》文原稿的长信给我看过。此书曾经得到您的支持与爱护。二卷第一本围绕商洛山一战写出了农民军领袖的大智大勇，头绪纷纭，笔力雄健，堪称佳作。'四人帮'压制文艺界多年，雪垠兄此书的出版，老一代作家为之扬眉吐气！"③

黄源回信楼适夷，信中有言："《李自成》将来也要读一读。我没有见过姚雪垠，此人的文笔是不错的。"④

---

① 姚雪垠：《姚雪垠文集（第19卷）》，人民文学出版社，2010，第290页。
② 黄源（1906—2003），翻译家、编辑家。译著有《一九〇二年级》《高尔基代表作》等，以及回忆录《怀念鲁迅先生》等。
③ 上海图书馆中国文化名人手稿馆编《尘封的记忆：茅盾友朋手札》，文汇出版社，2004，第111页。
④ 上海鲁迅纪念馆编《黄源文集·书信卷》（第7卷），上海文艺出版社，2009，第148页。

3月20日　致信臧克家，谈到两人的异同："我和你性格、习惯、所走的文学道路及追求，都很不同。""我们之间的关系必须摆正。不摆正，在我们的老年不能成为知己，叫后人也会觉得遗憾。"①

3月21日　致信胡绳，希望对《李自成》第二卷提出意见。

3月22日　致信茅盾，谈到完成多卷本长篇历史小说《李自成》的艰难性。

3月24日　致信郭沫若，谈到《李自成》第三、四、五卷的创作规划。

3月28日　胡绳致信姚雪垠，谈到对于《姚雪垠》第二卷的阅读意见："你并不只是单纯地反映明末农民起义这一历史事件的过程，而是以这支农民起义军为中心，写出一部中国封建社会的'百科全书'。"②

4月5日　茅盾致信姚雪垠，鼓励姚雪垠1980年前完成《李自成》第三、四、五卷的初稿。

4月12日　作诗《依原韵奉和任侠兄惠赠七律》一首。

拟定《今后三年半工作规划和说明》，其中谈到为推进《李自成》后三卷的创作而希望配备一名助手之事。

4月13日　致信儿子姚海天，既建议做好当前工作之际可

_____

① 姚雪垠：《姚雪垠文集（第19卷）》，人民文学出版社，2010，第590页。
② 姚北桦、贺国璋、余润生编《姚雪垠研究专集》，黄河文艺出版社，1985，第499页。

以暗中转向文史方面，又谈到创作《天京悲剧》之事。

4月16日　致信臧克家，谈到两人之间的分歧："我和别人性格不同，不能不讲是非。我可以做你的诤友，而不会做阿谀之徒。我很愿意和你讨论一些问题，沟通意见，以利于我们在党的文艺事业上互相帮助，向前发展。"①

5月1日　作诗《赠薛连仲同志》一首。

5月14日　中国新闻社向国内外发出中国新闻社特约记者杨建业对姚雪垠的独家采访报道。随后，"香港《大公报》《文汇报》《新民晚报》和《澳门日报》都在5月14日、15日、16日三天的报纸上，分别以显著地位，刊出访问记全文，还配以姚雪垠的照片和醒目的标题"②。

5月16日　沈从文致信姚雪垠，既谈到观看丝绸图录的书籍须提前告知之事，又委托姚雪垠追索中国青年出版社未退还的一卷《满洲实录》。

按：关于沈从文1977年5月16日致信姚雪垠的主要内容，可参见两篇文章：俞汝捷《沈从文致姚雪垠信》（《新文学史料》2010年第3期）、吴永平《也说沈从文的襟怀》（《博览群书》2013年第4期）。

5月19日　致信茅盾，既谈到配备工作助手的问题，又谈到《李自成》对外宣传之事。

5月20日　致信陈丹晨，谈到发表茅盾谈论《李自成》的

---

① 姚雪垠：《姚雪垠文集（第19卷）》，人民文学出版社，2010，第593页。
② 杨建业：《姚雪垠传》，北岳文艺出版社，2000，第254页。

书信之事。

5月31日 林辰[①]致信王山鹰、贺丽华，其中谈到《李自成》是近期最风行最难买到的图书之一，并指出："《李自成》第二卷（三册），我只买到一部，回京后再设法给你们买一部，最后还可以托作者姚雪垠向青年出版社去想法（姚从武汉来京后，曾托人给我带过口信，我已告诉他有时间就去看他）。"[②]

6月7日 夏衍致信姚雪垠，信中有言："《李自成》的出现和群众的欢迎，我以为是砸烂'四人帮'文艺'理论'的一颗重型炮弹。"[③]

6月9日 收到茅盾来信，信中问及姚雪垠工作助手之事。

致信茅盾，谈到新华社与《光明日报》希望发表谈论《李自成》的书信之事。

6月13日 茅盾致信姚雪垠，告知《光明日报》尚未将姚雪垠摘抄的八千字书信稿送来。

6月14日 致信茅盾，信中有言："今日与《光明日报》同志通电话，据云书信抄件已送尊案。请您随意增删，不必拘于原信。"[④]

6月15日 茅盾致信姚雪垠，谈到《光明日报》删减通信

---

① 林辰（1912—2003），原名王诗农。贵州郎岱人。重庆大学原教授，人民文学出版社编审。著有《鲁迅事迹考》等。

② 林辰：《林辰文集 肆》，山东教育出版社，2010，第204页。

③ 姚北桦、贺国璋、余润生编《姚雪垠研究专集》，黄河文艺出版社，1985，第501页。

④ 姚雪垠：《姚雪垠文集（第19卷）》，人民文学出版社，2010，第433页。

摘要之事。

6月16日　致信茅盾，针对读者中间存在《李自成》第二卷不如第一卷的看法而谈到个人意见，且希望茅盾修改书信摘要之际，向读者说明一下应该如何看待《李自成》一书。

6月17日　作诗《祝茅公八十一岁高寿》一首。

6月20日　致信茅盾，谈到《李自成》研究小组来访之事。

6月21日　茅盾致信姚雪垠，谈到在《光明日报》上刊发评论《李自成》第二卷的书信等事。

6月25日　茅盾的《关于长篇小说〈李自成〉的通信——致姚雪垠》刊于《光明日报》。

6月26日　致信胡乔木，既感谢其1975年向毛泽东转交书信之事，也交代了目前关于《李自成》的创作状况："第一卷修订本早已打好纸型，大概八月间可以出版；出版之后，即便送上一部。第三卷正在赶写。第四、五卷也准备用口述录音的办法抢出来简单的初稿。"①

7月4日　与臧克家、叶圣陶等人为茅盾、曹靖华祝寿。

7月5日　李尔重致信姚雪垠，既称赞《李自成》第二卷比第一卷具有吸引力，也肯定对于农民起义军中诸位英雄形象的塑造，同时指出对于李自成内心世界思想变化描写不足的缺点。

---

① 姚雪垠：《姚雪垠文集（第19卷）》，人民文学出版社，2010，第479页。

作诗《咏怀杂诗》八首。

7月10日 致信栾星，既感谢抄寄的彭而述、刘汉臣、张鼎延等人的研究资料，又谈到《〈歧路灯〉旧闻抄》出版之事。

7月23日 致信茅盾，既谈到《李自成》第二卷修订本的出版与赶写《李自成》第三卷之事，同时传达了丁力向茅盾求字的愿望。

7月24日 何其芳逝世于北京。

7月 《李自成》第一卷由中国青年出版社出版第二版。

8月2日 致信茅盾，谈到不能参加何其芳追悼会的原因："四日上午首都图书馆召集北京各区、县图书馆干部和图书评论员六百余人在劳动人民文化宫开座谈会，请我去汇报有关《李自成》写作方面的几个问题，时间没法变动，所以其芳同志的追悼会我不能参加，十分遗憾。"①

8月4日 何其芳追悼会在北京八宝山革命公墓礼堂举行。

8月11日 北京电视台工作人员到姚雪垠家拍摄彩色电视片。

8月12日 北京电视台工作人员到茅盾的书斋，拍摄姚雪垠与茅盾谈论《李自成》的镜头。

8月13日 英文《中国文学》编辑部两位工作人员，与姚雪垠商量译载《李自成》之事。

8月14日 与北京市京剧团团长任桂林，针对赵燕侠饰演

---

① 姚雪垠：《姚雪垠文集（第19卷）》，人民文学出版社，2010，第437页。

茅盾（左）、姚雪垠（右）交谈《李自成》的创作

《闯王旗》中的高夫人一角进行商谈。

8月15日　致信丁力，告知将于8月18日动身去秦皇岛实地考察山海关古战场等事。

8月18日　"上午离京，同行者有张葆莘同志、北京电视台的两位同志。下午到秦皇岛市，住海滨路招待所。"①

8月19日　"考察了山海关城和附近的地理形势，参照可靠的文献记载，完全弄清了吴三桂与李自成是在山海关城西门外石河西岸进行大战，战场的中心在红瓦店。"②

8月20日　重去山海关，补拍"同当地老农民在石河滩上

①　姚雪垠：《姚雪垠文集（第19卷）》，人民文学出版社，2010，第99页。
②　姚雪垠：《姚雪垠文集（第19卷）》，人民文学出版社，2010，第100页。

座谈的电视镜头"①。

8月22日 "午后一时许自秦皇岛动身,晚上八时到沈阳,住国际旅行社。"②

8月23日 "上午参观了东陵","下午回访了文艺方面的负责同志和在沈阳的老作家"③。

8月24日 "上午参观了故宫",且"拍了参观活动的彩色电视片"④。

8月25日 "上午参观了北陵。"⑤ 北陵的正式名称是昭陵,即清太宗的陵墓。

8月31日 "离沈阳到锦州,住北山饭店。"⑥

9月3日 返回北京。

9月7日 致信丁力,汇报了在山海关等地的考察情况,以及创作《李自成》的下一步打算:"这次去东北一趟,更进一步体会到这部未完成的小说所受到的重视及其影响,也受到许多同志的忠实劝告:必须争取在两三年内确实完成全书初稿,以防偶然意外,因为我毕竟进入高龄了。经过反复考虑,决定再一次大大缩短时间,争取提前在今年年底完成第三卷的初稿,

---

① 姚雪垠:《姚雪垠文集(第19卷)》,人民文学出版社,2010,第100页。
② 姚雪垠:《姚雪垠文集(第19卷)》,人民文学出版社,2010,第101页。
③ 姚雪垠:《姚雪垠文集(第19卷)》,人民文学出版社,2010,第101页。
④ 姚雪垠:《姚雪垠文集(第19卷)》,人民文学出版社,2010,第101页。
⑤ 姚雪垠:《姚雪垠文集(第19卷)》,人民文学出版社,2010,第101页。
⑥ 姚雪垠:《姚雪垠文集(第19卷)》,人民文学出版社,2010,第102页。

明年一边推敲修改第三卷，一边对第四卷和第五卷进行录音。"①

茅盾致信赵清阁，谈到长篇历史小说《李自成》的畅销、姚雪垠阅读与分析史料的科学认真态度等事。②

9 月 15 日 致信茅盾，既谈到去山海关等地旅行考察的收获，又告知新华社记者徐民和准备写《茅盾评传》之事。

9 月 24 日 《在毛泽东思想指引下探索前进》发表于《光明日报》。

茅盾致信姚雪垠，既肯定旅行考察的重要收获，又谈到针对读者中存在的《李自成》第二卷不如第一卷的观点而想写文章进行辨析之事，同时告知与新华社记者徐民和谈论《茅盾评传》之事。

10 月 1 日 致信茅盾，谈到派助手替张葆莘拜访茅盾，并谈谈《李自成》的创作进度以及《李自成》第一卷修订本《前言》的反应问题。

10 月 10 日 茅盾致信表弟陈瑜清，信中有言："《李自成》早脱销。明年可再版。第一卷闻日内可出，当试为弄一部，但不肯定。《李自成》第一卷，'文革'前出版，此次为修改之新版，故反在二卷之后。"③

10 月 12 日 秦牧致信姚雪垠，既对《李自成》第二卷进行高度评价，又对取得成功的原因作了详细分析，如坚持用马

① 姚雪垠：《姚雪垠文集（第 19 卷）》，人民文学出版社，2010，第 107 页。
② 凌孟华：《茅盾致赵清阁书札手迹（随笔）》，《鸭绿江》2023 年第 2 期。
③ 钟桂松、郭亦飞编注：《茅盾家书》，台海出版社，2022，第 123 页。

克思主义的观点来处理历史资料、在表现历史规律的总主题之外又具备一系列副主题、塑造了李自成与张献忠等典型人物、艺术表现手法多样、对人与事倾注强烈感情等。同时指出了不足之处，如时间前后矛盾、情节前重后轻、议论内容过多等。为表示对姚雪垠这位文艺领域长跑健将的钦佩之意，秦牧作诗一首。诗云："怒马哀兵闯字旗，弯弓奋剑下京畿。沧桑几度斩皇历，穷僻千秋说义师！欣际锤镰开广阔，笑驱雾障辨迷离，膏腴大地生花笔，三百万言写史诗！"①

11月2日　张平化奉邓小平之命来探望姚雪垠。

11月3日　致信辛甫等人，告知张平化奉命探望之事。

11月5日　林默涵致信姚雪垠，谈到一气读完《李自成》第一、二卷的阅读感受："读完两卷，我深深感到，这部小说虽然还没有写完，却已经充分展现了明朝末年广大农民在沉重压榨下活不下去，因而揭竿四起，而明王朝的统治已经百孔千疮、濒临崩溃的一幅画图。它塑造了众多不同性格的正反面人物，反映了广阔的生活面，显示了种种社会相，描绘了雄壮酷烈的战争场面。如果作者不是具有丰富的生活知识、社会知识和历史知识，那是写不出来的。"②

致信邓小平，既感谢张平化奉邓小平之命探望，又谈到完

---

① 姚北桦、贺国璋、余润生编《姚雪垠研究专集》，黄河文艺出版社，1985，第511页。

② 姚北桦、贺国璋、余润生编《姚雪垠研究专集》，黄河文艺出版社，1985，第512页。

成多卷本《李自成》的雄心壮志："目前我正在努力赶写第三卷，决心争取在明年定稿，后年出版，为纪念（庆祝）中华人民共和国成立三十周年献礼。为报答毛主席生前的关怀和支持、您的鼓励和全国读者的热情期望，我一定本着严肃认真、一丝不苟的精神，加速完成以下三卷，并为接着写《天京悲剧》作好准备，为祖国的文学事业多做一点工作。"①

11月11日　致信王亚平，谈到张平化奉命探望之事。

11月12日　茅盾致信表弟陈瑜清，既谈到开介绍信购买《李自成》之事，又谈到姚雪垠的目前状况："姚雪垠尚未到七十岁，身体甚好。大概能完成此一巨著也。给他秘书，实为二名，是湖北省委（或武汉市委）给的名额，姚自己找人，现已找到。第三卷大概已成初稿，所谓提纲五万字大概是误传。"②

11月13日　致信丁力，既谈到张平化奉命探望之事，又谈到《李自成》第三卷个别单元的刊发问题。"除《上海文艺》正在发表的小单元外，给了《湖北文艺》和《辽宁文艺》各一单元，都放在明年元月号开始连载。这是已经可以拿出的仅有的三个单元。"③

按：正在《上海文艺》发表的小单元，指的是《高夫人东征小记》。"编者按"中介绍道："这是长篇小说《李自成》第三卷中的一个单元，共三章。李自成自洛阳奔袭开封不成，在

①　姚雪垠：《姚雪垠文集（第19卷）》，人民文学出版社，2010，第154页。
②　钟桂松、郭亦飞编注：《茅盾家书》，台海出版社，2022，第124页。
③　姚雪垠：《姚雪垠文集（第19卷）》，人民文学出版社，2010，第108页。

城下中箭。高夫人在伏牛山中得到消息，十分放心不下，除派兵驰援外，又亲自同红娘子、慧梅等率领二百多女骑兵和数百名男骑兵去豫中迎接闯王。这三章就是写这一支小部队的征途情况，包括行军生活和战斗，而着意写以红娘子为首的健妇营的出现，慧剑（即第二卷中的黑妞）的初露头角，也写出慧梅同张鼐的特殊感情，为她不久以后的壮烈悲剧作（做）伏笔。本刊将奉三期连载。"① 《高夫人东征小记》连载于《上海文艺》第 1—3 期，分别是该刊的 10 月号、11 月号、12 月号。

至于姚雪垠提及的"明年元月号"交给《湖北文艺》刊发的单元是《张献忠破襄阳》，交给《辽宁文艺》刊发的单元是《辽海崩溃》。此外，姚雪垠在信中告知丁力评论《李自成》的相关文章将陆续问世。"目前见到的，以《哈尔滨师范学院学报》上发表的一篇质量较高。秦牧同志写了一篇，上海决定发表。茅公曾想写一篇评论长文，几个地方想要。但他年老体弱，短时很难写出。"② 该篇高质量文章，指的是《哈尔滨师范学院学报》1977 年第 3 期刊发的《中国农民革命战争的英雄史诗——评姚雪垠的长篇历史小说〈李自成〉第一、二卷》（张松泉、张碧波）一文。该文对《李自成》第一、二卷的成就与不足作了阐释，认为"从整体上说，《李自成》对我国社会主义文学的发展说来，具有不可忽视的重要意义"。

11 月 27 日 《人民日报》《光明日报》《解放军报》《解

① 姚雪垠：《高夫人东征小记》，《上海文艺》1977 年第 1 期。
② 姚雪垠：《姚雪垠文集（第 19 卷）》，人民文学出版社，2010，第 108 页。

放日报》《文汇报》《广州日报》《重庆日报》等报刊，刊载新华社记者徐民和对姚雪垠的采访《"是党给我的艺术新生命"——访作家姚雪垠》。该文不仅谈到姚雪垠创作《李自成》的艰难过程，而且谈到姚雪垠创作反映太平天国悲剧的长篇小说《天京悲剧》的想法。

黄源致信楼适夷，信中有言："今天报道了姚雪垠的访问记。我看上次《人民文学》发表他的文章，排在最后，内心还有点害怕。《上海文学》选载的《李自成》，比较胆大一点，虽则时间先后不同。"①

11 月 29 日 致信茅盾，既谈到新华社记者徐民和想去拜访茅盾，又谈到《红旗》杂志约稿之事："《红旗》要我写一篇谈《李自成》创作的文章，说是可以连载两期，提出来要文笔生动活泼，大破'四人帮'的文风余毒。我接受了这个任务，并作为政治任务去做。"②

致信龚啸岚，既谈到《红旗》约稿之事，又谈到《天京悲剧》的创作之事。

12 月 1 日 茅盾致信姚雪垠，对接受《红旗》约稿之事表示赞许，并请转告徐民和自下周起可电话预约采访。

12 月 5 日 致信商务印书馆，谈到对修订本《辞源》中"刘宗敏"一条的阅读意见。

---

①　上海鲁迅纪念馆编《黄源文集·书信卷》（第 7 卷），上海文艺出版社，2009，第 179 页。

②　姚雪垠：《姚雪垠文集（第 19 卷）》，人民文学出版社，2010，第 440 页。

12 月 11 日 致信《文物》编辑部，谈到对于《关于"荡寇将军印"》（南波）一文的阅读意见。

12 月 姚雪垠原著，何溶、定兴改编，谢智良、鲁永欢、王传义、陈忠耀、中流绘画《李自成》（第一册），由天津人民美术出版社出版。前后共出版十册。关于长篇历史小说《李自成》的连环画改编，还有上海人民美术出版社、江苏人民出版社、天津人民美术出版社、安徽人民出版社、辽宁美术出版社、陕西人民美术出版社等不同版本。

本年度重要论文：

徐朔方：《和友人谈历史小说〈李自成〉第二卷》，《语文战线》1977 年第 3 期。

华思理：《论〈李自成〉的人物塑造》，《华中师院学报（哲学社会科学版）》1977 年第 4 期。

钟平：《光辉的形象　成功的塑造——试谈〈李自成〉一、二卷李自成形象的塑造》，《湖北文艺》1977 年第 5 期。

古平：《波澜壮阔的农民革命战争历史画卷——读〈李自成〉第一、二卷》，《湖北文艺》1977 年第 5 期。

童恩翼：《匠心写出风光细　不绘清明上汴河——谈〈李自成〉风俗画描写》，《湖北文艺》1977 年第 6 期。

叶德新：《努力地再现典型环境中的典型人物——浅析〈李自成〉第二卷第二十八章的创作手法》，《武汉文艺》1977 年第 6 期。

王毅：《坚持"古为今用" 反对"古为帮用"——读历史小说〈李自成〉札记》，《武汉文艺》1977 年第 6 期。

1978 年　68 岁

3 月，臧克家的诗集《忆向阳》由北京人民出版社出版。

4 月 5 日，中共中央批准统战部、公安部《关于全部摘掉右派分子帽子的请示报告》。

5 月 12 日，《人民日报》转载《光明日报》（5 月 11 日）特约评论员文章《实践是检验真理的唯一标准》。

6 月 12 日，郭沫若逝世。

8 月 11 日，卢新华的《伤痕》刊于《文汇报》。

1 月 1 日　《言志篇》（七律六首）发表于《诗刊》第 1 期。

1 月 5 日　《〈李自成〉创作余墨》发表于《红旗》第 1 期。

1 月 19 日　茅盾致信表弟陈瑜清，信中有言："介绍您买李自成的张葆莘不是青年出版社中人，他是姚雪垠的助手，与青年出版社有联系。一、二卷想已买到？三卷定于明年出版，四、五卷出版怕要在八十年代了。三卷初稿已成，四、五卷连初稿也没有。姚近来也忙于杂事。"①

1月25日　萧乾②致信巴金，信中有言："姚雪垠说要写太平天国，我答应帮他找点国外的资料。"③

1月　《湖北文艺》第1期刊发《李自成》第三卷的一个单元《张献忠破襄阳》。"编者按"指出："本刊从这期起，连载长篇历史小说《李自成》第三卷的一个单元，本期发表了第一章至第三章，下期发表第四章、第五章。这个单元主要是写张献忠受到杨嗣昌集中数省兵力的逼迫，率领农民军自鄂西进入四川，阻止了曹操（罗汝才）的投降，把握战机，冲破官军在土地岭的防线，接着歼灭川军老将张令全军，彻底击溃了著名女将秦良玉的白杆兵，粉碎了杨嗣昌要将张献忠包围歼灭的全部战略计划。张罗联军在四川内地声东击西，'以走致（制）敌'，拖垮了优势明军，然后经黄陵城一战，长驱出川，智破襄阳，杀了襄王，夺得了杨嗣昌在襄阳存储的全部军资，迫使杨嗣昌在沙市自杀。这是继李自成破洛阳之后，明朝在内战中又受到的一次十分沉重的打击。通过这个单元，一方面写出了张献忠的卓越的军事才能和在困难时蔑视敌人的英雄气概，一方面写出了明朝内部种种不可克服的失败因素，以及杨嗣昌不能逃避的悲剧下场。"

---

① 钟桂松、郭亦飞编注：《茅盾家书》，台海出版社，2022，第126页。

② 萧乾（1910—1999），作家、翻译家。1935年燕京大学毕业，主编《大公报》文艺副刊。著有小说集《栗子》、长篇小说《梦之谷》、散文集《废邮存底》等。有《萧乾文集》行世。

③ 萧乾：《萧乾文集·书信卷》，浙江文艺出版社，1998，第18页。

《张献忠破襄阳》（长篇历史小说《李自成》第三卷选载）发表于《解放军文艺》第 1 期。

2 月 5 日　与谢国桢、江晓天一起拜访叶圣陶。

2 月 11 日　黄源致信韩槑三，信中有言："有货色，如姚雪垠，中央宣传部部长奉邓副主席之命去拜望的。邓说《李自成》写得好。假如姚无实品，今天仍然无人理睬的。"①

2 月 15—19 日　湖北省文学艺术界第四次代表大会在武昌召开，姚雪垠当选湖北省文联主席。回京后，被选为政协第五届全国委员会委员。

2 月　《张献忠破襄阳》（长篇历史小说《李自成》第三卷第四、五章）发表于《湖北文艺》第 2 期。

《张献忠破襄阳》（长篇历史小说《李自成》第三卷选载）发表于《解放军文艺》第 2 期。

《红日照千秋——纪念伟大的领袖和导师毛主席逝世一周年》（上册）由福建人民出版社出版，书中收入姚雪垠的《在毛泽东思想指引下探索前进》一文。

春　作诗《〈李自成〉人物图咏》四首，咏叹的人物包括李自成、刘宗敏、高夫人、尚炯四人。

4 月 1 日　致信邓小平，"汇报我的工作情况和今后十年内奋斗目标，请您给我指示并替我解决几个实际困难"②。

---

①　上海鲁迅纪念馆编《黄源文集·书信卷》（第 6 卷），上海文艺出版社，2009，第 196 页。

②　姚雪垠：《姚雪垠文集（第 19 卷）》，人民文学出版社，2010，第 155 页。

4月2日　书信《向武汉的同志们致意》发表于《长江日报》。

4月21日　王任重致信姚雪垠，谈到1966年8月中旬毛泽东指示武汉市委对姚雪垠加以保护，让其继续创作《李自成》之事。

4月下旬　中共武汉市委宣传部、湖北省社联（筹）委托武汉师范学院中文系举办《李自成》学术讨论会。不能亲临现场的姚雪垠寄来贺信，后刊于《武汉师范学院学报》1978年第2—3期合刊。在信中，姚雪垠预祝讨论会开得成功，并提出殷切希望："《李自成》第一、二卷权作为一只麻雀，摆在你们面前。希望你们通过对这只麻雀的解剖，不仅教育我，也推进我们的理论批评工作和文学创作事业。"同期文章还包括一组讨论《李自成》的学术论文，如《试论李自成的性格特征》（邱胜威）、《浅谈张献忠的形象》（周敦厚、黎敏茜）、《"深入历史"和"跳出历史"——谈李自成形象的历史真实和艺术真实》（张国光、李梅吾）、《深刻的反面典型，成功的艺术创造——试论〈李自成〉一、二卷中的崇祯》（王毅）、《革命英雄主义的颂歌——试谈刘宗敏形象的塑造》（汪伯嗣、郭农声、葛楚英）、《诗歌的艺术形式与小说的人物塑造——〈李自成〉民族风格管窥》（杨建文）、《妙手传神落笔细　金针绣象摄魂深——谈〈李自成〉的细节描写》（熊德彪）、《人民群众是历史的主人——浅谈〈李自成〉一、二卷中人民群众形象的成功描写》（阳涛平、洪昶）。

4 月 25 日 茅盾的《关于长篇历史小说〈李自成〉》刊于《文学评论》第 2 期。在文中，茅盾论述到姚雪垠在长篇历史小说《李自成》中取得的重要艺术成就，并以南原大战、商洛壮歌、宫廷内部斗争等单元作了历史事实、艺术虚构等方面的详细解读，最后概括道："作者在《李自成》中，打算为中国的封建社会生活（包括它的各阶层间的相互关系），描绘一幅绚丽多彩的画卷，在已出的两卷中，已经写了一部分；在以后的三卷中，还欲深入一层去描写。中国的封建文人也曾写过丰富多采（彩）的封建社会的上层和下层的生活；然而，用历史唯物主义和辩证唯物主义来解剖这个封建社会，并再现其复杂变幻的矛盾的本相，'五四'以后也没有人尝试过，作者是填补空白的第一人。"另外，在该文脚注中，茅盾添加了这样一则说明："此文同时发表于《中国文学》（外文）今年六月号。本刊发表前，作者作了文字上的订正。"茅盾刊发于 *CHINESE LITERATURE*（《中国文学》）第 6 期的文章题目是 "An Introduction to 'Li Tzu-cheng—Prince Valiant'"（《"闯王"李自成》）。同期文章，还包括《李自成》的节选 "Besieged in his Palace"（《宫殿被困》）。《李自成》的节选部分，已于同年连载于 *CHINESE LITERATURE* 第 4—5 期，连载的章节主要包括 "Battling South of the Pass"（《南原大战》）等。

4 月 30 日 致信茅盾，既谈到给邓小平写信之事，又谈到《李自成》第三卷的创作进度与个别单元刊发的情况，如《燕辽纪事》拟刊于《人民文学》6 月号、《三雄聚会》已刊于《辽宁文艺》。其中，《三雄聚会》连载于《辽宁文艺》1978年第1—3期。《辽宁文艺》第1期"编者按"介绍道："这是长篇小说《李自成》第三卷中的一个小单元，共三章。崇祯十四年李自成破了洛阳之后，声势大振，定正式称号为'奉天倡义文武大元帅'。夏天，罗汝才（曹操）脱离张献忠，来投自成，奉自成为主。自成给汝才的名号是'代天抚民威德大将军'。同年秋天，张献忠在信阳大败，负伤，投奔汝才和闯王。闯王曾想趁机杀掉献忠，经汝才斡旋，赠送献忠五百骑兵，使献忠得以奔往安徽，重振（整）旗鼓。这一个小单元写李自成、罗汝才、张献忠三位义军领袖之间的勾（钩）心斗角，并为一年半以后李自成杀罗汝才以及后来张献忠建立大西政权，与大顺政权对立，作了伏笔。"

《燕辽纪事》刊于《人民文学》1978年第6期。"编者按"言："我国自公元前二百多年前就形成为一个多民族的大一统国家。但由于在辽阔的国土中各地区经济文化发展不平衡，阶级斗争和民族矛盾复杂等等因素，有时大一统的局面遭到破坏，分裂为两个或多个政权。在明末的短时期内，从明朝内部分裂出一个清朝，成为明朝的严重威胁。明朝和清朝之间的战争，明朝和农民武装力量之间的战争，是崇祯年间中国内部的两个最主要最深刻的矛盾，互为影响。姚雪垠同志的长篇小说《李自成》第三卷的这个单元，就是写的明朝和清朝的军事斗争，并且将清朝入关以前的政治生活、宗教生活，艺术地再现于读者眼前。对于顺治的父亲即清太宗和他的爱妃永福宫庄妃，都写出了有血有肉的性格。对于洪承畴这个历史人物，作者在本卷中已经有一个单元写他的督师出关和兵败被围。在这个单元中，他遵循典型环境中典型性格的现实主义原则，写这个人物如何曾经决心要慷慨尽节，做明朝忠臣，终于动摇屈服，投降清朝。笔墨细致曲折，而不是将反面人物简单处理。另外，在这个单元中，继续深化了崇祯皇帝的性格，揭露明朝廷的腐朽无能。"

《辽海崩溃》是《燕辽纪事》的姊妹篇，连载于《鸭绿江》1978 年第 7—9 期。第 7 期"编者按"介绍道："这是《李自成》第三卷中的一个单元，写明朝蓟辽总督洪承畴于崇祯十四年率领八个总兵官，号称十三万人马，援救锦州，于八月间到达松山与锦州之间遭到惨败。他与曹变蛟、王廷臣两总兵率领数千人马进入松山城中困守。六月号《人民文学》所发表的《燕辽纪事》是这一单元的姊妹篇，但在第三卷中并不直接相连，中间隔了李自成领导的三次重要战役。"

4 月　程云编剧、取材于姚雪垠长篇历史小说《李自成》第一卷的《闯王旗》（农民革命战争历史戏曲文学本），由湖北人民出版社出版。

北京京剧院特邀中国京剧院的袁世海、李和曾与赵燕侠合排新编历史剧《闯王旗》。在人物角色扮演上，李和曾饰李自成，赵燕侠饰高夫人，袁世海饰郝摇旗。

李白凤①接到姚雪垠的来信，姚雪垠在信中谈到郑州大学的领导已同意让李白凤前去担任历史系古文字学教授之事。

按：李白凤因病于 1978 年 8 月 18 日在开封逝世，终未能赴郑州大学任职。

5 月 1 日　《咏史五首——奉寄茅盾同志》发表于《长江文艺》第 5 期。

5 月 3 日　收到茅盾来信，茅盾在信中，既谈到写小说与写新诗的难易程度，又告知正在阅读《燕辽纪事》一单元之事。

5 月 27 日　《光明日报》报道《武汉师范学院举行〈李自成〉学术讨论会》的消息。

5 月　《李自成自何处入豫》发表于《历史研究》第 5 期。

《致文学青年的一封信》发表于《武汉文艺》第 3 期。

在中国文学艺术界联合会第三届全国委员会第三次扩大会议上，作题为《我的感激与决心》的发言。后刊于《文教资料简报》1978 年第 9 期。

6 月 3 日　参加在北京八宝山革命公墓举行的老舍骨灰（遗物）安放仪式。

6 月 4 日　作诗《题蓝文林画重庆东温泉长卷》一首。

6 月 5 日　新华社报道了武汉汉剧院上演新编历史剧《闯王旗》的消息。

6 月 9 日　在北京华侨大厦客厅，与聂华苓、安格尔、张葆

---

①　李白凤（1914—1978），著名书法家、篆刻家、作家、诗人。

莘等人，围绕《李自成》的创作过程、汉剧《闯王旗》的上演等问题进行畅谈。

6月10日 《〈李自成〉人物图咏》发表于《诗刊》第6期。

6月11日 《律诗两首》（《奉寄叶老圣陶》《祝茅公八十一岁高寿》）发表于《文汇报》。

6月12日 致信刘岱，谈到《〈李自成〉评论集》的出版，以及如何深化《李自成》的研究等问题。

6月22日 参加在北京八宝山革命公墓礼堂举行的柳青追悼会。

7月17日 致信周勃，谈到周勃去武汉师范学院工作之事。

7月20日 《题册子》（七律一首）发表于《上海文艺》第7期。

7月26日 致信茅盾，既谈到《李自成》第三卷的创作进程，又谈到湖北人民出版社、上海文艺出版社均打算出版与《李自成》相关的文学评论集之事。

7月 长春电影制片厂将汉剧《闯王旗》拍摄成彩色舞台艺术片。

8—9月 《乾清宫的空前巨震》连载于《长江文艺》第8—9期。连载的部分出自《李自成》第三卷，是紧接《张献忠破襄阳》之后的一个小单元，共有两章，主要"写崇祯皇帝接连得到农民军破洛阳和襄阳后的巨大震动"①。

8月25日　《关于〈李自成〉的书简》发表于《文学评论》第4期。"编者按"介绍道："多年来，姚雪垠同志在和一些同志的通信中，常常谈到长篇历史小说《李自成》的创作，阐述和探讨有关的历史问题与艺术问题。在征得作者同意后，我们选编了其中的一小部分发表。"

8月　给姜东舒寄赠自书的三首七言律诗。《有感》是其中一首，诗云："不羡捷思惊骤雨，宁惜俯案汗千行。独临碧海朝精卫，遍借金针绣凤凰。骚赋风诗启李杜，墨池笔冢出钟王。才人徒抱凌云志，暝想高谈总渺茫！"② 该诗的实际创作时间是1974年6月16日，个别字词也有修订之处，如"自甘"改为了"宁惜"。姜东舒作和诗云："雪后方知松节劲，忠奸自古不同行。长空只合舞鹰隼，腐鼠岂堪饲凤凰。施罗风高追司马，红楼梦美媲闯王。驰毫盛世正青史，不令后来叹渺茫！"③

9月14日　作诗《香港三联书店开业三十周年，走笔致贺》一首。

10月5日　诗歌《讽事》发表于《解放日报》。

10月17日　参加在北京八宝山革命公墓举行的赵树理骨灰安放仪式。

10月22日　诗二首《值夜》发表于《文汇报》。

---

①　姚雪垠：《乾清宫的空前巨震》，《长江文艺》1978年第8期。

②　姚雪垠：《有感》，《西湖》1979年第9期。

③　姜东舒：《次韵奉和姚雪垠同志》，《西湖》1979年第9期。

10 月 24 日　致信郭毅生，既谈到对于《如何评价杨秀清？——关于太平天国"五主"、"八位万岁"与"天京事变"的考察》(《中央民族学院学报》1978 年第 2 期）一文的见解，又谈到无法应约作报告之事。

10 月　《五七干校诗二首》发表于《雨花》第 10 期。

11 月 12 日　致信湖北省委宣传部，要求重新审查 1957 年被划为"右派"之事。

11 月 18 日　致信徐迟，谈到不同意徐迟在《关于诗歌的意见》一文中的意见，因而要与徐迟进行争鸣之事。

按：徐迟的《关于诗歌的意见》刊于《诗刊》1978 年第 11 期（1978 年 11 月 10 日出版）。

11 月　山东师范学院、山东师范学院聊城分院中文系现代文学教研室编《中国现代作家小传》出版，书中撰有《姚雪垠小传》。

12 月 10 日　《对徐迟同志〈关于诗歌的意见〉的意见》发表于《诗刊》第 12 期，主要是反驳徐迟在《关于诗歌的意见》中提到的七字诗歌的"三字尾"诀窍、诗歌字句的变化等问题。

致信上海师大中文系与上海师院中文系联合举办的"典型问题学术讨论会"，谈到对于典型问题的基本看法，认为讨论典型问题最好从作家的创作实践出发，并强调"个性出典型"①。

12 月 18—22 日　中国共产党第十一届中央委员会第三次

---

① 姚雪垠：《姚雪垠文集（第 19 卷）》，人民文学出版社，2010，第 683 页。

全体会议在北京举行。"十一届三中全会前后，由曹灿、纪维时等人演播的姚雪垠的鸿篇巨著《李自成》，还有由已故著名评书演员杨田荣演播的新编评书《李自成》等问世，许多电台交换播出，形成长书广播的轰动效应，从而结束了'文化大革命'中长书广播跌入低谷、奄奄一息的局面。"① 在《北京文艺》1980 年 5 期上，柯岩作诗《听〈李自成〉小说广播》一首，记录了收听《李自成》小说广播之事。

12 月 30 日　《窥窗》《放鸢》（《〈红楼梦〉故事图题诗》中的两首）发表于《社会科学战线》第 4 期。

闻捷的骨灰安放仪式在上海龙华革命公墓举行，茅盾、臧克家、姚雪垠等人送了花圈或发去唁电。

12 月　武汉师范学院中文系、《长江文艺》编辑部编《〈李自成〉评论集》由湖北人民出版社出版，书中收入王毅、李悔吾、胡德培等人的评论文章。

是年　新编秦腔历史剧《闯王平叛》上演。"此剧系赵新民、南子仲、孙建章根据姚雪垠长篇历史小说《李自成》第二卷改编。西安市秦腔二团（原三意社）1978 年演出，曾获西安市戏剧创作奖。此剧以须生为主，行当俱全，唱、做、打并重。惠琨华、周辅国、张锁乾主演。"②

是年　发表的作品还包括《姚雪垠同志给我院中文系的一封信》《姚雪垠同志为本刊题词》（均刊于"武汉师范学院"

---

①　张凤铸主编《中国广播文艺学》，北京广播学院出版社，2000，第 68 页。
②　鱼讯主编《陕西省戏剧志·西安市卷》，三秦出版社，1998，第 207 页。

《中学语文》第 3 期），等等。

本年度重要论文：

秦牧：《读长篇历史小说〈李自成〉》，《上海文艺》1978年第 2 期。

严家炎：《〈李自成〉初探》，《北京大学学报（哲学社会科学版）》1978 年第 3 期。

李锦全：《试论李自成思想——兼与姚雪垠同志商榷封建社会中有关农民革命的几个理论问题》，《学术研究》1978 年第 3 期。

顾诚：《李自成起义军究竟从何处入豫？——同姚雪垠同志商榷》，《北京师范大学学报（社会科学版）》1978 年第 4 期。

邱树森：《古代起义农民有没有自己的思想武器——与姚雪垠同志商榷》，《南京大学学报（哲学社会科学）》1978 年第 4 期。

董健：《姚雪垠的历史观和他塑造的李自成》，《南京大学学报（哲学社会科学）》1978 年第 4 期。

俞汝捷：《历史的"复活"——读历史小说〈李自成〉随笔之一》，《文汇报》1978 年 5 月 18 日。

俞汝捷：《根植在作者心中的形象——读历史小说〈李自成〉随笔之二》，《文汇报》1978 年 6 月 13 日。

俞汝捷：《从河南馆子的风味说起——读历史小说〈李自成〉随笔之三》，《文汇报》1978 年 6 月 27 日。

1979 年　69 岁

1月5日，由文化部主办的庆祝中华人民共和国成立30周年献礼演出在北京隆重举行。

8月，中国当代文学研究会在长春正式成立。

1月1日　《给故乡的文学青年》发表于《河南日报》。该文版面内，还插入了姚雪垠1978年12月题写的一段祝福语："解放思想，刻苦努力，写出好的作品，繁荣社会主义文艺事业，为人类的精神财富做出较大的贡献。"

1月19日　致信丰村，谈到批评徐迟、臧克家之事。

1月20日　《关于〈忆向阳〉诗集的意见——给臧克家同志的一封信》发表于《上海文艺》第1期，主要批评臧克家在《忆向阳》诗集中将"五七干校"的生活写成现代田园诗，因而缺少了真情实感。

1月26日 洪洋告知姚雪垠，陈丕显①在省市文艺界春节茶话会上宣布姚雪垠1957年被错划为"右派"之事，应得到改正。

1月28日 《春节感怀》发表于《河南日报》。

1月29日 致信陈丕显，感谢其宣布为自己"右派"身份改正之事。

2月12日 《漫谈历史的经验》发表于《文艺报》第2期。

2月13日 致信苏金伞，谈到"右派"身份得到改正之事。

2月22日 致信朱光潜，既谈到自己对于朱光潜的译作《歌德谈话录》、论文《上层建筑和意识形态之间关系的质疑》的看法，又谈到出书与送书之事："上海文艺出版社编了一本《关于长篇历史小说〈李自成〉》，其中收入我的一部分论文和信件。大概六月间可以出书，将奉上一本，请赐指正。"②

2月25日 赋诗《风雨》一首。

按：《湖北日报》在这天正式发布了一则"作家姚雪垠等86人被错划为'右派分子'已予改正，恢复名誉"③的消息。《风雨》即为此事而作。诗云："风雨崎岖二十年，未将羸马卸征鞍。刖工梦献连城璧，逐客私栽九畹兰。牛鬼蛇神迷黑榜，香花毒草乱朱栏。卷葹纵死心犹活，乌桕经霜叶更丹。"④ 姚雪

---

① 陈丕显（1916—1995），福建上杭县人，1931年加入中国共产党。无产阶级革命家，原中共中央顾问委员会常务委员。

② 姚雪垠：《姚雪垠文集（第19卷）》，人民文学出版社，2010，第192页。

③ 杨建业：《姚雪垠传》，北岳文艺出版社，2000，第273页。

④ 姚雪垠：《姚雪垠文集（第15卷）》，人民文学出版社，2010，第65页。

垠对该诗解释道："《李自成》一书开始创作于被错划'右派'之后，前半首四句诗即指此事。后半首则对'反右派斗争'的错误历史深为感慨。"①

2月　《〈给羊城晚报〉编辑同志》《给江晓天同志》发表于《文艺论丛》第6辑。

吴祖光为京剧《红娘子》所写"跋"中指出："本剧第九场中采用了姚雪垠同志小说《李自成》中的部分情节，并此申明。"②

中小学通用教材中学语文编写组编《全日制十年制学校高中课本（试用本）语文》（第3册），由人民教育出版社出版。书中收录姚雪垠的《虎吼雷鸣马萧萧》一文，该文节选自《李自成》第二卷中册第二十八章。

3月22日　鞍山人民广播电台开始播放杨田荣的评书《李自成》，持续到6月9日止。

3月23日至4月20日　湖北省革命委员会文化局为庆祝中华人民共和国成立三十周年举办全省专业剧团戏剧会演，汉剧《闯王旗》获创作二等奖。

3月25日　《感怀二首——五七干校杂诗》发表于《北京日报》。

3月　前往武汉师范学院作"李自成为何失败"以及"《李自成》主题思想"的学术报告。

①　姚雪垠：《姚雪垠文集（第15卷）》，人民文学出版社，2010，第65页。
②　吴祖光：《吴祖光选集（第5卷）》，河北人民出版社，1995，第64页。

《文艺界拨乱反正的一次盛会》由人民文学出版社出版，书中收录中国文学艺术界联合会第三届全国委员会第三次扩大会议的讲话、决议和大会、分组会的部分发言及书面发言，其中包括姚雪垠的《我的感激和决心》一文。

《创作谈》由河南人民出版社出版，书中收入姚雪垠的《在毛泽东思想指引下探索前进》一文。

《创作经验漫谈》由人民文学出版社出版，书中收入姚雪垠的《〈李自成〉第一卷修订本前言》一文。

4月9日　致信洪洋，告知即将赴日本采访之事："预计五月十日离京，当日飞抵东京。为期三周，共访问六个地方，其中四个城市是正式访问，部分团员有演讲任务，两个地方是游览风景名胜，兼作休息。……我们有广交朋友，扩大文艺统一战线的使命，估计可能很忙。"①

4月28日　臧克家致信尧山壁，谈到被姚雪垠批评之事。

按：此条主要参考臧克家的《去若浮云没——臧克家书简》（《美文》2004年第5期）。关于臧克家给尧山壁的信件中，谈到被姚雪垠批评之事，《去若浮云没——臧克家书简》标注的日期是1978年4月28日。这里的日期应该是错误的，此时姚雪垠尚未公开发表文章批评徐迟与臧克家。正确的时间应该是1979年4月28日。可参见徐庆全的《转型时期的标本：关于臧克家〈忆向阳〉诗作的争论》（《博览群书》2006年第4期）。

---

① 　姚雪垠：《姚雪垠文集（第19卷）》，人民文学出版社，2010，第503页。

4月29日　《己未杂诗》发表于《解放日报》。

4月　《题〈李自成〉第一卷原稿》发表于《花城》第1辑。

《一封谈创作规划的信》发表于《广州文艺》第4期。

5月10日　《关于典型问题的一封信》发表于《北京文艺》第5期。

5月　随中国作家代表团访问日本。

中国作家代表团访日前合影留念。左起：林绍纲、杨沫、冯牧、欧阳山、周扬、苏灵扬、姚雪垠、梁斌、柯岩、徐秀

6月14日　致信冯天瑜，谈到对于《革命的政治内容与完美的艺术形式的统一——评长篇历史小说〈李自成〉第一、二卷》（《武汉师范学院学报》1979年第1期）一文的看法，并针

对杨嗣昌"无头招贴"的故事细节与之商榷。

1979年5月18日，姚雪垠访日时演讲中国历史小说

6月 在《访日诗抄》"题记"中指出："一九七九年五月中下旬中国作家代表团应邀赴日访问，受到日本文艺界和文化界朋友热情接待。我们也通过访问，加强了中日两国文艺界和人民的联系，从日本朋友学习了不少东西。由于访问日程排得很紧，每日很忙，常常有较深感触想写诗表达，却没有工夫写出。今选录几首，不是因为这些诗在艺术上已经成熟，而只是想通过这些诗的发表，对推进中日人民友好发生一点积极作用。"① 选录的诗歌，主要包括《随中国作家代表团访日，到处受热情接待，因赠日本朋友》《为日本文化界朋友题词》《赠井上靖先生》《赠三好彻先生》《题符浩大使册页》《游奈良唐招提寺瞻仰鉴真和尚像》《赠司马辽太郎先生》《比睿山下，琵琶湖畔，即席为大津市长山田耕三郎先生题册页》《赴箱根途中》《参观井上靖文学馆走笔留题》《昨来箱根途中为樱家女主人邀留小坐》《赴市川市参

---

① 姚雪垠：《姚雪垠文集（第15卷）》，人民文学出版社，2010，第65—66页。

观郭老旧居，代中国作家代表团为市长高桥国雄先生题册页》《吊聂耳纪念碑后，闲立藤泽市外海岸沙滩眺望》《为"中国之旅"北京册题诗》。

7月7日 《吊张志新烈士》发表于《中国青年报》。

7月22日 致信姚北桦，谈到对于编选姚雪垠研究资料的意见。

7月 《慧梅出嫁》发表于《收获》第4期。

湖北省中小学教学教材研究室编《全日制十年制学校高中课本·语文教学参考资料》（第3册），由湖北人民出版社出版。书中对于《虎吼雷鸣马萧萧》一文作了说明，武汉市黄石路中学赵镕在课文说明中介绍道："这篇课文是姚雪垠同志亲自从其所著《李自成》第二卷中册第二十八章中节选的，标题也是作者自己加的。""作者之所以亲自从长篇中选出这一节作为语文教材，是因为它在历史科学与小说艺术的有机结合上有'管中窥豹'的作用。"①

傅腾霄的《小说创作漫谈》由安徽人民出版社出版。书中不仅节录《李自成》第二卷上册第十五章的内容，而且评价道："作者为了做到用长篇小说的艺术形式再现历史生活，达到古为今用的目的，不但认真学习马列主义、毛泽东思想，披览了浩如烟海的文献资料，而且沿着李自成起义所经历的一些旧址，作了大量的实地调查。在此基础上，作家潜心探索了长篇小说

---

① 湖北省中小学教学教材研究室编《全日制十年制学校高中课本·语文教学参考资料》（第3册），湖北人民出版社，1979，第91—92页。

的艺术规律，所以写成之后，才获得了这样巨大的成功。"[1]

8 月 13 日　作诗《贺美国爱荷华大学国际写作计划盛会》一首。

8 月 21 日　致信姜东舒，谈到《西湖》杂志影印《有感》诗之事。此信后刊于《西湖》1979 年第 10—11 期合刊。

8 月　《咏〈红楼梦〉》（七律一首）发表于《红楼梦学刊》第 1 辑。

萧乾告知姚雪垠，在 1941—1944 年重庆《大公报》副刊《战线》上刊有姚雪垠撰写的一些论文，且问及为何不整理出版。

荒芜的《有赠》刊于《读书》第 5 期，主要是写给茅盾、朱光潜、俞平伯、姚雪垠、艾青、艾伯特·马尔兹、乔·劳生等人的赠诗。其中，赠给姚雪垠的诗歌共三首，两首写于 1973 年，1 首写于 1979 年。

9 月 9 日　严家炎[2]、胡德培来访，谈到论文集《小说是怎样写成的》、撰写《李自成》研究文章等事。

9 月 16 日　致信周勃，谈到《长夜》交给中国青年出版社重新出版，以及四川人民出版社愿意出版胡德培所写《李自成》系列研究文章等事。

9 月 24 日　作诗《步韵和沈老〈祝文艺之春〉》一首。

---

① 傅腾霄：《小说创作漫谈》，安徽人民出版社，1979，第 313 页。
② 严家炎（1933—　），笔名严睿、稼兮。现任北京大学教授，博士生导师。著有《中国现代小说流派史》《金庸小说论稿》等。

按：《祝文艺之春》是茅盾于是年9月1日写的诗。

9月 赵新民、南子仲、孙建章编的新编历史剧《闯王平叛》（秦腔），由陕西人民出版社出版。该剧取材于姚雪垠的长篇历史小说《李自成》第二卷，主要讲述李自成铲除坐山虎、击退来犯官军之事。

孙延令改编的《闯王旗》（电影连环画册）由中国电影出版社出版。书中对《闯王旗》的来源作了条目介绍，指出是由长春电影制片厂摄制，编剧是程云，导演是林农，摄影是王启民；在主要演员方面，杨士雄饰李自成，胡和颜饰高桂英，童志饰郝摇旗，周家耀饰刘芳亮，杨谟超饰王小七，张锡焰饰刘宗敏。

上海文艺出版社编《关于长篇历史小说〈李自成〉》由上海文艺出版社出版。

10月1日 《中国青年报》刊登茅盾的诗歌《祝文艺之春》，且附录姚雪垠的和诗《步韵和沈老〈祝文艺之春〉》。

10月8日 致信田敬宝，谈到在《社会科学战线》刊发文章《李自成为什么失败》之事。

按：田敬宝当时是《社会科学战线》的文学编辑。

10月14日 致信茅盾，谈到最近未给茅盾写信的缘由，即因发表批评臧克家的《忆向阳》诗集的公开信而存在思想矛盾。

10月30日至11月16日 第四次文代会在北京召开，茅盾致开幕词。姚雪垠出席，并当选全国文联委员、中国作协理事。

10月 《关于繁荣文学创作的若干意见》发表于《读书》

第 7 期。

北京大学、北京师范大学、北京师范学院中文系中国现代文学教研室主编"中国现代文学史参考资料"《短篇小说选》（第四册）由上海教育出版社出版，书中收入姚雪垠的《碉堡风波——乡村国难曲》。

11 月 18 日　致信臧克家，谈到想看下臧克家摘印并散发的自己批评《忆向阳》诗集的公开信之事，并强调："我虽然批评了你的《忆向阳》，但是你从那封公开信的字里行间找不到一个地方不是饱含着朋友的感情进忠言，而没有一个细微地方是故意歪曲你或存心将你打倒，说来说去，我只是直率地说来我对《忆向阳》的真正看法，不作违心的、廉价的捧场而已。"①

11 月 29 日　致信陈喜儒，谈到访日杂记《天涯若比邻》将于《当代》第 3 期刊出等事。

11 月　《袁时中叛变》发表于《长江》第 2 辑。

臧克家致信姚雪垠，谈到摘印和散发姚雪垠批评《忆向阳》诗集的信件之事："油印了三十多份你的文件，是因为，我接到一百多封信，对你批我的情况不了解，对我表同情，要求我为文答之，我受到近百位文友的来函劝告，不要我再发表文章了。我考虑再三，放弃了答辩，油印了少数你的信件，代替说明情况。此件早已散尽（朋友要我答辩的），没法寄给你了。你给我的信近百封，诗数十首，我均保存，以重旧日友情。"②

---

① 姚雪垠：《姚雪垠文集（第 19 卷）》，人民文学出版社，2010，第 595 页。
② 臧克家：《臧克家全集（第 11 卷）》，时代文艺出版社，2002，第 600 页。

应四川省文化部门邀请，陕西省京剧团前往成都、重庆巡回演出《射虎口》等京剧优秀传统剧目。京剧《射虎口》是根据姚雪垠创作的长篇历史小说《李自成》第二卷改编而成，曾荣获中华人民共和国成立三十周年献礼演出二等奖。全剧共七场，包括虎口走险、运筹帷幄、力挽狂澜、引鱼上钩、事出意外、借鬼打鬼、自投罗网。"编剧李旭东。写闯王李自成与部将刘宗敏巧妙配合智取射虎口。导演王筠蘅、林金培等。主演尚长荣、田中玉、赵鲁平等。音乐设计王君生。舞美设计刘权岭、郑回芳。"① 后来，李旭东（执笔）、王筠蘅、林金培的《射虎口》（京剧）发表于《当代戏剧》1983 年第 7 期。该刊编者在"编后拾遗"中指出："陕西省京剧团在演出这个戏时，由著名京剧演员尚长荣同志扮演刘宗敏，更为相得益彰，受到省内外戏曲爱好者的赞许。有些优秀唱段，并由中国唱片公司灌制了唱片。《射虎口》也有不足之处，如前边的戏松了一些，有的人物还有加工余地……但瑕不掩瑜，它仍不失为一出好戏。"

12 月　《天涯若比邻——访日的印象和感想》发表于《当代》第 3 期。

北京语言学院《中国文学家辞典》编委会编《中国文学家辞典·现代第 1 分册》由四川人民出版社出版，书中对姚雪垠作了专门介绍。

是年　陈珠富根据姚雪垠的长篇历史小说《李自成》改编

---

① 　鱼讯主编《陕西省戏剧志·省直卷》，三秦出版社，2000，第 257 页。

的弹戏《闯王进谷城》上演。

是年 发表的作品还包括《李自成为什么失败？兼论〈李自成〉的主题思想——在武汉师范学院举行的〈李自成〉学术报告会上的讲话》[《武汉师范学院学报（哲学社会科学版）》第 1 期]，《春节感怀》（《滇池》第 5 期），等等。

本年度重要论文：

严家炎：《〈李自成〉初探（续）》，《北京大学学报（哲学社会科学版）》1979 年第 1 期。

张松泉：《我国当代长篇历史小说的里程碑——评姚雪垠的〈李自成〉第一、二卷艺术特色》，《北方论丛》1979 年第 2 期。

周修强：《关于〈李自成〉的几个主要人物及其他》，《文学评论》1979 年第 3 期。

李国权、汪剑光：《致姚雪垠同志的一封公开信》，《上海文学》1979 年第 4 期。

姚敏勇：《〈虎吼雷鸣马萧萧〉的人物语言》，《语文学习》1979 年第 5 期。

王梦喜、卢达智：《对小说〈李自成〉的不同意见》，《语文教学通讯》1979 年第 6 期。

叶伯泉：《关于鲁迅与闰土的关系——与姚雪垠同志商榷》，《北京文艺》1979 年第 8 期。

王昌定：《压迫不是批评——姚雪垠先生两封公开信读后感》，《北方文学》1979 年第 10 期。

1980 年　70 岁

4月8日，庆祝中华人民共和国成立30周年献礼演出发奖大会在政协礼堂隆重举行，京剧《海瑞罢官》获创作荣誉奖。

1月9日　致信曾卓，鼓励其专力从事创作。

1月15日　致信茅盾，既谈到《文学遗产》《文汇增刊》约稿之事，又谈到对于中国现代文学史另外一种编法的意见。

1月19日　茅盾致信姚雪垠，既谈到无法应约为《文学遗产》写稿，又谈到因撰写回忆录而无闲暇写关于文学史看法的文章之事。

1月28日　致信《旅游》编辑同志，谈到李自成箭射承天门之事。

1月29日　致信周勃，既谈到王瑶、唐弢等人在文学史教材中对自己的评价，又谈到口述录音之事："我以'业余'时间，口述录音《童年和少年》，已搞出六七章了。大概得十二章。我的目的，不仅写出我自己的生活，更重要的是写出来我的故乡从民初到北伐前后的社会风貌和重大变化，用文学手法写出中国现代社会史的一个侧面或缩影。"① 根据口述录音整理的文字是《我的故乡、家庭与童年——回忆录片段》一文，主要包括《我的村庄》《我的家庭和我的诞生》《混沌的岁月》《农村的黄昏》《不平静的农村》等部分。

1月30日　致信栾星，既感谢抄寄的《牛金星事略》（耿兴宗），又谈到为《歧路灯》写序之事。

1月　萨织彤的《中外名人治学的故事》由山西人民出版社出版，书中对于姚雪垠含辛茹苦地创作长篇历史小说《李自成》之事作了介绍。

2月6日　《怀念崔嵬同志》发表于《电影创作》第2期。

2月9日　致信茅盾，谈到湖北出版社想让茅盾为刊物《拾荒》题名之事。

出席中国出版工作者协会在北京饭店举行的迎春茶话会。

2月13日　致信茅盾，谈到《长夜》等中华人民共和国成立前的作品重新出版的计划。

3月20日　取材于姚雪垠的长篇历史小说《李自成》，陆兼之、朱关荣创作的新编历史剧《红娘子》，由上海昆剧团首演于松江人民剧场。此剧的主要内容是："明崇祯末年，卖解女红娘子率领班子来到祁县，得遇素孚名望、文武双全的公子李信。官绅压迫饥民，红娘子被迫起义，截李信上山，劝其主持军务

---

① 姚雪垠：《姚雪垠文集（第19卷）》，人民文学出版社，2010，第462页。

大事。李信因对朝廷尚存幻想，不肯应允。岂料回至家中反被县令温才陷害入狱。温才又诓骗李妻汤夫人写下书柬要李信劝降红娘子，终为李所拒。红娘子闻讯率众破城，救出李信，并揭穿官府阴谋，使李信幡然醒悟，参加义军，一同投奔闯王李自成。"① 此剧的社会反响是："此剧演出应用机关布景，设空中飞人等特技。主演王芝泉在戏中运用绳技、长穗双剑舞、下腰'吊鱼'等武技。曾赴湖南长沙、衡阳、郴州、耒阳等地巡回演出。上海电视台曾拍摄专题片报道，湖南电视台实况转播，中央电视台全剧录像播放。"② 在《她用武功塑造了人物——谈王芝泉在〈红娘子〉中的表演》（《上海戏剧》1980 年第 6 期）一文中，刘梦德对饰演红娘子的昆剧演员王芝泉作了评价："著名昆剧演员王芝泉，在戏中发挥了娴熟的唱、做、念、打功夫，把这位明末杞县的义军女领袖红娘子演得栩栩如生，光彩照人。尤其可贵的一点，是王芝泉作为一个武旦演员，在塑造这个人物时，很妥帖、很合理地运用了武功技巧。"

3 月 华南师范学院等十六所高等院校编《中国当代文学作品选讲》由广西人民出版社出版。书中收录评价《李自成》的两篇文章，分别为《〈李自成〉分析》《〈虎吼雷鸣马萧萧〉分析》。在《〈李自成〉分析》中，武汉师范学院的熊德彪评价道："《李自成》宛如一部反映我国明、清封建社会全貌的百科

---

① 王永敬主编《昆剧志》（上卷），上海文化出版社，2015，第 154 页。
② 王永敬主编《昆剧志》（上卷），上海文化出版社，2015，第 154 页。

全书，使我们从中学到形象化的历史知识。"① 在《〈虎吼雷鸣马萧萧〉分析》中，武汉师范学院的徐昌启评价道："《虎吼雷鸣马萧萧》以紧张危急的形势开头，又以情绪激昂的行军结束，首尾呼应，气势无穷。"②

4月9日　碧野致信茅盾，其中谈到姚雪垠申请入党之事："去年春天姚雪垠返汉向组织上提出了入党申请。为了吸收知识分子入党，在湖北省文联党组的教育启示下，我于今年二月间被批准入党，现已正式过组织生活。雪垠的组织问题尚须稍待些时由党支部再行讨论。"③

4月30日　《无止境斋书简抄（一）》发表于《社会科学战线》第2期。

4月　《为重印〈长夜〉致读者的一封信》发表于《中国现代文学研究丛刊》第1期。姚雪垠在文中谈到《长夜》《李自成》蕴含的河南乡土色彩："《长夜》是带有浓厚乡土色彩的作品；《李自成》虽然是历史小说，绝大多数主要人物都是陕西人，但是也含着独具的河南乡土色彩。如今已入暮年，我深深遗憾的是：我那些要纵深地反映河南人民生活的愿望都未实现，仅仅留下来这一部四十年代的作品《长夜》！对《长夜》原有

① 华南师范学院等十六所高等院校编《中国当代文学作品选讲》，广西人民出版社，1980，第401页。
② 华南师范学院等十六所高等院校编《中国当代文学作品选讲》，广西人民出版社，1980，第419页。
③ 上海图书馆中国文化名人手稿馆编《尘封的记忆：茅盾友朋手札》，文汇出版社，2004，第117页。

改写计划，也力不从心，付之东流。每次想到这事，总不免有许多感慨。"①

5月10日　《第二次开封战役》（长篇历史小说《李自成》第三卷选载）开始于《解放军报》连载。"编者按"指出，将在《长征》与《追科学》（每周二、六、日）栏目下选载《第二次开封战役》。其中，第一部分《第二次开封战役》刊于《长征》第238期，时间是5月10日（星期六）；第二部分《第二次开封战役》刊于《追科学》第78期，时间是5月11日（星期日）；第三部分《第二次开封战役》刊于《长征》第239期，时间是5月13日（星期二）；最后一部分《第二次开封战役》刊于《追科学》第93期，时间是8月31日（星期二）。

5月15日　"中国作协宴请旅日华裔作家陈舜臣一行，冯牧主持，姚雪垠……作陪。"②席间姚雪垠谈到有关《长夜》《李自成》的创作问题。

5月21日　作诗《赠豫剧表演艺术家常香玉同志》一首。诗曰："驰誉艺坛数十年，沧桑又见艳阳天。木兰老去丹心在，瑶草春回绿叶鲜。慷慨悲凉传女将，激昂婉转胜歌仙。精华今日留银幕，仿佛诗人不朽篇。"③

5月24日　致信胡德培，既谈到论文集《〈李自成〉艺术

①　姚北桦、贺国璋、余润生编《姚雪垠研究专集》，黄河文艺出版社，1985，第276—277页。
②　陈喜儒：《姚雪垠先生一二事》，《北方人》2020年第22期。
③　姚雪垠：《姚雪垠文集（第15卷）》，人民文学出版社，2010，第73页。

谈》由四川人民出版社出版之事，又谈到创作《李自成》艺术追求与探索问题。

5月　《书法门外谈》发表于《书法》第3期。

6月5日　致信江晓天，邀请共赴广州参加中国当代文学学会第一届年会。

6月16日　由中山大学、华南师范学院、暨南大学、广州师范学院等单位联合筹办的中国当代文学学会第一届年会，在广州市交易会电影厅开幕。会议集中探讨两方面问题：一是中华人民共和国成立以来文学创作的现实主义论争问题，二是当代文学教学中的心得体会。姚雪垠被推选为会长，不仅主持此次年会，而且作《我对于中国风格、中国气派的探索》的学术报告。会议期间（6月18日），应邀前往华南师范学院中文系作《关于创作〈李自成〉的艺术追求和探索》学术报告，该报告后刊于《华南师范学院学报》1980年第3期。又前往顺德作报告，姚雪垠作诗《来顺德作报告，夜宿清晖园，临别留题》一首记录此事。诗云："盛会羊城鸣未已，忽来顺德赏清晖。回廊水榭晴荫合，小院高楼夜梦稀。文债犹多诗兴减，年华虽老壮思飞。曾经花径同留影，地北天南意不违。"

6月20日　《祝贺〈艺丛〉创刊——给编辑部的信》发表于《艺丛》创刊号。

《赠豫剧表演艺术家常香玉同志》发表于《河南日报》。

6月　《论〈圈圈曲〉——〈李自成〉创作余墨》发表于《文学遗产》第1期。

《朱仙镇》（《李自成》第三卷选载）发表于《长江》第2期。

《李自成箭射天安门》发表于《旅游》第3期。

7月5日 汝捷的《〈李自成〉和〈第二次开封战役〉》刊于《解放军报》。该文谈到《第二次开封战役》是长篇历史小说《李自成》第三卷中的一个单元，并首次在《解放军报》上进行连载，且指出姚雪垠描写大规模战役的目的并不是描写战争本身，而是想通过战争塑造人。

7月14日 致信程千帆，谈到对于《古今诗选》的阅读意见。

7月21—30日 由中国艺术研究院《红楼梦》研究所、《红楼梦学刊》编委会等6个单位联合举办的第一次全国《红楼梦》学术研讨会在哈尔滨召开。姚雪垠因工作缠身不能参与此次会议，于7月19日给《红楼梦》学术讨论会写了贺信，既表达祝贺之意，又提出殷切希望："希望我们的红学家们注意研究成果的古为今用，即是说将研究与创作挂钩，通过对《红楼梦》的艺术分析和研究推动和提高我国今后的文学创作事业。"①

7月 《一部值得重视的古典长篇小说——〈歧路灯〉序》发表于《长江文艺》第7期。该文是姚雪垠为栾星校注的《歧路灯》（李绿园原著）一书所写序言，该书后由中州书画社于1980年12月出版。

---

① 姚雪垠：《姚雪垠文集（第19卷）》，人民文学出版社，2010，第689页。

8月9日　致信茅盾，谈到中国当代文学学会打算在广州出版会刊，想请茅盾题写刊名之事。

8月21日　《〈姚雪垠著作小集〉序》发表于《河南日报》。姚雪垠指出："河南是我的诞生地，它哺育了我的童年和少年，而青年时代也有一半时间在河南学习、生活和斗争。如今我七十岁，回顾起来，我最熟悉的语言是河南人民的语言，最熟悉的风土人情是河南解放前到解放初年的风土人情。"①

9月24日　《历史生活的画卷——〈绿窗随笔〉之一》发表于《羊城晚报》。

9月28日　致信吴小如，谈到中国现当代文学史的问题。

9月30日　《请勿"溢美"——〈绿窗随笔〉之二》发表于《羊城晚报》。

10月　中国戏曲学院实验京剧团在辽宁省沈阳市演出了根据姚雪垠的长篇历史小说《李自成》改编的京剧《玉笛恨》。

11月8日　《我的心仍在武汉》发表于《长江日报》。

12月21日　致信谢蔚明，谈到自己将在《文汇月刊》发文点评郭沫若的《甲申三百年祭》之事。

12月　徐兴业的《金瓯缺》（第一册）由福建人民出版社出版。该书序言由郭绍虞于1980年5月5日撰写，郭绍虞在序言中谈到姚雪垠的长篇历史小说《李自成》，认为姚雪垠不仅注重史料的搜集与整理，而且用丰富的想象力将《李自成》写得

---

① 姚雪垠：《〈姚雪垠著作小集〉序》，《河南日报》1980年8月21日。

有骨有肉、栩栩如生。

《洪水滔滔》（《李自成》第三卷连载）发表于《长江》第4期。

是年　撰写回忆录《学习追求五十年》，且在《新文学史料》上分期（1980 年第 3—4 期、1981 年第 1—4 期、1982 年1—4 期、1983 年第 1 期）连载。回忆录的内容，由《从十九岁开始的征途》《在贫病艰难中开始了作家生活》《四十年后看当时》《从〈差半车麦秸〉到〈牛全德与红萝卜〉》《关于〈春暖花开的时候〉》《关于〈长夜〉是怎样写出来的?》《创作的苦闷年头》《一场痛苦可怕的噩梦》《〈李自成〉第一卷的写作经过》《〈李自成〉第一卷的出版》等小节构成。姚雪垠在《学习追求五十年》的"题记"中指出："我这部回忆录性质的稿子，对十八岁以前的生活只简单地交代一笔，而集中笔墨写十九岁到七十岁的学习和追求。由于不是一般生活的回忆录，所以生活上的许多经历纵然写出来会引起读者很大兴趣，我或者一笔带过，或者根本不提。我希望这部稿子发表之后，过去曾同我一起生活过的朋友或不相识的同代人如发现我对事件、时间、地点等有记忆错的地方，请写信告诉我，不胜感激。"① 随着回忆录的连载，针对姚雪垠谈到的往事，李蕤、王大海等当事人提出过不同意见，甚至普通读者也来信发表不同意见。

是年　发表的作品还包括七律三首《风雨》（《艺丛》第 2

---

① 姚雪垠：《姚雪垠文集（第 16 卷）》，人民文学出版社，2010，第 1 页。

期),《项城战役》(《芳草》第 2 期),《中国现代文学史的另一种编写方法》(《文教资料简报》第 4 期),《七十述略》(《芳草》第 7、9 期),等等。

本年度重要论文:

徐传武:《"大雄无与比,苍茫莫之先"——试谈〈李自成〉艺术风格》,《菏泽师专学报(社会科学版)》1980 年第 1 期。

胡德培:《描绘农民革命战争的壮丽史诗——谈长篇历史小说〈李自成〉的成就》,《齐鲁学刊》1980 年第 2 期。

冯天瑜、干朝端:《明清间民族斗争的艺术画卷——读〈李自成〉札记》,《武汉师范学院学报(哲学社会科学版)》1980 年第 3 期。

胡德培:《感情的抒写与性格的刻画——〈李自成〉艺术谈》,《求是学刊》1980 年第 4 期。

吴功正:《"放开眼光,自己来拿"——谈〈李自成〉对艺术创作传统经验的继承》,《长安》1980 年第 5 期。

万揆一:《对〈论《圆圆曲》〉的一点质疑——与姚雪垠同志商榷》,《书林》1980 年第 6 期。

1981年　71岁

3月27日，茅盾逝世。

6月，荒芜的《纸壁斋集》由黑龙江人民出版社出版。

9月25日，为纪念鲁迅百年诞辰，《人民日报》发表社论《鲁迅精神永在》。

11月，古华的《芙蓉镇》由人民文学出版社出版。

12月11—15日，河南省当代文学研究会在郑州召开成立大会。

1月1日　作诗《元旦放歌》一首。

1月10日　致信谢蔚明，谈到不同意刊发《姚雪垠七十创作不衰》，以及压缩《评〈甲申三百年祭〉》的文章篇幅等事。

《读书》第1期刊发《从〈戊戌喋血记〉谈历史小说》的座谈记录。在此次历史小说座谈会中，姚雪垠认为写历史小说，应该深入历史、跳出历史，并强调历史小说是历史生活的再现。在谈到《星星草》之际，姚雪垠认为作者凌力是一个富有才华的女作家，文笔较为细腻；在谈到《戊戌喋血记》之际，既肯定作者任光椿收集小说资料的努力，又指出小说情节上存在的不合理之处。

按：任光椿的历史小说《戊戌喋血记》，由湖南人民出版社1980年8月出版。凌力的历史小说《星星草》分上下两卷，上卷由北京出版社1980年4月出版，下卷由北京出版社1981年10月出版。

1月15日　新华社记者杨建业、新华社社长穆青等5人，请姚雪垠讲述《李自成》第三、四、五卷的故事梗概，并为之作了磁带与笔记的记录。

1月20日　《评〈甲申三百年祭〉》开始于《文汇月刊》第1期连载。直到第3期，连载结束。在文中姚雪垠认为郭沫若的《甲申三百年祭》并非严肃的历史科学著作，所得论断未建立在可信的史料基础上。

1月25日　《无止境斋书简抄（二）》发表于《社会科学战线》第1期。

1月　《大嫂》发表于《芳草》第1期。

作诗《祝贺夏川兄重返西藏》一首。

胡德培的《〈李自成〉艺术谈》由四川人民出版社出版。茅盾为之扉页题字，冯牧为之作序，且附有姚雪垠1980年5月24日写给胡德培的一封信。

《长夜》由人民文学出版社出版。

2月5日　《大地春光上笔端》发表于《光明日报》。

2月13日　《光明日报》报道《长篇历史小说〈李自成〉第三卷即将出版　姚雪垠感谢党和人民对他创作给予热情支持》的消息。

2月14—18日　由人民美术出版社、上海人民美术出版社、天津人民美术出版社、辽宁人民美术出版社、浙江人民美术出版社、陕西人民出版社联合发起的全国连环画工作座谈会在北京召开。2月18日上午，全国第二届连环画创作评奖发奖大会，在北京国际俱乐部礼堂举行。在获奖名单中，上海人民美术出版社改编的《李自成》第1—15册（杨兆林等改编），天津人民美术出版社1978年改编的《李自成》第2册（何溶、定兴改编），陕西人民美术美社1979年改编的《李自成》连环画之一《京郊之战》（王永祥改编），均获脚本二等奖。

2月17日　《我的粗浅经验——给青年同志们的一封信》发表于《浙江日报》。

2月28日　程千帆致信姚雪垠，赞同在《长夜》序言中的意见。

3月4日　《文汇报》报道《李自成》第三卷即将与读者见面，以及姚雪垠已经开始该书第四、五卷选材与录音工作的消息。

3月13日　在北京图书馆、首都图书馆、《文献》丛刊编辑部联合举办的报告会上，作了一次被整理为《关于崇祯形象的塑造》（《当代文学研究参考资料》1982年第7期）的演讲。在演讲之际，姚雪垠指出："我讲的这个大题目下有三个小题目：第一个，我为什么要下力气塑造崇祯皇帝的形象；第二个题目，我怎样理解崇祯皇帝这个人；第三个题目，我从写崇祯皇帝过程中对现实主义创作方法的一些体会。前两个问题不打算多讲，重点放在第三个问题上，因为这关系到我们现在的创作理论问题和其他一些现实问题。"①

3月15日　《在困难的条件下努力前进——给故乡青年的一封信》发表于《河南青年》第3期。

3月17日　致信苏金伞，告知4月中旬来河南以及行程安排之事。

3月22日　致信程千帆，谈到对于"十七年"文艺的理解。

3月25—27日　湖北省美学学会在武汉成立并举行第一次学术讨论会，姚雪垠被聘为名誉会长之一。

3月26日　致信丰村，既谈到《李自成》第三卷分三册出版之际面临的"生产条件"与"财经制度"问题，又谈到《评〈甲申三百年祭〉》一文对郭沫若的批评，同时告知对方目前自己的创作状态："第三卷交出之后，看清样的工作托付给中青出版社的责任编辑和我的助手俞汝捷共同做，我接着进行四、五卷的口述录音。哪个单元酝酿成熟就口述哪个单元。如今第五卷的《尾声》已经口述完毕，正在口述李自成进北京的单元了。"②

---

①　姚雪垠：《姚雪垠文集（第18卷）》，人民文学出版社，2010，第133页。
②　姚雪垠：《姚雪垠文集（第19卷）》，人民文学出版社，2010，第113页。

《牛全德与红萝卜》（姚雪垠著作小集之一）由河南人民出版社出版。

《景物与情思》发表于《旅行家》第2期。

4月2日　致信《书迅》编辑，谈到自学与创作经历。

4月5日　为《中国现代作家作品欣赏丛书》作序。姚雪垠指出："我国现代文学开始于'五四'时期的新文化运动，是在提倡科学与民主的历史要求下诞生的，因而它是反帝反封建的革命文化运动的重要组成部分，所以它一开始就同人民的命运联系密切。"[①] 该套丛书包括《朱自清作品欣赏》《茅盾散文欣赏》《臧克家作品欣赏》《郭沫若作品欣赏》《吴组缃作品欣赏》等。

4月19日　《读旧信追怀哲人》发表于《解放日报》。

4月23日　《一代大师，安息吧！——悼茅盾同志》发表于《中国青年报》。在文中，姚雪垠回顾了与茅盾的交往，发出深切的缅怀之情。

5月1日　作诗《忆湖北省图书馆》两首。

5月11日至6月7日　应河南师范大学、郑州大学、河南省文联、河南省文学学会等单位的邀请，回河南省进行讲学活动。《中州学刊》1981年第2期刊有《著名作家姚雪垠回豫讲学》一文，详细记载了姚雪垠回河南讲学的过程。同期文章，

---

① 姚雪垠：《朱自清作品欣赏·〈中国现代作家作品欣赏丛书〉序》，载陈孝全、刘泰隆《朱自清作品欣赏》，广西人民出版社，1981，《中国作家作品欣赏丛书》序第1页。

还刊有刘增杰的《抗战风雨中的〈风雨〉周刊》一文，该文主要论述姚雪垠与《风雨》周刊的创办历程。

5月14日 在母校河南大学大礼堂给师生作报告，主要谈到在河南大学求学读书的经历、学习马克思主义基础理论的重要性、如何创作长篇历史小说《李自成》等内容。该报告后以《我走过的学习道路——1981年5月14日下午在河南师大师生员工见面大会上的讲话》为题，刊载于《河南师范大学学报（社会科学版）》1982年第5期。

5月15日 《老将殊勋青史在——浅谈茅盾同志在中国现代文学史上的贡献》发表于《新港》第5期。文中，姚雪垠对茅盾在文学创作、文学理论、提倡现实主义文学、推动文学教

1981年姚雪垠（前排右四）回母校河南大学作报告

育工作等方面的贡献作了归纳，认为茅盾是我国现代的伟大作家之一。

5月17日　《文汇报》报道姚雪垠被郑州大学聘为名誉教授的消息，且指出这位原籍河南邓县的老作家高兴地说，他愿意为家乡的文教事业稍尽绵薄之力，并表示今后每年都要尽可能地抽出两星期到郑州大学讲学。

5月18日　姚雪垠到郑州市文代会讲学。

5月20日　姚雪垠出席河南省文艺评论会，与会者包括鲁枢元、于黑丁等。

5月24日　徐学龙对鲁枢元谈到姚雪垠之际，指出"此人有几分江湖气"①。

5月27日　"在河南省文联、河南省哲学社会科学学会联合会召开的报告会上，著名作家姚雪垠同志以'故乡汇报工作'为题，畅谈了小说《李自成》的创作过程。"②

5月　应邀前往郑州大学作《〈李自成〉大悲剧》学术报告。该报告，后经刘宣根据录音整理并由姚雪垠修订后发表于《文献》1981年第10辑。

到汴讲学，并写下致《梁园》杂志的一封信，祝愿该刊越办越好。

---

①　鲁枢元：《梦里潮音——我的八十年代文学记忆》，海天出版社，2013，第30页。

②　李允豹整理：《姚雪垠同志谈〈李自成〉的创作过程——在河南省文联、社联召开的报告会上的讲话摘要》，《学术资料摘编》1981年第27期。

作诗《游嵩山》一首。

6月1日　作诗《杜康村》一首。诗云："名刹归来访杜康，微风阵阵散糠香。天生一段甘泉水，巧手于今酿玉浆。"[1] 趁着回河南讲学的机会，前往洛阳参观。"趁着来洛阳的机会，我用一天的时间参观了白云寺和新建立不久的杜康酒厂。"[2]

6月4日　在河南巩县松陵宾馆回顾先后四次去洛阳的经历。

6月20日至7月3日　中国当代文学学会第二届年会在安徽庐山举行。"学会理事长姚雪垠……出席了这次年会。"[3] 在《中国当代文学学会第二次年会闭幕词》（《当代文学》1981年第2期）中，姚雪垠总结了此次年会的主要议题，如王蒙的作品、白桦的电影《苦恋》、港台文学等。会议期间，姚雪垠接受《江西教育》记者王自立的采访，谈到教育、治学、创作等问题。姚雪垠告诉王自立："我是很称赞教师这个工作的。我解放以前在东北大学教过书，1951年在大夏大学教书。解放时我已39岁，离开学校时41岁。我离开学校，不是轻视教师的工作，而是觉得自己搞创作，可能会为党和人民作出更大的贡献。但是，对教书的工作我是很尊敬的，也是很有感情的。"[4]

6月20日　《我对学习与研究中国文学史的一点意见》发

---

① 姚雪垠：《姚雪垠文集（第15卷）》，人民文学出版社，2010，第75页。
② 姚雪垠：《洛阳鸿爪》，《牡丹》1981年第5期。
③ 贺光鑫整理：《中国当代文学学会第二届年会纪要》，《当代文学》1981年第2期。
④ 王自立：《姚雪垠庐山谈教育》，《江西教育》1981年第9期。

表于《郑州大学学报（哲学社会科学版）》第 2 期。

《文汇报》报道姚雪垠呼吁爱护和抢救文物的消息。

6 月　《李自成〔第三卷（上册）〕》由中国青年出版社出版。

《如何在生活中经受考验》发表于《八小时以外》第 3 期。

《略谈中国古典长篇小说》发表于《中国通俗文艺》第 3 期。

游览铁门观千唐志斋博物馆，并写下"琳琅皆国宝，文物意义新，千秋应保护，责任在吾人"① 的题词。

与苏金伞到汝州温泉游览洗浴。

7 月 5 日　《和青年们谈治学》发表于《黑龙江青年》第 7 期。

7 月 8 日　作诗《为南昌八大山人纪念馆留题》一首。

7 月 9 日　魏猛克致信林焕平，谈到参加中国当代文学学会第二届年会之事，并进一步介绍道："这学会会长是姚雪垠，他说做了会长之后才知道是会长的。这当然同姚是'李自成'的作者有关，不过虽是利用他的名声，却也有几分佩服的诚意。"②

7 月 15 日　《党，我的精神母亲》发表于《长江文艺》第 7 期。

7 月　《谈小说创作的中国风格和中国气派》发表于中国

---

① 新安县文化局编《新安县文化志》，新安县文化局，1985，第 12 页。
② 林焕平编《作家学者书信集》，广西师范大学出版社，1989，第 459—460 页。

当代文学学会会刊《当代文学》第 1 期秋季号。

《慧梅之死》［选自《李自成（第三卷［上册］）》］发表于《中国通俗文艺》第 4 期。

作诗《游白鹿洞书院留题》一首。

《长篇小说创作经验谈》由湖南人民出版社出版，书中收入姚雪垠的《〈李自成〉创作余墨》一文。

《李自成［第三卷（中册）］》由中国青年出版社出版。

夏 中国当代文学研究会举行首届当代文学暑期讲习班。

8 月 22 日 《学习追求五十年（五）》发表于《新文学史料》第 3 期，其中谈到王大海在《河南日报》上发文批评自己之事。

8 月 《李自成［第三卷（下册）］》由中国青年出版社出版。

9 月 4 日 鲁枢元在日记中写道："夜，读《新文学史料》，姚雪垠以七千字攻打王大海，此老心胸未免太窄，颇有得志猖狂之嫌。然大海师自也是刻薄招祸。"①

9 月 5 日 《洛阳鸿爪》发表于《牡丹》第 5 期。

《给青年作者的一封信》发表于《南苑》第 5 期。

9 月 7 日 鲁枢元在日记中写道："见内参有姚雪垠批白桦的长篇发言。此老夏天来豫已不得人心。'江湖客'仗一部《李

---

① 鲁枢元：《梦里潮音——我的八十年代文学记忆》，海天出版社，2013，第 33 页。

自成》不断放大炮，然《李自成》终不足以立一伟大作家也。"①

9月21日 《文汇报》报道《长篇历史小说〈李自成〉第三卷出版》的消息。

9月 作诗《大同中学感旧》三首。

10月1日 《社会科学研究参考资料》（内部资料）第28期收入《姚雪垠同志谈〈苦恋〉》一文，对根据白桦的电影剧本《苦恋》拍成的影片《太阳和人》作了批评，认为影片反映着一股错误的社会思潮。

致信妻子王梅彩，告知在武汉的生活状况："因东湖的房子尚未腾出，我暂时仍住在洪山宾馆。虽系特级房子，究竟不够安静。大概十号以前可以搬到东湖。"②

10月10日 《人物与细节》（上）发表于《星火》第10期。

10月 《姚雪垠同志的讲话》（陆文壁整理）发表于《当代文学研究参考资料》第10期。这是姚雪垠在中国当代文学研究会举办的首届暑期讲习班上作的报告，主要讲述了理论研究与教学工作的关系等问题。报告未注明讲习时间。同期文章，还收录了陈荒煤、曹禺等人在首届暑期讲习班上的讲话。在《曹禺同志的讲话》中，曹禺谈到对《李自成》的看法："我曾

---

① 鲁枢元：《梦里潮音——我的八十年代文学记忆》，海天出版社，2013，第33页。

② 姚雪垠：《姚雪垠文集（第19卷）》，人民文学出版社，2010，第610页。

经跟姚雪垠同志说过，你的一部《李自成》现在有很多人在研究，过去有'红学'，将来说不定还有'李学'哩，说不定过了几十年后还要研究。我说，有些问题，你现在最好搞清楚一点，以免像'红学'那样，今后老争论不休。"① 1982 年 2 月，中国当代文学研究会编选《中国当代文学讲座》，在后记中特别注明该书是由中国当代文学研究会 1981 夏在北京举办的第 1 期当代文学讲习班的部分讲稿选编而成。

《我对三峡的向往》发表于《文汇月刊》第 10 期。

秦似主编《文笔精华：名家笔下的人》由广西人民出版社出版。书中收入姚雪垠在长篇历史小说《李自成》中对于农民起义领袖李闯王的一段肖像描写，并评价道："作者通过他的外貌描写突出表现了他的沉着、坚毅和深谋远虑的性格。"②

《当代诗词》（1981 年第一集）由花城出版社出版，书中收入姚雪垠的《〈江城纪事诗〉序诗》一首。

11 月 10 日 《人物与细节》（下）发表于《星火》第 10 期。

11 月 14—18 日 首届《水浒》学术讨论会在武汉举行。姚雪垠出席会议，并作了讲话。

11 月 25 日 去武汉师范学院作了一次题为《漫谈中国小说的艺术传统》的报告。"报告历时三小时，受到了听众的热烈

---

① 陆文璧整理：《曹禺同志的讲话》，《当代文学研究参考资料》1981 年第 10 期。

② 秦似主编《文笔精华：名家笔下的人》，广西人民出版社，1981，第 11 页。

欢迎。参加今天报告会的，除我院部分师生外，还有省文联、《长江文艺》、《长江》丛刊、武师汉口分部等单位的同志。"①

11 月　胡德培的《〈李自成〉人物谈》由宁夏人民出版社出版。书序由姚雪垠于 1981 年 2 月 6 日撰写，后以"《〈李自成〉人物谈》序——关于李自成等人物形象的塑造问题"为题，刊于中国当代文学学会会刊《当代文学》1981 年第 2 期冬季号。

12 月 7 日　被批准加入中国共产党。

李治华致信姚雪垠，告知《长夜》法译本已承弗拉马利永出版社接受出版之事。

12 月 10 日　《光明日报》《解放日报》《文汇报》《南方日报》《羊城晚报》等报刊报道姚雪垠光荣入党的消息。

是年　发表的作品还包括《谈中国现代文学史的另一种编写方法》（《语文教学通讯》第 8 期），《谈古代诗歌的教学》（《中学语文》第 9 期），等等。

本年度重要论文：

徐传武：《〈李自成〉的辩证艺术浅析》，《山东大学文科论文集刊》1981 年第 1 期。

朱则杰：《姚雪垠先生〈论《圆圆曲》〉献疑》，《文史知识》1981 年第 1 期。

汝捷：《家庭题材·节奏感·人情味——试谈〈洪水滔滔〉

---

① 李砚：《姚雪垠同志来我院讲学》，《武汉师范学院学报（哲学社会科学版）》1982 年第 1 期。

的构思》，《长江》1981 年第 2 期。

吴功正：《论〈李自成〉的艺术风格》，《当代文学研究丛刊》1981 年第 2 期。

李紫贵：《关于京剧〈玉笛恨〉的悲剧性》，《长江戏剧》1981 年第 2 期。

冯天瑜：《揭露封建专制主义的艺术画卷——读〈李自成〉札记》，《黄石师院学报（哲学社会科学版）》1981 年第 4 期。

汝捷：《走向壮美——谈小说〈李自成〉具有的艺术美》，《长江日报》1981 年 10 月 20 日。

1982 年　72 岁

4 月 16 日，中华人民共和国民政部正式批准张自忠将军为革命烈士。

4 月，巴金荣获 1982 年"但丁国际奖"。

5 月，路遥的《人生》刊于《收获》第 3 期。

12 月 13—18 日，"河南省当代作家作品讨论会"在郑州召开，与会者对苏金伞、李準、张一弓的作品进行了热烈讨论。

1 月 5 日　致信李治华，谈到《长夜》的法文翻译，以及日文版《李自成》（第一卷）将在东京出版之事。

1 月 13 日至 3 月 14 日　豫剧名家常香玉带领郑州市豫剧团，赴京演出豫剧现代戏《柳河湾》。

1 月 15 日　致信陈谦臣，谈到日文版《李自成》第一卷的翻译与出版之事。

1 月 23 日　拜访叶圣陶。

1 月 31 日　作诗《常香玉同志主演〈柳河湾〉，颇获好评，喜吟绝句三首》。其中一首诗云："一曲柳河湾上演，纷纷赞语满京华。农村已见繁荣象，豫剧迎春又放花。"①

2月12日 在中国戏剧家协会小会议室里，举行"欢迎著名豫剧演唱艺术家常香玉来京演出《柳河湾》座谈会"②。

3月15日 在《文学评论》第2期上，吴秀明发表《评近年来的历史小说创作》一文，谈到姚雪垠的长篇历史小说《李自成》："从已经出版的前三卷看，笔力雄健，结构宏伟，画面壮阔，几乎囊括了三百多年前农民战争和明、清两民族的整个'现实关系'。"

3月 《回顾·思索·期望》发表于《昆仑》第1期。

作诗《赠申凤梅》一首。诗云："当今饰演诸葛亮，观众争夸一凤梅。春暖中原盼好戏，京华新载盛名归。"③"跋"中有言："河南周口地区越调剧团今春来京演出，颇享美誉。申凤梅同志以饰演诸葛亮驰名艺坛，此次来京，更加炉火纯青；闻日内即将返豫，为吟七绝一首，奉赠凤梅同志，以为纪念。"④

春 长篇历史小说《李自成》第一、二卷被评为受中学生欢迎的10本读物之一。在《同中学生谈〈李自成〉》（《语文教学通讯》1982年第4期）一文中，姚雪垠指出："我觉得这是中等学校的广大读者给我的期望和鞭策。老头子写的长篇小

---

① 姚雪垠：《姚雪垠文集（第15卷）》，人民文学出版社，2010，第78页。

② 魏柏年：《演好现代戏是时代的需要——中国剧协欢迎常香玉进京演出〈柳河湾〉座谈会侧记》，《郑州晚报》1982年2月25日。

③ 姚雪垠：《姚雪垠文集（第15卷）》，人民文学出版社，2010，第78页。

④ 姚雪垠：《姚雪垠文集（第15卷）》，人民文学出版社，2010，第79页。

说，又是写三百几十年前的人物和故事，能够使十几岁的中学生喜欢阅读，这当然对我是很大的鼓励。"

4月30日 致信湖北省文学学会，谈到因工作紧张而不能参加5月3日至7日在武昌举行的毛泽东《在延安文艺座谈会上的讲话》40周年学术讨论会，以及湖北省文学学会年会之事。

4月 徐葆煜、洪民华的《〈李自成〉赏析》由上海教育出版社出版。书中对李自成、张献忠、刘宗敏、高夫人、李信、红娘子、郝摇旗、崇祯等人物形象，以及战争场面、语言特色、抒情写景等方面作了介绍。

5月7日 致信刘增杰，谈到中华人民共和国成立前后自己的作品研究等问题。

5月上旬 收到陈谦臣的书信。信中，陈谦臣表达了希望姚雪垠为日文版《李自成》第一卷扉页题几句话或一首诗的意思。

5月20日 《电影剧本园地》第3期刊载李準根据姚雪垠的长篇历史小说《李自成》改编的电影文学剧本《南原大战》。

5月28日 致信江晓天，谈到在中国当代文学学会第二届年会上的讲话在北京引起谣言之事。

6月15—21日 中国当代文学学会第三届年会在湖南衡山举行，中心议题是革命现实主义的有关问题，如革命现实主义的历史发展、当代文学创作的流派与风格等。姚雪垠出席会议，致开幕词，作革命现实主义问题的发言。该发言后以《关于革命现实主义的若干问题》为题，发表于《芙蓉》1982年第6期。

6月21日　致信李传锋，谈到将《李自成》第五卷中《成败存亡关头》一单元交给《今古传奇》连载之事。

6月　散文集《大嫂》（姚雪垠著作小集）由河南人民出版社出版。

吴功正的《精湛的史诗艺术——论〈李自成〉第一、二卷》由人民文学出版社出版。在书中，吴功正对《李自成》的人物形象塑造、情节结构设计、艺术形式美、艺术辩证法、悲剧艺术成就等作了一一论述。

7月5日　《我的治学格言》发表于《黑龙江青年》第7期。

7月21日　致信陈丕显、黎韦①，既谈到创作有关辛亥革命电影剧本的问题，又告知了行程安排："我后天离京，到沈阳作两次关于小说美学的报告，然后去大连住下，整理一部稿子，大约八月底返京。"②

7月27日　在沈阳低压开关厂俱乐部作《长篇小说的文学美学》的报告，谈到现实主义的创作方法等问题。

7月28日　在沈阳作"关于作家必备修养"的演讲。

8月10日　致信陈舜臣、陈谦臣，谈到为日文版《李自成》第一卷扉页题诗之事。

8月13日　致信王维玲、俞汝捷，谈到在大连棒棰岛重读

---

① 黎韦（1915—1996），原名陈平文，福建南靖县人。1937年入延安抗大学习。1978年后，历任湖北省委书记等职。

② 姚雪垠：《姚雪垠文集（第19卷）》，人民文学出版社，2010，第323页。

《春暖花开的时候》第一、二分册，以及打算将该书重新修订出版之事。

8月15日　在大连作"关于我的文学道路"的演讲。

8月27日　在大连市文联作"关于学习文学语言问题"的演讲。

作诗《棒槌岛留别》一首。诗云："日日观沧海，豪情欲放歌。潮来笔亦壮，月照绮思多。"① 诗前小序言："八二年夏居大连棒槌岛宾馆一月，临别题此四句以为纪念。"②

8月　姜东舒的《姜东舒小楷永州八记》由浙江人民出版社出版。该书序言由姚雪垠1982年1月撰写，认为书法是我国民族文化的重要组成部分，并指出虽然书法与文学是不同领域的艺术，但在美学上具有相通之处。

9月16日　致信吴功正，谈到对于《精湛的史诗艺术——论〈李自成〉第一、二卷》的阅读意见。

9月19日　《〈大嫂〉序》发表于《河南日报》。

9月　《浙江日报》编辑部编《学人谈治学》由浙江人民出版社出版，书中收入姚雪垠的《我的粗浅经验》一文。

10月1日　致信邱胜威，谈到对于《论慧梅之死》（《武汉师院汉口分院学报》1982年第2期）一文的阅读意见：除分析思想性外，还要多从作品的艺术特点和艺术成就着力。

10月21日　《人民日报》报道《日文版〈李自成〉第一

---

① 姚雪垠：《姚雪垠文集（第15卷）》，人民文学出版社，2010，第79页。
② 姚雪垠：《姚雪垠文集（第15卷）》，人民文学出版社，2010，第79页。

部在日本发行》的消息。

10 月 为南京师范学院中文系主办的内部刊物《文教资料简报》创刊十周年题词："十年为文教战线的教学与研究者提供参考资料，成绩斐然。祝愿在新的形势下继续努力，作出更多更大的贡献。"

日本作家陈舜臣与陈谦臣翻译、讲谈社出版的日文版《李自成》第一卷（《叛旗》）在日本问世。

《浙江青年》第 10 期刊载姚雪垠在大连棒棰岛为《浙江青年》创刊一周年题写的贺词："你们的刊物办得好，在青年中有影响，祝你们百尺竿头更进一步。我们老一代人，将正大的希望寄托在青年身上，我们建设社会主义的宏伟心愿最终也要交青年继承并实现。"参与题词的人，还包括胡愈之、刘开渠、常书鸿、楼适夷、钱君匋、杜宣、姜东舒。

11 月 1 日 致信凌力，谈到对历史小说《康熙皇帝》的期待："我开始看你的小说就指出你的笔墨有艺术感，所以一直对你怀抱着较高的期望，并且期望你的第二部小说《康熙皇帝》能达到更高的成就。对于有真正远大前途的作家（来）说，除生活经验丰富和文学锻炼的深厚功夫外，我认为必须是身兼思想家、艺术家、学问家。今年七月下旬，我在沈阳专门谈过关于作家的修养问题，谈了上述三个方面的相互关系。我想，你要将《康熙皇帝》写成功（不是一般的所谓成功），恐怕也要身兼思想家、艺术家、学问家。"①

11 月 4 日　致信邱胜威，谈到修缮《论慧梅之死》之事。

11 月 6 日　《电影创作》第 11 期刊载李準根据姚雪垠的长篇历史小说《李自成》改编的历史故事片、文学剧本《双雄会》。

11 月 15 日　致信田敬宝，谈到因赶写《李自成》第三卷等事而无法为《社会科学战线》撰写稿件，并且表示可以将一份录音稿交给其发表。

11 月　林焕平的《茅盾在香港和桂林的文学成就》由浙江人民出版社出版。书中谈到茅盾帮助姚雪垠之事，并指出"没有茅盾，恐怕就不会有姚雪垠"②。

12 月 7 日　《人民日报》报道《六部优秀长篇小说荣获首届茅盾文学奖》的消息。

按：茅盾逝世前的 1981 年 3 月 14 日，给儿子韦韬口述了一份遗嘱，嘱咐将自己的稿费 25 万元捐献给中国作家协会，作为设立一个长篇小说文艺奖金的基金，以奖励每年最优秀的长篇小说。4 月 20 日，中国作协主席团举行扩大会议，决定成立茅盾文学奖金委员会。

12 月 15 日　在首届茅盾文学奖颁奖仪式上，因《李自成》第二卷荣获"茅奖"的姚雪垠，登上人民大会堂主席台领取紫

---

① 姚雪垠：《姚雪垠文集（第 19 卷）》，人民文学出版社，2010，第 515 页。

② 林焕平：《茅盾在香港和桂林的文学成就》，浙江人民出版社，1982，第 5 页。

铜奖章和 3000 元奖金。颁奖会后，姚雪垠将奖金捐赠给中国少年儿童基金会。中国少年儿童基金会在颁发给姚雪垠的纪念证上写道："你给小苗浇上泉水，为了鲜花早日盛开。待到满园飘起芳香，花儿会记住你的关怀。"① 首届茅盾文学奖的其他作家作品，还包括古华《芙蓉镇》、李国文《冬天里的春天》、莫应丰《将军吟》、魏巍《东方》、周克芹《许茂和他的女儿们》。在《我获得首届茅盾文学奖的感想》［《辽宁大学学报（哲学社会科学版）》1983 年第 4 期］一文中，姚雪垠指出："当我听说首届茅盾文学奖有《李自成》第二卷的时候，我就有一个很简单而又很坚定的感想，第一，要感激党和广大读者对得奖者的鼓励；第二，就我们作家自己来说，不要满足于得奖。更重要的是，我们要创作出思想上、艺术上真正成功的作品，这才算是不辜负党和群众的期望和要求。"② 同期文章，还包括一组与首届茅盾文学奖有关的作家创作谈与评论文章，如李国文的《尝试以后》、古华的《已经成为过去》、张炯的《论〈许茂和他的女儿们〉》、春容的《〈冬天里的春天〉的情节结构艺术》、刘卓的《〈将军吟〉的悲剧特色》、殷晋培的《慷慨壮丽的颂歌——〈东方〉漫评》等。

12 月 16 日 　《人民日报》刊载《首届"茅盾文学奖"获

---

① 姚海天、蒋晔编著：《一代文学大家姚雪垠》，沈阳出版社，2018，第111 页。
② 姚雪垠：《我获得首届茅盾文学奖的感想》，《辽宁大学学报（哲学社会科学版）》1983 年第 4 期。

首届茅盾文学奖获奖作者合影留念。左起：古华、李国文、莫应丰、姚雪垠、魏巍、周克芹

奖的六部长篇小说及作者简介》。

12月29日　在《光明日报》上，吴秀明发表《新时期历史小说巡礼》一文，主要梳理新时期历史小说的创作状况，谈到《李自成》之际指出：“姚雪垠的《李自成》，笔力雄健壮阔，色彩奇伟瑰丽，结构和描写上纵横捭阖，疏密相间，浓淡有致。”

12月　北京图书馆书目编辑组编《中国现代作家著译书目》由书目文献出版社出版，书中收入姚雪垠创作的文艺理论、戏剧、小说、报道的目录。

是年　《作家要重视学习理论——纪念〈在延安文艺座谈会上的讲话〉发表四十周年》发表于《学理论》第5期，该文主要是为了纪念毛泽东《在延安文艺座谈会上的讲话》发表四十周年。在文中，姚雪垠追溯中国现代文学走过的历史进程之际，指出从性质上看今天的文学道路既是五四传统的继续，也是《在延安文艺座谈会上的讲话》革命道路的继续，并强调学习马克思主义的文学理论和美学理论的重要性。

本年度重要论文：

王孟白：《吴梅村及其诗歌评价问题——兼与姚雪垠、黄裳同志商榷》，《北方论丛》1982 年第 1 期。

宋谋瑒：《关于〈圆圆曲〉的创作动机与客观效果》，《晋阳学刊》1982 年第 1 期。

冯天瑜：《民族战争的悲壮剧——〈李自成〉第三卷几个单元读后札记》，《长江文艺》1982 年第 2 期。

邱胜威：《论慧梅之死》，《武汉师院汉口分院学报》1982 年第 2 期。

吴功正：《论〈李自成〉第三卷的新成就》，《江海学刊》1982 年第 4 期。

1983 年　73 岁

1 月 16 日　杨沫的随笔《我读〈汽笛〉》刊于《人民铁道》报《汽笛》副刊第 178 期，并配有杨沫、丁玲、姚雪垠的合影照片。

杨沫（左）、姚雪垠（中）和丁玲（右）

1 月 24 日　致信冯天瑜，谈到向南京师范学院中文系编辑的姚雪垠研究专集推荐研究《李自成》的两篇文章，一是《革

命的政治内容与完美的艺术形式的统一——评长篇历史小说
〈李自成〉第一、二卷》[《武汉师范学院学报（哲学社会科学
版）》1979 年第 1 期]，二是《民族战争的悲壮剧——〈李自
成〉第三卷几个单元读后札记》（《长江文艺》1982 年第 2 期）。

1月　《人民铁道》报《汽笛》副刊刊登关于"汽笛奖"
评选活动的征稿启事，征稿时间自 1 月 1 日至 7 月 1 日。"本期
还刊登了本报记者采访首届茅盾文学奖获得者李国文、周克芹、
姚雪垠、魏巍、莫应丰、古华《获奖六作家谈铁路》的头条。"
"老作家姚雪垠说：'听说有些铁路职工熟悉我的作品，我想在
1985 年把《李自成》的第四卷和第五卷写完。'"①

《无止境斋书简抄》发表于《芙蓉》第 1 期，收录写给臧克
家等人的书信。

2月7日　云海采辑《获奖作家的话》刊于《文艺报》第 2
期。《获奖作家的话》是《文艺报》记者记录的荣获首届茅盾
文学奖的六位作家（周克芹、魏巍、姚雪垠、莫应丰、李国文、
古华）的获奖感想。其中，周克芹谈到编辑对于文学创作的重
要意义；魏巍谈到塑造无产阶级英雄人物形象之际，要克服公
式化概念化的弊病；姚雪垠谈到《李自成》第四、五卷的口述
录音与文字整理工作，并指出作家的创作与认识是在对作品的
不断修改中完成的；莫应丰谈到如何建设一个具有中国气派的
新文学大厦的问题；李国文谈到如何创作当代生活的问题，并

---

① 王京生：《我们的文学道路：〈人民铁道〉报"汽笛"文学编年史》，中
国铁道出版社，2016，第 29—30 页。

指出了现实主义、民族化语言等创作原则；古华谈到如何反映当代严峻生活，以及如何丰富文学语言色彩的问题。

致信俞汝捷，谈到《李自成》第五卷的单元写作计划。

2月17日 《〈一百零三天〉重印序》发表于《文学报》。

2月 林从龙选编《古典文学名篇赏析》（第2辑）由中州书画社出版，书中收入姚雪垠的《谈古代诗歌欣赏》一文。

《中国报告文学丛书·第2辑·第8分册》由长江文艺出版社出版，书中收入姚雪垠的《战地书简》一文。

3月17日 曹复的《长日挥毫起迅雷——访姚雪垠》刊于《文学报》。

3月20日 《〈纸壁斋集〉序》发表于香港《文汇报》。

3月27日至4月3日 中国作家协会在北京召开全国首届茅盾研究学术讨论会，姚雪垠等人出席了会议。

4月3日 致信陈怀皑，谈到李準根据《李自成》原著改编的电影剧本《双雄会》的问题，并指出："他这个剧本并未写好，根本原因就在于他不了解我的创作思想，没有认真研究原作，吃透原作，忠于原作。必须首先吃透原作，然后进行改编时才能在原作的基础上发挥才能，进行再创造。"①

4月17日 《〈无止境斋书信抄〉初集序》发表于香港《文汇报》。在序言中，姚雪垠提到与荒芜通信之事："前年，老友荒芜同志出版了他的诗集《纸壁斋集》，受到喜爱旧体诗的读

---

① 姚雪垠：《姚雪垠文集（第19卷）》，人民文学出版社，2010，第345页。

者的重视，现在马上要重印。几天前荒芜催我为《纸壁斋集》重印本写了一篇序，引起我一段回忆，所以在这本书信集中选了同他赠答诗的一封通信。"①

4月29日　《茅盾全集》编辑委员会在北京宣告成立，姚雪垠是委员之一。

5月8日　《与荒芜谈旧体诗》发表于《光明日报》。

5月11日　《谈〈李自成〉第五卷》发表于《文汇报》。

5月12—20日　吉林省文化厅（今吉林省文化和旅游厅）在长春市举办第一届吉剧会演大会，赵赴根据长篇历史小说《李自成》创作的剧本《慧梅出嫁》参加会演，并获得了剧本创作、导演、编曲等多项一等奖和其他专项奖；演员张凤琴、王桂荣、马广友获表演一等奖。

5月21日　应邀前往武汉师范学院（今湖北大学）作关于在历史小说创作中如何追求社会主义现实主义美学原则的学术报告。

5月24日　《中国农民报》报道《鼓励中小学生写作　姚雪垠为故乡捐款》的消息。该消息称，姚雪垠从今年起每年从自己的稿费中抽出500元捐赠给河南省邓县教育局，建议作为中小学生优秀作文奖。为此，邓县专门成立了评奖委员会，规定每年10月份在全县中小学生当中举行作文竞赛。获奖作文寄给姚雪垠审阅后，于次年元月召开发奖大会，并将获奖作品汇

① 姚北桦、贺国璋、余润生编《姚雪垠研究专集》，黄河文艺出版社，1985，第282页。

集成书，印发全县。

5月　长江流域规划办公室编《三峡大观》由水利出版社出版，该书序言由姚雪垠1981年7月26日撰写。

前往湖北省通山县九宫山实地考察李自成牺牲遗址，且在通山县作了有关李自成的学术报告。

唐金海、孔海珠、周春东、李玉珍编《中国当代文学研究资料·茅盾专集》（第一卷）（上下册）由福建人民出版社出版，书中收录姚雪垠的《老将殊勋青史在——浅谈茅盾同志在中国现代文学史上的贡献》一文。

6月4—22日　全国政协第六届委员会第一次会议在北京举行。姚雪垠是与会人员之一。

6月13日　与日本作家松本清张在北京饭店畅谈有关历史小说的创作问题，认为"历史小说不仅应该以史实为依据，而且要再现历史生活的面貌，塑造历史的典型人物，揭露历史现象的本质和运动的规律，只有如此才能够深刻地反映历史，写出历史的经验教训，教育和启发今人"①。

6月22日　致信刘增杰，既谈到撰写《姚雪垠评传》的问题，又拜托查阅《风雨》周刊的创刊日期，以及刊载的一篇全是摘录八路军将领抗日言论的文章。

7月26日　《陶行知的儿童诗》发表于《人民日报》。

8月23日　致信刘增杰，谈到撰写《姚雪垠评传》之际，

---

① 梅瑞华整理：《姚雪垠　松本清张漫谈历史小说创作》，《当代文艺思潮》1984年第3期。

需要深入研究《风雨》周刊的内部斗争、在河南大学预科被捕的情况、在安徽立煌主编《中原文化》的往事、在重庆时遭到"胡风派"谩骂等问题。

9月22日　致信吴永平，谈到撰写《姚雪垠抗战时期的文艺思想和创作研究》之际，需要注意的文献搜集与整理等问题。此外，在信中对于戴少瑶的《姚雪垠抗战时期的小说创作》（《重庆师范学院学报》1983年第2期）一文作了评价，认为"有一定特点，但还不够全面"①。

10月6日　致信李悔吾，围绕《"深入历史"和"跳出历史"——谈李自成形象的历史真实和艺术真实》（《武汉师范学院学报》1978年第2—3期合刊）一文，谈到有关历史小说创作的理论问题。

10月10日　《九宫山麓吊李自成墓》开始连载于《文汇月刊》第10期。未完。

10月14日　作诗《题钧瓷挂盘：山水小品》一首。

10月28日　致信陈喜儒，谈到与松本清张的录音记录稿《历史小说创作漫谈》刊发之事。该文后以《姚雪垠松本清张漫谈历史小说创作》为题，刊于《当代文艺思潮》1984年第3期。

10月　《关于当代长篇小说的一些认识》发表于《长篇小说》（《十月》专刊）第1期。

---

①　姚雪垠：《姚雪垠文集（第19卷）》，人民文学出版社，2010，第268页。

姚雪垠在邓县（今邓州市）第一高级中学设立的"春风学生作文奖"首次竞赛举行，"崔文平、赵学勉同学获二等奖，陈诚同学获三等奖"①。

11月4日　出席中国作家协会党组召开的学习贯彻党的十二届二中全会精神座谈会，并作了发言。

11月10日　《九宫山麓吊李自成墓》在《文汇月刊》第11期上连载完结。在文中，姚雪垠认为李自成死于湖北通山境内的九宫山北麓牛迹岭下是历史事实，李自成在湖南石门夹山寺出家为僧只是一种传说。

11月13日　致信吴功正，围绕中国小说美学谈到长篇小说的美学、民族化等问题。

11月21日　《〈姜东舒学生魏碑字帖〉序》发表于《中学生语文报》。《姜东舒学生魏碑字帖》由浙江教育出版社1984年6月出版，姚雪垠在"序"中指出："我在文学上是一个老学徒，偶尔谈论书法，往往是根据我从学习文学创作的经验中悟出来若干道理，使用到书法方面，不怕真正的书法专家们对我讥笑。今天我提笔为东舒同志的《姜东舒学生魏碑字帖》写序，只算是我同初学书法的青少年朋友谈心。"②

11月　《1982年农村题材优秀短篇小说选》由农村读物出版社出版。书序由姚雪垠1983年1月17日撰写，谈到十一届三

---

①　王立玉主编《校志》，作家出版社，2005，第25页。

②　姚雪垠：《学生魏碑字帖·序》，载姜东舒《学生魏碑字帖》，浙江教育出版社，1984，《序》第1页。

中全会对农村农民的重要影响，并指出："如何在文学艺术上反映这一历史转折时期的农村生活和新的英雄人物，以及各种人物的精神面貌，这是作家的责任；而及时将反映农村现实生活的作品送到农村读者面前，推动历史的发展，则是编辑和出版者的责任。"①

《如何写好旅游文章》发表于《旅行家》第6期。

12月3日 致信吴永平，谈到"塞牧雪垠"的真假等问题。

12月4日 李治华致信姚雪垠，告知《长夜》法译本将于1984年2月出版。

12月18日 致信刘增杰，谈到在研究姚雪垠前期文学创作之际，应关注前期文学创作之于《李自成》的影响。

参加在北京香山举行的中国曹雪芹研究会成立会议。

12月26日 致信李治华，谈到《李自成》的创作进度。

12月28日 《毛泽东同志给我的巨大支持》发表于《人民政协报》。

12月 《长江日报》编辑部编《作家与武汉》由长江文艺出版社出版，书中收入姚雪垠的《我的心仍在武汉》一文。

是年 《〈李自成〉画外音——旅游帮助了我的创作》刊于《旅游》第2期，主要谈到读书与旅行的相互促进关系，并以长篇历史小说《李自成》为例进行了阐释。

---

① 本社编辑部：《1982年农村题材优秀短篇小说选》，农村读物出版社，1983，第2页。

本年度重要论文:

周勃:《第一朵凋谢的花——论慧梅之死兼及李自成义军的悲剧发展》,《当代文学》1983 年第 1 期。

邱胜威:《一个"贰臣"的艺术典型——读〈李自成〉第三卷漫评洪承畴》,《江汉大学学报(社会科学版)》1983 年第 2 期。

王之平:《试论姚雪垠的前期创作》,《淮北煤师院学报(社会科学版)》1983 年第 2 期。

高擎洲:《长夜难明赤县天——论姚雪垠同志的中篇小说〈长夜〉》,《辽宁大学学报(哲学社会科学版)》1983 年第 5 期。

颜慧云:《谈〈李自成〉中杨嗣昌形象的塑造》,《文学论丛》1983 年第 1 辑。

1984 年　74 岁

1 月 3 日，胡乔木在中央党校作题为《关于人道主义与异化问题》的讲话。

4 月 18 日，1983 年"我爱祖国山河美"游记文学颁奖大会在北京举行。

12 月，刘斯奋的《白门柳》第一部《夕阳芳草》由中国文联出版公司出版。

1 月 5 日　致信吴永平，谈到除重视资料搜集与整理之外，也要把握住研究重心："要研究我的前期作品和文学道路，不能不将重点放在一些关于作品本身成败和一些文艺理论问题上，以及现代文学史的背景方面细心考察。"①

1 月 25 日　艾恺致信姚雪垠，征求将《李自成》译成英文的建议。

---

① 姚雪垠：《姚雪垠文集（第 19 卷）》，人民文学出版社，2010，第 277 页。

2月23日　致信艾恺，既谈到长篇历史小说《李自成》译成英文之事，又告知关于《李自成》的创作初衷是通过小说艺术展现中国17世纪中叶的社会生活画面。

2月　李治华、雅克琳·阿雷依思合译的法文版《长夜》，由法国弗拉马利翁出版社出版。

3月9日　致信周勃，既谈到完成《李自成》之后的创作计划，又言及《长夜》《李自成》的域外传播之旅。

3月11日　致信陈谦臣，祝贺《李自成》第一卷日译本获奖之事。译者陈谦臣、陈舜臣获翻译奖，讲谈社获文化奖。

3月18日　致信严家炎，称赞所写《气壮山河的历史大悲剧——〈李自成〉一、二、三卷艺术管窥之一》[《辽宁大学学报（哲学社会科学版）》1984年第2期]一文，是近几年研究《李自成》的论文中水平较高的一篇。

3月29日　《北京晚报》刊载采访文章《姚雪垠挥毫写结局篇　闯王之死悲且壮》。

3月　金燕玉编《陶行知儿童诗选》由安徽人民出版社出版。该书的序言由姚雪垠1983年7月4日撰写，认为出版《陶行知儿童诗选》能够起到思想教育等意义。

4月1日　与妻子王梅彩、书法家姜东舒等人参观鲁迅纪念馆。既作了"伟大的战士，不朽的宗师"的题词，又指出搜集与保存鲁迅遗物的价值，且谈到素材之于民俗学研究与历史小说创作的重要影响。

4月3日　作诗《赠刘宇一同志》一首。诗云："画像如君臻妙手，前来画我入精神。童颜白发含微笑，豪迈心情笔下春。"① 该诗"跋"中有言："一九八四年春，油画家刘宇一同志为我画像，画出精神境界，十分难得。"②

4月9日 《我与早晨》发表于《北京晚报》。

4月13日 《略谈河南菜》发表于《中国烹饪》（豫菜专辑）第4期。

4月21日 为品尝河南林河酒厂佳酿"清官玉容保春酒"作诗一首。诗云："京华常念家乡水，闻道新来酒似泉。保春仙方藏紫禁，延年玉液到民间。文思不怕高龄减，佳酿能添豪兴燃。古宋林河通古井，花开两地各争妍。"③

4月下旬 出席丁玲主持的1983年度全国优秀短篇小说奖座谈会。

4月25日 致信刘增杰，谈到深入研究《李自成》、遴选助手等事。

4月28日 作诗《书赠姜东舒同志》一首。诗云："著书倦后思名酒，小饮芳醪诗兴回。梦想长篇完稿日，知交欢会醉茅台。"④ 在诗前小序中，姚雪垠指出："著名书法家姜东舒同志偕夫人黄宁凤女士莅舍，因邀青年楚史研究者程涛平同志、拙著研究者周勃副教授与研究生吴永平同志，以及我的得力助

---

① 姚雪垠：《姚雪垠文集（第15卷）》，人民文学出版社，2010，第80页。
② 姚雪垠：《姚雪垠文集（第15卷）》，人民文学出版社，2010，第81页。
③ 姚雪垠：《姚雪垠文集（第15卷）》，人民文学出版社，2010，第81页。
④ 姚雪垠：《姚雪垠文集（第15卷）》，人民文学出版社，2010，第82页。

手俞汝捷同志夫妇，今晚齐集寒斋小酌，诚乐事也。特吟诗四句，以资纪念，并书成条幅，奉赠东舒同志补壁，即祈哂正。"①

5月6日　致信朱光潜，祝愿早日康复，且"拟于十号以后，于政协开会期间请假去北大燕园看望先生"②。

5月12日　巴黎《读书》杂志刊载评论文章，称《长夜》是一部写实而惊险的小说。巴黎《革命》半月刊、法国《世界报》、巴黎《文学半月刊》等大型报刊发表评论文章，称"《长夜》是一部历史性、真实性很强的书，真正反映了中国二三十年代的社会生活的风貌"③。

5月22日　致信许岱，谈到对于历史小说《宫闱惊变》（吴因易）的阅读建议。后来，《宫闱惊变》由中国青年出版社于1985年1月出版。

5月　《李準电影剧本近作选》由中国电影出版社出版，书中收入根据《李自成》改编的《南原大战》《双雄会》。

6月16日　致信严家炎，称赞《求实集》是一本水平很高的学术著作。

6月22日　接受中国文学艺术研究院资料馆曾芸、吴芬庭采访，谈到如何走上文学创作道路、对过去作品的评价、《李自成》第四卷创作计划等事。

---

① 姚雪垠：《姚雪垠文集（第15卷）》，人民文学出版社，2010，第81页。
② 姚雪垠：《姚雪垠文集（第19卷）》，人民文学出版社，2010，第192页。
③ 姚北桦、贺国璋、余润生编《姚雪垠研究专集》，黄河文艺出版社，1985，第43页。

6月　《关于散文的语言美》发表于《文汇月报》第6期。该文是为《千佛洞夜话》（王维洲）所写序言，该书后由百花文艺出版社于1984年10月出版。

中国广播剧研究会、中央人民广播电台文艺部合编《广播剧选集（2）》由广播出版社出版，书中收录刘保毅根据姚雪垠的长篇历史小说《李自成》部分章节改编的广播剧《李自成闯石门寨》。"这个剧目还作为文化交流项目介绍到国外。西德广播电台翻译了剧本，使用了我们的音乐，录制成立体声的广播剧。这是我国广播剧第一次在国外广播。"[①]

《茅盾研究》编辑部编《茅盾研究（第1辑）》由文化艺术出版社出版，书中收入姚雪垠、臧克家、戈宝权等人在全国茅盾研究学术讨论会开幕式上的发言。其中，姚雪垠的发言题目是《文艺评论要加强艺术分析》。

7月3日　李治华致信姚雪垠，并寄来法国报刊上对《长夜》的评论。

7月4日　首次全国青年读书夏令营在哈尔滨市太阳岛开幕。"中共中央委员、中央党史研究室主任胡绳，著名老作家姚雪垠也参加了夏令营活动，在营地为营员们专门作了读书报告，并在夏令营生活中，随时辅导营员们读书。黑龙江、哈尔滨市的作家、学者和五六十年代的学习积极分子也来与营员们见面，

---

① 朱宝贺、宋家玲编《广播剧选》，中国戏剧出版社，1981，第431页。

一起畅谈读书的收获和体会。"①

7月6日　在哈尔滨市团委举办的读书与写作报告会上，作题为《我的无止境斋》的演讲，阐释了无止境书斋的三重含义，即生活无止境、学习无止境、艺术追求无止境。

7月11日　致信李治华，谈到哈尔滨讲学、去西安主持中国当代文学学会第四届年会、接受出席世界名作家会议的邀请等事。

7月16—25日　主持在西安举行的中国当代文学学会第四届年会，并在开幕式与闭幕式上讲话。此次会议决定将中国当代文学学会总会所在地从广州迁到武汉，并创办内部刊物《当代文学通讯》进行沟通与交流。

7月16日、21日　与陕西省社会科学院文学研究所的部分人员，围绕《李自成》中"幽默"色调的书写问题进行座谈。姚雪垠指出："我的作品，包括已出版的和尚未与读者见面的，都有幽默，但象（像）《李自成》这样的作品并不是'幽默文学'，我个人认为可以称作'具有幽默色彩的作品'。"②

7月22日　到茂陵参观，并题词："瞻彼茂陵，郁郁葱葱，骠姚侍侧，君臣雄风，千古不忘，民族精英。"③

7月23日　参观西安易俗社，谈到体制改革、剧本创作等

---

① 共青团中央研究室编《中国青年工作年鉴（1985）》，中国青年出版社，1986，第238页。

② 陈孝英、董子竹、冯玉珠：《姚雪垠笑谈〈李自成〉的幽默》，《当代文坛》1984年第11期。

③ 王志杰编著：《汉茂陵志》，三秦出版社，2014，第157页。

问题，且"接见了部分青年演员并同他们合影留念。最后，姚雪垠同志为易俗社挥笔题词：'秦腔艺术重镇，中国剧改先驱。'"①

7月 《谈谈游记写作——在"我爱祖国山河美"游记文学座谈会上的讲话》发表于《旅行家》第4期。

8月10日 河南省临汝县临汝镇乡农民笔会中心召开成立大会，姚雪垠被聘为名誉主席，成立大会上决定创办全国第一家乡级报纸《乡音》。

8月20日 致信吴永平，谈到新见的《论深刻》等研究资料之事。

8月 为《乡音》题词：生活，学习，练好笔墨，为社会主义服务。

为蒲松龄故居题联一副。《题蒲松龄故居》："生逢乱世心怀孤愤善恶难言 神仙妖总不忘灯下著稗史 隐居穷乡目注尘寰 是非混淆 人狐鬼最可敬笔端绽鲜花。"②

夏传才主编《中国现代文学名篇选读》由南开大学出版社出版，书中收录姚雪垠的短篇小说《差半车麦秸》，并对之作了鉴赏。

9月17日 致信程千帆，谈到关于《闲堂文薮》的阅读意见。

① 芦新隆：《"秦腔艺术重镇 中国剧改先驱"——著名作家姚雪垠访易俗社并题词》，《陕西戏剧》1984年第9期。
② 袁世硕主编《蒲松龄志》，山东人民出版社，2009，第361页。

按：程千帆的《闲堂文薮》由齐鲁书社于 1984 年 1 月出版。

9 月 30 日　致信周韶华等人，谈到去法国参加玫瑰节世界名作家会议之事。

9 月　北京市历史学会编《吴晗纪念文集》由北京出版社出版，书中收入姚雪垠的《我深切悼念吴晗》一文。在文末附有编者的按语："这是姚雪垠同志写的长篇回忆录《学习追求五十年》（载《新文学史料》1983 年第 1 期）中的一节。我们向他征文，他表示愿以此作为对吴晗同志的纪念。"①

为《大众电视》改版题贺词："为满足广大电视观众的要求，为提高电视片的制作水平，为发展我国新兴的电视事业，祝愿你们努力办好这个刊物。"

《乡音》创刊号出版，报头"乡音"二字由姚雪垠题写。

10 月 3 日　致信李治华，谈到去法国参加玫瑰节世界名作家会议的行程安排、携带的礼物等事。

10 月 20 日　致信吴永平，既谈到去法国参加玫瑰节世界名作家会议之事，又称赞吴永平的《论姚雪垠抗战前夜的思想和小说创作》（《中州学刊》1984 年第 4 期）"写得不错"，且"希望对《长夜》研究一下，它在法国受到好评和重视应有道理。（进入法国即进入欧洲，进入世界的大门）为研究好这本著作，明春你不妨去沁阳一趟，亲访小说中写到的村庄，了解社会背

---

① 北京市历史学会编《吴晗纪念文集》，北京出版社，1984，第 93 页。

景。二十年代的老人大概不会死净。如研究评论文章写得好，可以转译到法国去"①。

10月27日至11月9日 应邀前往法国参加马赛玫瑰节世界名作家会议和名作家签名售书活动。

10月 中国作家协会儿童文学委员会在南昌、井冈山召开华东地区儿童历史小说创作座谈会。"老作家姚雪垠为座谈会写了书面发言稿。会议除华东地区二十几名作家出席外，还特邀了《小兵张嘎》的作者徐光耀、《我和小荣》的作者刘真及有关出版社的同志等。"②

11月3—4日 在作家签名售书活动中，《长夜》成为最受欢迎的书，销售量超过法国本土的著名作家。因书脱销，出版社采取先收款后发书的办法，且由姚雪垠在白纸上签名，交给购书读者。

11月5日 法国国务部部长、马赛市市长德菲尔代表市政府授予姚雪垠马赛市纪念勋章。

作诗《赠布松夫人》一首。诗云："昔闻马赛曲，今来马赛城。多谢贤夫人，殷勤陪游踪。"③

11月12日 法国总统密特朗的夫人达尼埃尔·密特朗在法国驻华大使官邸举行答谢宴会，钱锺书、周南、吴作人、艾青、

---

① 姚雪垠：《姚雪垠文集（第19卷）》，人民文学出版社，2010，第279页。
② 贺宜主编《儿童文学研究》（第20辑），少年儿童出版社，1985，第20页。
③ 姚雪垠：《姚雪垠文集（第15卷）》，人民文学出版社，2010，第82页。

姚雪垠等人受邀出席宴会。

11 月 14 日 到北影观看影片《双雄记》，认为这部影片不仅庄重严整有气势，而且富有艺术性。

11 月 28 日 《中国》文学双月刊创刊招待会在北京新桥饭店举行。该刊的顾问是叶圣陶，主编是丁玲、舒群，副主编是魏巍、雷加、牛汉、刘绍棠，编委包括姚雪垠、杜鹏程、秦兆阳、贾平凹、邓友梅等人。

北京电影制片厂摄制、陈怀皑导演的彩色宽银幕电影《双雄会》，在郑州举行首映式。饰演李自成的许还山、饰演张献忠的杨在葆等主创人员，应邀与观众见面。

12 月 19 日 致信陈扶生等人，既谈到访法见闻，又谈到因上海解放时的一段历史而被人在《新文学史料》上发文诽谤之事。"关于这个问题，我不打算写文章反驳，没有工夫作无聊纠缠，因此请宣传部将我的这一段历史结论打印一份并盖宣传部公章给我。"①

12 月 高天星主编《新编大学语文》由河南教育出版社出版，书中收入姚雪垠的《惠泉吃茶记》一文。

是年 在《文艺理论研究》第 1—2 期上，姚雪垠分上、下两篇连载《谈〈李自成〉的若干创作思想》一文，主要谈到《李自成》的结构设计、人物塑造、思想艺术等问题。该篇文章是《李自成（第二卷）》、《李自成（第一卷）》修订本出版之

---

① 姚雪垠：《姚雪垠文集（第 19 卷）》，人民文学出版社，2010，第 339 页。

后，由姚雪垠与来北京采访的武汉师范学院中文系的王毅、李梅吾、熊德彪，以及《长江文艺》编辑部理论组的刘森辉的四篇谈话组成。文章标明的第一次谈话时间是 1977 年 6 月 17 日晚，第二次谈话时间是 1977 年 6 月 19 日，第三次谈话时间是 1977 年 6 月 20 日下午，第四次谈话时间是 1977 年 7 月 7 日。

本年度重要论文：

刘增杰：《有特色的乡土文学作品——〈长夜〉简评》，《文学论丛》1984 年第 2 辑。

范峥嵘：《去探索心灵的奥秘——〈慧梅出嫁〉观剧随想》，《戏剧创作》1984 年第 3 期。

赵兵战：《从慧梅的结局看长篇小说〈李自成〉的悲剧性》，《陕西师范大学学报（哲学社会科学版）》1984 年第 4 期。

高空蔚：《姚雪垠曾发表电影文学剧本》，《江海学刊》1984 年第 6 期。

1985 年　75 岁

2 月 26 日，中共中央办公厅转发中央组织部《关于大量吸收优秀知识分子入党的报告》。

8 月 14 日，首届黄河笔会在山西太原开幕。

11 月，二月河的《康熙大帝·夺宫》由黄河文艺出版社出版。

12 月 14 日，《文艺报》报道《第二届茅盾文学奖揭晓》的消息，李準的《黄河东流去》、张洁的《沉重的翅膀》、刘心武的《钟鼓楼》获第二届茅盾文学奖。

1 月 2 日　致信陈扶生，再次要求获得自己在上海解放时期的审查结论文件："我有保护个人名誉不受侵犯的公民权利。为此，我第二次写信，恳切要求宣传部将我这一段历史的审查结论抄给我，以便我要求《新文学史料》编辑部在刊上更正并道歉。"①

1月3—10日　前往新加坡参加颁奖大会。"我应邀定于元月三日从北京飞往新加坡，出席该国第二届华文金狮奖文学奖发奖大会，并作一两次演讲，给我出的讲题是：《历史与历史小说》。同去者有秦牧和萧乾夫妇。小说奖由我参与评判，散文归秦牧，报告文学归萧乾。小说都是短篇，初选共十余篇，分一、二、三等奖。"②　在此次活动中，姚雪垠与三毛相识，并结下友情。"在三毛飞回台北的第二天，即1985年1月10日，姚雪垠由新加坡飞到香港，应三联书店香港分店之邀，在香港停留一周，进行参观访问。"③　"特别是在香港停留期间，和香港著名作家刘以鬯久别重聚。"④

1月24日　给奔赴南极的科学考察队员们题字："祖国十亿同胞的眼睛在望着你们。"⑤

致信陈扶生，再次要求寄来审查结论。

1月25日　致信任光椿，谈到关于历史小说创作的认识等问题。

2月4日　作诗《自星岛返北京后怀台湾作家三毛女士》一首。诗云："星岛初亲才女面，台湾喜见出琼英。一支彩笔横

①　姚雪垠：《姚雪垠文集（第19卷）》，人民文学出版社，2010，第340页。
②　姚雪垠：《姚雪垠文集（第19卷）》，人民文学出版社，2010，第339页。
③　陈浩增主编《雪垠世界》，中国青年出版社，2001，第346页。
④　姚海天、蒋晔编著：《一代文学大家姚雪垠》，沈阳出版社，2018，第139页。
⑤　张继民：《走笔写下》，中国地图出版社，2002，第76页。

机趣，万里青春任旅行。大漠荒凉留梦影，神州壮丽负平生。忽然痛洒炎黄泪，碧海苍山无限情。"①

2月9日 中共湖北省委宣传部干部处致信姚雪垠，告知审查之后的最终结论："经与省委组织部联系，关于你在上海的那段政治历史情况，是清楚的，没有什么问题。"②

2月21日 《一个中国作家的心愿》发表于《大学文科园地》第1期。

按：该文是1984年11月5日姚雪垠被授予马赛市纪念勋章之际所作的发言。

2月 《巨星陨落》发表于《中国作家》第1期。在正文前附有一段内容介绍："《巨星陨落》是《李自成》第五卷中的一个单元，写李自成于永昌二年（即清顺治二年）阴历正月间退出大顺京城长安，到五月初牺牲于湖北通山县的九宫山下，结束了他的大悲剧。本期所发为其一部分。"

3月19日 致信吴秀明，告知行程安排："我将于本月二十二日去香山报到，出席全国政协本年大会。但是会开不完，我已定于四月一日飞杭州，五日飞返北京。四月十八日去郑州，二十日到登封参加《女将慧梅》开拍仪式，然后回京。《女将慧梅》是根据《李》第三卷中关于慧梅的故事改编为六集电视剧，由深圳电视台摄制。"③

---

① 姚雪垠：《姚雪垠文集（第15卷）》，人民文学出版社，2010，第83页。
② 姚雪垠：《姚雪垠文集（第19卷）》，人民文学出版社，2010，第344页。
③ 姚雪垠：《姚雪垠文集（第19卷）》，人民文学出版社，2010，第287页。

3月27日　与阳翰笙、林默涵、臧克家、韦君宜、周而复、沙汀等人，共同参加在北京后圆恩寺胡同十三号举行的茅盾故居揭幕仪式。

春　作诗《观电视连续剧〈西游记〉》一首。诗云："佛国求经险路长，危难多赖美猴王。沙僧八戒均堪爱，万里同行返大唐。"①

4月11日　致信外文局负责人殷书训、王明杰，谈到《李自成》译成英文之事："近一年来，与杨宪益同志多次磋商，拟选择《李自成》中写崇祯皇帝及其宫廷生活、朝廷斗争等章节，译为英文出版。计自《李自成》第二卷第二十九章至第三十三章，共十万多字，译成英文后字数加长，作为单行本正到好处。书名拟定为《崇祯皇帝》。"②

4月　阎豫昌的《东湖情思》由福建人民出版社出版，在《大使回故乡》一文中谈到王国权与姚雪垠在开封创办《今日》的往事。

为《兰州晚报》创刊五周年纪念题字。

5月7—9日　湖南省石门县召开"李自成归宿问题学术讨论会"，与会者对李自成夹山为僧的可能性及其归宿问题展开了讨论。

5月13日　飞武汉，住翠柳村。

5月20日　致信程千帆，谈到对《古诗考索》的阅读意见。

---

① 姚雪垠：《姚雪垠文集（第15卷）》，人民文学出版社，2010，第82页。
② 姚雪垠：《姚雪垠文集（第19卷）》，人民文学出版社，2010，第512页。

按：程千帆的《古诗考索》由上海古籍出版社于 1984 年 12 月出版。

5 月 21 日　前往湖北大学（原武汉师范学院）作了题为《〈李自成〉美学思想粗探》的学术报告。"姚老以自己的创作体会结合当前我国文艺创作的实际，对社会主义现实主义、典型环境中的典型人物等美学范畴，进行了深刻的阐述。姚老的报告不仅有很高的学术价值，而且对当前的文学创作特别是对历史题材的文学创作有重要的指导意义。"①

5 月 22 日　为《传奇天地》题词："希望《传奇天地》利用通俗文学形式，表现社会主义和爱国主义的内容，还要力求提高通俗文学的审美情趣。总之，要追求新的思想，新的精神，成为社会主义时代的通俗文学。"

5 月　为庆祝河南大学建校 73 周年题词："当年求学地，师友渐凋零。幸见新才俊，灿然似众星。"该题词刊于《河南大学学报（社会科学版）》1985 年第 5 期，同期文章还包括姚雪垠的《我对于民族风格的认识和追求》、任访秋的《漫谈〈李自成〉》、刘文田的《从姚雪垠的题诗看〈李自成〉的美学特征》、刘增杰的《在语言民族化的道路上不懈追求——姚雪垠文学语言略论》，以及师陀的《我的创作道路》等。

6 月 16 日　致信刘增杰，谈到 9 月间在河南大学举行《李自成》学术讨论会之事，并希望邀请俞汝捷、吴永平、周勃、

---

①　秀垠：《姚雪垠应邀来我校作学术报告》，《湖北大学学报（哲学社会科学版）》1985 年第 3 期。

吴秀明、王之平等人参加。

6月 袁世海口述、袁菁整理《艺海无涯：袁世海回忆录》由中国青年出版社出版。该书序言由姚雪垠1984年8月14日撰写，指出"这部书在近几年所出版的各种回忆录中是一部有特色的、很值得一读的作品，而且文笔生动，富于幽默感"①。

7月20—21日 《三毛其人及其作品》发表于《文艺报》。

7月 "姚雪垠回邓州一中参观，并题词：'四化建设，人材为本；培育人材，教育为先。'"②

8月 姚北桦、贺国璋、余润生编《姚雪垠研究专集》，由黄河文艺出版社出版。该书主要由四个部分组成，第一部分是"姚雪垠的生平与创作"，第二部分是"评论文章选辑"，第三部分是"姚雪垠生平及著作系年（1910—1983）"，第四部分是"评论文章目录索引（1938—1983）"。

姚雪垠原著，孙亚男改编，张义潜绘画《慧梅之死》，由陕西人民美术出版社出版。

9月25日 "河南大学建校73周年校庆举行各种学术讨论会。国内外100多位专家、学者、著名校友应邀参加，有建筑工程学家许心武，著名作家姚雪垠，著名生物学家王鸣歧，中国音协副主席时乐濛，以及美国中康州大学校长吉姆斯博士，

---

① 姚雪垠：《艺海无涯：袁世海回忆录·序》，载袁世海口述、袁菁整理《艺海无涯：袁世海回忆录》，中国青年出版社，1985，《序》第1页。

② 王立玉主编《校志》，作家出版社，2005，第26页。

日本东京学艺大学校长阿部猛等。"①

姚雪垠回河南大学参加《李自成》学术讨论会之际，同与会专家在河南大学大礼堂前合影留念。前排左二姚雪垠，左三任访秋，左四严家炎

9月30日至10月5日　与妻子王梅彩回到阔别38年的故乡邓县。

9月　为《文艺理论家》创刊题词："以马列主义为指导，以现实主义创作方法为根本，继续克服'左'的教条主义流毒，同时反对封建的和资产阶级的多种文艺思想的侵蚀，努力发展

① 孟少辉主编《河南省科学技术大事记1949—2006》，河南省科学技术厅，2007，第116页。

河南大学参加七十三周年校庆部分校友合影。前排左七为姚雪垠

健康的、革命的、具有中国特色的社会主义文艺理论。"

10月4日　与荣获"春风学生作文奖"的学生见面聊天。

按："春风作文奖"从第4届开始命名为"姚雪垠作文奖"。

10月8日　应邀前往南阳师专作学术报告。姚雪垠感慨道："这一次回南阳到邓县，一天到晚忙于演讲，忙于见人，忙于题字。可以说，疲于奔命。但是从另一方面看，故乡人民的热情使我感动。"① "姚雪垠同志系我区邓县人，是我国当代著名的小说家，其代表作《李自成》在国内外都享有盛誉。这次是他回故乡探亲时应邀来我校的，全校师生聆听了他所作的学术报告。会后，还为我校共青团题了词：'要做有共产主义理想和有

---

① 《在南阳师专全体师生大会上姚雪垠同志的讲话》，《南阳师专学报》1985年第2期。

专业能力的接班人。'"①

在南阳行署礼堂向全区史志工作者作长达两个半小时的学术报告，不仅指出编修地方志书的意义，而且谈到志书与历史相互映衬的关系。对于此次学术报告的大致情况，《南阳志通讯》1985 年第 3 期刊有《著名作家姚雪垠向南阳地区史志工作者作学术报告》的消息，《河南史志通讯》1985 年第 6 期同样刊有《姚雪垠同志向南阳地区史志工作者作学术报告》（周明镜）的消息。

10 月 13—19 日　中国红学会第五次学术讨论会在贵阳召开。二月河在与鲁枢元的一次通信中，提到去贵阳参加全国红学讨论会之前，与姚雪垠有过一次会晤，并就《康熙大帝》的"爱国主义"主题与"大帝"的书名展开了交流。

10 月 26—30 日　中国当代文学学会第五届年会在湖北宜昌举行。"本届年会的中心议题是讨论当代文学观念和研究方法的发展和变革问题。"②姚雪垠出席此次年会，并作了欢迎词。

10 月 27 日　作诗《游宜昌三游洞留题》一首。

10 月 28 日至 11 月 1 日　由湖北省社会科学联合会、湖北省文化厅（今湖北省文化和旅游厅）、湖北大学、湖北通山县人民政府联合发起的"李自成归宿问题学术讨论会"在通山县凤

---

①　群言：《著名作家姚雪垠应邀来我校讲学》，《南阳师专学报》1985 年第 2 期。

②　张启社：《中国当代文学学会第五届年会综述》，《华中师范大学学报（人文社会科学版）》1986 年第 1 期。

池山庄举行。"著名历史小说《李自成》的作者、湖北省文联主席姚雪垠出席了会议，并在会上作了两次发言。姚老说：'李自成走死通山确实有据'，'王船山的《永历实录》所载，是可信的材料'。'李自成是壮烈牺牲还是遁入空门，对这位叱咤风云的农民起义领袖一生的评价有着重要关系'。"① "姚雪垠同志在发言中从李自成失败的原因说到李自成战略、行军路线，认为李自成牺牲于通山九宫山无可辩驳。"② 会后，姚雪垠根据两次发言的主要论点，写出《李自成的归宿问题》一文，后刊于《湖北大学学报（哲学社会科学版）》1986年第2期。

10月 给湖北通山李自成纪念馆撰写长联。

11月初 作诗《拟绮情》六首。

11月18日 作诗《别翠柳村返京》一首。

11月25日 去医院看望患

1985年11月25日姚雪垠留给丁玲的便条

病的丁玲，因不是探病时间，未见到丁玲，故留便条一张。

---

① 陈世昭：《李自成殉难通山九宫山确实有据——全国研究明清史专家学者集会通山讨论李自成归宿问题》，《湖北大学学报（哲学社会科学版）》1985年第6期。

② 张征明、张艳国：《通山"李自成归宿讨论会"述要》，《江汉论坛》1985年第12期。

11月 《臧克家文集（第三卷）》由山东文艺出版社出版，书中收入《寄姚雪垠同志（六首）》。

12月14日 《河南日报》刊载《姚雪垠在南阳》的消息。

12月21日 致信刘增杰，邀请其参加1986年5月4日在武汉召开的历史小说创作问题讨论会。

12月25日 《我在五战区的一段经历》发表于《湖北文史资料》第三辑。

12月 在《当代戏剧》第12期上，刊有一则陕西电台摄制的大型古装电视连续剧《红娘子》主要人物造型与主要内容的介绍，既指出该剧是根据姚雪垠的长篇历史小说《李自成》的部分章节改编而成，又向观众隆重介绍了出演该剧的演员。

是年 《怎样写长篇小说》刊于《草原》文学月刊第1期。该文是姚雪垠1984年在中国作家协会文学讲习所作的演讲报告，主要谈到如何创作长篇小说的问题，如长篇小说的结构美学、人物出场艺术等，并以长篇历史小说《李自成》作了案例分析，且指出写好长篇小说需要一定生活积累与学问修养。

《李自成之死》发表于中国青年出版社主办的刊物《小说》第3期。编者在"按语"中指出，《李自成之死》的主要内容："关于李自成究竟牺牲何处、何时，以及如何牺牲的，这是读了长篇历史小说《李自成》第一、二、三卷之后广大读者十分关心的问题。这里发表的五章，选自《李自成》第五卷，集中地写出了李自成牺牲前后不到一个月时间的历史形势和他如何牺牲于九宫山北麓牛迹岭下的详细过程。"同时对其作了艺术成就上的肯定评价："作者以他渊深的历史知识和纯熟的艺术技巧，既忠实地反映了历史面貌，也使这几章小说感人不已，激动人心。许多地方刻画了李自成失败中的精神状态和心理变化，对他的性格作了最后的一次深化。读过这五章，读者能强烈地感受到，作者对悲剧艺术的成功运用和出色创造，使《李自成》成为一部反映中国封建社会农民起义中宏大的、多彩的、有代表性的悲壮史诗。目前作者正在赶写《李自成》第四、五两卷，本刊还将发表《崇祯皇帝之死》《高夫人之死》等重要的单元。"

本年度重要论文：

英奇：《气壮山河的英雄史诗——浅谈〈李自成〉的突出成就》，《语文学刊》1985 年第 2 期。

周勃、吴永平：《抗日民众的战斗雄姿——重读〈差半车麦秸〉》，《湖北大学学报（哲学社会科学版）》1985 年第 4 期。

1986 年　76 岁

6 月 14 日，中华文学基金会在北京成立，巴金任会长。

9 月，中国作家协会河南分会和郑州大学《大学文科园地》杂志社联合举办了"文学主体性原则"讨论会。

10 月 19—23 日，为纪念鲁迅逝世五十周年，中国社会科学院主办的"鲁迅与中外文化学术讨论会"在北京举行。

1 月 12 日　致信儿子姚海天、儿媳王琪，谈到检查身体等事。

1 月 17 日　致信程千帆，谈到对于《沈祖棻创作选集》《涉江诗》的阅读意见。

1 月 26 日　致信刘斯奋，谈到对历史小说《白门柳》的阅读意见："《白门柳》反映明末复社人物的生活与活动，这题材是有意义的。从小说看，你对这一知识分子群所生活的历史背景、生活环境、社会风习等方面，都作过一定研究。小说写出了一定范围的社会生活现象和一部分人物（包括名妓）的生活及其精神面貌，有些细节写得生动细腻，颇有真实感，趣味盎然。"① 除肯定优点之外，亦指出存在章节划分不匀称、人物多却无性格等不足之处。

1月 刘中树等人主编《中国现代百部中长篇小说论析（下）》由吉林大学出版社出版。书中对姚雪垠的《牛全德与红萝卜》点评道："由于作者追求和探索一种新的语言风格的艺术美，使得这部中篇小说像一部朴素的散文诗，而对小说的结构特点和要求就不十分注意，作品有松散之感。游击队的活动，农村的时代气息，描写得单薄，不够生动、鲜明、突出。"②

2月25日 《通俗文学小议》发表于《今古传奇》第1期。

2月 李标晶的《中国现代文学名著创作始末》由四川文艺出版社出版。书中既介绍了姚雪垠创作《牛全德与红萝卜》的经过，又评价道："《牛全德与红萝卜》和《差半车麦秸》一起，成为他自觉实践大众化方向的可喜收获。"③

3月23日至4月11日 全国政协第六届委员会第四次会议在北京举行，姚雪垠是与会人员之一。在题为《希望中央从速制定思想文化战线的战略方针》的发言中指出："我觉得，似乎我们至今还缺乏建设社会主义精神文明的全部设想。在思想文

---

① 姚雪垠：《姚雪垠文集（第19卷）》，人民文学出版社，2010，第210页。
② 刘中树等主编《中国现代百部中长篇小说论析（下）》，吉林大学出版社，1986，第109页。
③ 李标晶：《中国现代文学名著创作始末》，四川文艺出版社，1986，第216页。

化战线上还缺乏明确的战略计划。有时为着头疼医头，脚疼医脚，提出来某些措施也欠妥当。我们不应该对党的文化事业和出版事业的生产要求等同于工农业生产，不能对精神生产等同于物质生产。"① 该发言改题为《应当重视社会主义的思想文化建设》，后刊于中共中央书记处研究室编的《调查和研究》1986年第21期。在1987年1月20日写给臧克家的一封信中，姚雪垠再次提到："去年春天我在全国政协大会上的发言以及会下接见中央电视台记者专访时的长篇谈话，这事情你是知道的。还有你不知道的是，我对电视台记者谈话播出的第二天，中央统战部两位同志访问我，要我畅所欲言地谈出我的意见。"② 随后，姚雪垠便谈到对于当前文化思想战线的具体意见。

3月 王瑶主编《小说鉴赏文库·中国现代卷》（第三卷）由陕西人民出版社出版。书中收入姚雪垠的短篇小说《差半车麦秸》以及段国超的评论文章《从昏睡到奋起、抗争、胜利》，段国超评价道："作者正是以这样的细致的笔触，塑造了王哑吧这样一个由落后、笨拙的农民，成长为坚强、干练的革命战士的典型形象，有力的（地）表现了中国农民的朴质、坚强、善良、热爱祖国、热爱和平的可爱性格，并通过它展示了蕴藏于中国人民中的那种无穷无尽的力量。"③

---

① 姚雪垠：《希望中央从速制定思想文化战线的战略方针》，《文艺界通讯》1986年第5期。

② 姚雪垠：《姚雪垠文集（第19卷）》，人民文学出版社，2010，第598页。

③ 王瑶主编《小说鉴赏文库·中国现代卷》（第三卷），陕西人民出版社，1986年，第143页。

致信林为进，谈到历史小说创作座谈会召开之事。

4月29日　致信妻子王梅彩，谈到历史小说创作会议、"三老"（姚雪垠、徐迟、碧野）创作纪念会等事。

4月　《第一、二届姚雪垠作文奖获奖作文选》由文心出版社出版，获奖作品分为三类，分别为小学生获奖作文（13篇）、初中生获奖作文（24篇）、高中生获奖作文（14篇），奖项分别为一、二、三等奖。

5月7日　作诗《灯下咏怀——为湖北作协分会举行"三老"创作活动五十年纪念会作》一首。诗云："江城盛会尊三老，检点平生怀愧心。俯探骊珠萦素愿，仰瞻星斗费沉吟。灯前白发思犹壮，笔下丹心梦转深。万里风波付稗史，百年苦乐满胸襟。"[1] 在"三老"纪念会上，姚雪垠作了题为《感激与惭愧》的发言，并谈到了自己的三条座右铭，一是"加强责任感，打破条件论。下苦功，抓今天"，二是"耐得寂寞，勤学苦练。耐得寂寞才能不寂寞，耐不得寂寞偏偏寂寞"，三是"生前马拉松，死后马拉松"。[2]

5月15日　《我的座右铭》发表于《武汉晚报》。

5月19—23日　中国作协和湖北分会联合主办的历史小说创作座谈会在黄冈召开，姚雪垠、凌力等人出席会议，姚雪垠致开幕词。在关于历史真实和艺术真实的问题讨论中，姚雪垠

---

①　姚雪垠：《姚雪垠文集（第15卷）》，人民文学出版社，2010，第85—86页。

②　姚雪垠：《姚雪垠文集（第16卷）》，人民文学出版社，2010，第334页。

认为："历史要求忠于史实，小说非虚构不可。越深入历史，越能虚构（虚构与常识性错误有本质性区别）。《李自成》第二卷，被围在商洛山中，全是虚构。宫廷生活也是虚构。从虚构才看出作家的艺术才华、艺术功能。"[1] 凌力认为："虚构、夸张、想象，那是历史文学不可少的创作方法。不能拘泥于史实，要大胆进行合理虚构，把写人放在第一位。尽量接近历史真实，尽量使主要人物、主要情节有出处，有历史根据。"[2]

5月 华中师范大学聘请姚雪垠、徐迟、碧野为兼职教授。

6—10月初 在湖北通山县修订《春暖花开的时候》等小说。

6月6日 根据访谈录音整理出《关于通俗文学和通俗文学期刊》。

6月12日 作诗《经自然保护区上九宫山》一首。姚雪垠在诗前小序中回顾了大致行程："六月六日由闯王陵至自然保护区，停留一宿，次日登九宫山，下午返回通山凤池山庄。"[3]

6月17日 致信妻子王梅彩，告知在通山的状况："我如今专心修订《春暖花开的时候》，估计到七月中旬可以脱稿，然后写《李自成》的工作。熊辉、熊德彪、黄济华等将于本月十九日来此，写历史小说座谈会的《座谈纪要》。俞汝捷将于七月间来此，拟出《姚雪垠评传》的详细提纲。我计划先将原写的

① 谷斯范：《雨丝风片录》，浙江人民出版社，2001，第317—318页。
② 谷斯范：《雨丝风片录》，浙江人民出版社，2001，第318页。
③ 姚雪垠：《姚雪垠文集（第15卷）》，人民文学出版社，2010，第86页。

三个单元改成，再新写两个单元，就十一月初回京了。冬天还可以在北京写两个单元，明年保证四、五卷全部完成。凌力的《少年天子》发表稿请剪裁下寄来，同时寄两张裁成条幅的洒金宣纸。"①

7月18日　致信吴永平，谈到为《春暖花开的时候》修订本写序而请查找资料之事。

7月　何积全、肖沉冈的《中国乡土小说选（上）》由贵州人民出版社出版，书中收入姚雪垠的短篇小说《差半车麦秸》。

8月18日　古装电视连续剧《李信与红娘子》在陕西电视台四频道播放。

8月25日　《今古传奇》第3期出版，刊印有姚雪垠、叶君健、刘绍棠、端木蕻良、严文井等人为《今古传奇》创刊五周年纪念题字。

9月1日　古装电视连续剧《李信与红娘子》在中央电视台一套节目播出。

9月5日　致信陆荣椿，决定撰写文章与刘再复进行文艺争鸣，并指出："刘再复同志提出的'新理论'贯穿着唯心主义的思想方法（甚至是主观唯心主义），而有时也引用马克思主义经典词句作点缀，在精神实质上实际相违。"② 此处提及的"新理论"，指的是刘再复在《文学评论》1985年第6期到1986年第1

---

① 姚雪垠：《姚雪垠文集（第19卷）》，人民文学出版社，2010，第612页。
② 姚雪垠：《姚雪垠文集（第19卷）》，人民文学出版社，2010，第312页。

期连载的论文《论文学的主体性》中提出的与人的主体性相关的理论概念。

9 月 12 日　胡启立来通山拜访姚雪垠。

9 月 14 日　致信妻子王梅彩，告知十月一二日回武汉等事。

9 月 30 日　作诗《吊李自成墓》五首。

10 月 4 日　去钟祥显陵考察体验。

10 月 11 日　从湖北回到北京，并收到陈纪滢的来信。

10 月 18 日　致信胡启立，谈到关于通山闯王陵升格的问题。

10 月 21 日　致信陈纪滢，谈到两人的交往等事。

10 月 22 日　致信汪洋，谈到向中国作协湖北分会建议成立新时期文艺理论问题研究小组之事。

11 月 1 日　《创作实践与创作理论——与刘再复同志商榷》发表于《红旗》第 21 期，与刘再复针对人的主体性等问题进行理论争鸣。

11 月 7—10 日　中国当代文学学会第六届年会在山东青岛召开。姚雪垠致开幕词，并在会上作了学术报告。

11 月 12 日　致信臧克家，谈到关于保卫马克思主义文艺理论战斗的问题，并打算在 1987 年内写出两篇文章与刘再复进行争鸣，一是《从中国文学史看人物描写艺术的发展——兼评刘再复同志的人物性格二重组合论》，二是《关于对中国文学史的认识、继承和发展问题——与刘再复同志商榷》。①

11 月 20 日　臧克家致信姚雪垠，谈到《创作实践和创作理论——与刘再复同志商榷》一文的阅读感受："信及文章校样，均拜读了，极为畅快！我同意你的观点和看法。你，一个老作家现身说法，是有说服力的。文章没有旁征博引的理论调调，读了觉得亲切。"②

11 月 28 日　致信胡天风③，谈到对当前文艺理论问题争鸣的态度："我相信经过争鸣，展开充分说理，必将辩明理论是非。通过争鸣，提高多数中青年读者的认识水平，是马克思主义理论工作者的责任，也是当今急务。我不是搞理论研究的，仅仅是小说作家，除写小说外较多的兴趣在史学。我的参与论战，仅仅想打破某种不合理的局面而已。"④

11 月 30 日　致信陆荣椿，谈到《创作实践与创作理论——与刘再复同志商榷》刊出之后的积极影响，且指出刘再复的三个致命弱点："一是背弃了科学的马克思主义；二是没有创作实践知识，专逞主观妄论；三是作为中国文艺理论家而对中国文化史和文学史缺乏基础修养。"⑤

11 月　《中国大百科全书·中国文学》由中国大百科全书

———————————

① 姚雪垠：《姚雪垠文集（第 19 卷）》，人民文学出版社，2010，第 597 页。
② 臧克家：《臧克家全集》（第 11 卷），时代文艺出版社，2002，第 601 页
③ 胡天风（1923—1991），湖北天门汪场镇方桥村人，当代诗人，著有诗集《呼唤》、散文集《天风海雨集》等。
④ 姚雪垠：《姚雪垠文集（第 19 卷）》，人民文学出版社，2010，第 477 页。
⑤ 姚雪垠：《姚雪垠文集（第 19 卷）》，人民文学出版社，2010，第 315 页。

出版社出版，书中为姚雪垠设立专门条目，对《李自成》《长夜》等小说作了肯定评价。

12 月 4 日 致信俞汝捷，既为《姚雪垠评传》的写作提供四个需要抓住的关键点，又谈到杨建业准备撰写《姚雪垠传》之事。

12 月 15 日 作《为〈李信与红娘子〉剧问题给陕西省委书记与宣传部长两位同志的信》。

是年 发表的作品还包括《李自成评传略》（《史志文萃》第 1 期），《崇祯皇帝之死》（《李自成》第五卷中的一个单元）（《小说》第 1 期），《黄鹤楼抒情》（《人民画报》第 5 期），等等。

本年度重要论文：

严家炎：《漫谈〈李自成〉的民族风格》，《河南大学学报（哲学社会科学版）》1986 年第 2 期。

吴永平：《抗战时期姚雪垠的生活思想和文学创作述评》，《抗战文艺研究》1986 年第 3 期。

杜显志：《试论姚雪垠早期中短篇小说人物形象的塑造》，《郑州大学学报（哲学社会科学版）》1986 年第 5 期。

罗炯光：《〈长夜〉——姚雪垠前期最好的小说》，《郑州大学学报（哲学社会科学版）》1986 年第 5 期。

1987 年　77 岁

1月28日，中共中央发出《关于当前反对资产阶级自由化若干问题的通知》。

4月14日，《人民日报》刊载林默涵在全国政协六届五次会议上《坚决而持久地反对资产阶级自由化》的发言。

8月，凌力的《少年天子》由北京十月文艺出版社出版。

10月19—23日，中国神话学会首届学术研讨会在河南郑州召开。

1月22日　《一曲壮美的民族精神的颂歌——评电视剧〈凯旋在子夜〉》发表于《光明日报》。

2月　童恩翼的《李自成之死》由长江文艺出版社出版，姚雪垠为其题写书名。

3月　陈其光主编《中国当代文学二百题》由广东高等教育出版社出版，书中论述到姚雪垠的《李自成》的创作宗旨、主题思想、典型人物、结构艺术、民族风格等。

4月6—12日　经中宣部指导，由《红旗》文艺部、《光明日报》文艺部、《文艺理论与批评》编辑部合办的涿州会议召开。姚雪垠在会上讲话。后来姚雪垠回忆道："被称为'涿州会议'的那次组稿会，顶多只能算是马克思文艺理论队伍的草草检阅，泛泛地交换意见，刚刚开始对资产阶级自由化思潮进行反击。"①

按：姚雪垠这次在会上的讲话被《文艺理论与批评》1990年第1期刊载，题为《姚雪垠同志的讲话（摘要）》。姚雪垠在讲话中谈到文艺界的理论争鸣、创作方法等问题，并以通俗文学热、新崛起的理论家作了说明。此外指出了一些社会与文学怪现象，如赤裸裸地描写性生活与性心理、因不重视表现现实生活而引进荒诞派的创作方法、文学创作因背离群众而不知所云等。

4月9日　《宁波日报》报道《姚雪垠在全国政协六届五次会议闭幕会议上发言　强调文学必须为人民服务为社会主义服务》的消息。

4月10日　致信陈明，谈到湖南常德为丁玲筹划永久性纪念之事，并告知"我今日上午要去涿县参加一个重要会议"②。

4月16日　《继承和发扬祖国文学史的光辉传统——再与刘再复同志商榷》发表于《红旗》第8期。

---

① 姚雪垠：《在斗争中诞生、成长和壮大——祝〈文艺理论与批评〉创刊五周年》，《文艺理论与批评》1991年第5期。

② 姚雪垠：《姚雪垠文集（第19卷）》，人民文学出版社，2010，第316页。

4月21日　致信王忍之、贺敬之，谈到重新编写《文学概论》的建议。

4月30日　《关于我国社会主义文学的发展方向刍议》发表于《人民日报》。

4月　《广州文摘报》第18期刊载《姚雪垠批评"性文学"》的文章，文末注明摘自香港《大公报》。该文谈到姚雪垠认为"性文学"是现在文坛出现的一股歪风邪气，不属于社会主义的健康文化，应该坚决反对。此外谈到姚雪垠认为文学应该反映历史和现实生活，因此不赞成写武侠小说和荒诞离奇的作品。对于科幻小说，姚雪垠持支持态度，认为科幻小说有利于向读者传播科学的知识。

5月1日　《继承和发扬祖国文学史的光辉传统——再与刘再复同志商榷》（续）发表于《红旗》第9期。

5月22日　为纪念毛泽东《在延安文艺座谈会上的讲话》发表45周年，姚雪垠、魏巍等人来到中央民族学院，与各族师生举行纪念联欢活动。

5月　复旦大学中文系现代文学教研室编《中国现代文学作品选（第4册）》由复旦大学出版社出版。书中收入姚雪垠的《差半车麦秸》，并评价道："这篇小说成功之处首先在于简练而又生动地描写了一个不觉悟的庄稼汉如何成长为勇敢的抗日战士，从一个侧面反映了这场伟大的民族战争所引起的深刻的社会变化。""小说成功的另一个重要原因是运用了生动的农民语言。"①

6月　湖北大学中文系、湖北作家研究室编《湖北作家论丛（第1辑）》由长江文艺出版社出版，书中收录姚雪垠的《历史与传说——关于如何处理历史题材的若干问题之一》、王毅的《一幕发人深思的悲剧——读姚雪垠的〈崇祯皇帝之死〉》等文章。

吴三元主编《中国当代文学》由天津教育出版社出版。该书从创作结构、思想内容、人物塑造、艺术构思、民族风格等方面，对姚雪垠的长篇历史小说《李自成》作了多层次评价。

7月26—30日　中国当代文学学会第七届年会在河北承德召开。姚雪垠作为学会会长主持会议。

8月　吴有恒、黄秋耘主编《中国新文艺大系（1949—1966）·散文集》由中国文联出版公司出版，书中收入姚雪垠的散文《惠泉吃茶记》。

9月23日　致信妻子王梅彩，谈到涂征、周继文让自己回邓县之事。

10月　论文集《创作实践与创作理论》由红旗出版社出版，责任编辑是陆荣椿，封扉设计是尚立滨。书中收录的论文，包括《创作实践与创作理论——与刘再复同志商榷》《继承和发扬祖国文学史的光辉传统——再与刘再复同志商榷》《论当前的通俗文学》《应当重视社会主义的思想文化建设》《关于我国社

---

① 复旦大学中文系现代文学教研室编《中国现代文学作品选（第4册）》，复旦大学出版社，1987，第354页。

会主义文学的发展方向刍议》，以及一篇附录《争鸣书信小集》。

李彦生主编《南阳市城市建设志（1840—1985）》由南阳市城乡建设管理委员会编印，姚雪垠为其封面书名题字。

11 月 22 日　《请澄清史实》发表于《新文学史料》第4 期。

11 月　张鸣、中英杰等撰《北京十六景》由科学普及出版社出版，该书序言由姚雪垠于 1987 年 2 月 11 日撰写。

本年度重要论文：

蓝翎：《悲剧中的悲剧——〈李信与红娘子〉片谈》，《中国电视》1987 年第 1 期。

江弘基：《巧设悬念　紧叩心扉——〈李自成〉艺术谈之五》，《唐都学刊》1987 年第 4 期。

张啸虎：《〈水浒传〉〈李自成〉发展比较观》，《水浒争鸣》1987 年第 5 辑。

李乃声：《只有开拓与创造，才会有历史——向姚雪垠先生请教》，《文学评论》1987 年第 5 期。

邱紫华：《一部惊心动魄的历史大悲剧——论〈李自成〉的悲剧性》，《华中师范大学学报（哲学社会科学版）》1987 年第5 期。

林焕平：《再谈片面性与全面性——略谈姚雪垠、刘再复两同志关于封建礼教对文学影响的看法》，《文艺理论研究》1987年第 6 期。

1988 年　78 岁

2 月 25 日，经中共河南省委批准，"香玉杯"艺术奖在郑州宣告设立。

4 月，王晓明、陈思和在《上海文论》开辟"重写文学史"专栏。

5 月 10 日，沈从文逝世。

10 月 21—26 日，由中国作协、广西文联、《文学大观》、《故事会》、花城出版社等单位联合举办的"全国通俗文学座谈会"在桂林召开。

3 月 6 日　政协第六届全国委员会常务委员会第十七次会议通过政协第七届全国委员会委员名单，姚雪垠被选为委员之一。

3 月 12 日　贾植芳在日记中言："读《文汇月刊》，刘再复对姚雪垠的评论，十分恰当，因为在这位姚先生身上实在集中反映了'左'的恶势力的反新时代的怨恨，那种由失落感而来的仇恨。"①

3 月 13 日 致信《武汉晚报》编辑部，告知湖北通山李自成墓被公布为全国重点文物保护单位。

3 月 24 日至 4 月 10 日 全国政协七届一次会议在北京举行。

5 月 王庆生主编《中国当代文学作品选》（第 1 卷）由华中师范大学出版社出版，书中对《李自成》第一、二、三卷作了故事梗概的介绍。

萧枫、陈芳让选编《名家谈游记创作》由陕西人民美术出版社出版，书中收入姚雪垠的三篇文章，分别为《谈谈游记写作》《如何写好游记》《景物与情思》。

中共河南省委党史工作委员会编《抗战初期河南救亡运动》由河南人民出版社出版，书中收入姚雪垠的《在沸腾的日子里》一文。

6 月 10 日 《〈刘再复谈文学研究与文学论争〉一文读后》发表于《文汇月刊》第 6 期。

6 月 17 日 作诗《戏题徐州楚霸王戏马台》一首。

6 月 28 日 贾植芳在日记中写道："本期《文汇月刊》登了姚雪垠以信的形式答复刘再复信：称刘对他的评论是'侮蔑'陷害的犯罪行为，他将通过法律解决；他自称是'中国现代著名老作家'——真不知人间有羞耻二字。古人云'知耻近乎勇'，在现代则是'无耻近乎勇'，这就是费了三十多年的力气

---

① 贾植芳：《贾植芳全集》（日记卷·下），陈思和主编，北岳文艺出版社，2020，第 359 页。

培养的学风和文风。"①

7 月 邹士方的《名人纪实》由辽宁大学出版社出版，书中收入《芬芳的玫瑰——姚雪垠访法归来一席谈》一文，主要谈到姚雪垠前往法国参加马赛玫瑰节世界名作家会议和名作家签名售书仪式活动之事。

8 月 10 日 《文汇月刊》刊载魏明伦的杂文《仿姚雪垠法，致姚雪垠书》，以仿古文笔对姚雪垠进行批评。刘再复回忆道："钱锺书先生看了魏明伦的文章以后说，写得好写得好，他很欣赏魏明伦的仿古文笔。我现在想起来，觉得当年自己毕竟年轻气盛。其实，如果不刺激姚老的伤痛处，纯粹谈理论就好了。"②

9 月 24 日 《不要以诽谤代替争鸣——答刘再复君》发表于《文艺理论与批评》第 5 期。

10 月 13 日 《文摘报》摘录姚雪垠的《不要以诽谤代替争鸣——答刘再复君》。

10 月中旬 由延安文艺学会等六个单位联合召开的"文艺漫谈会"在北京西郊举行。因受年龄和精力所限，无法参与会议的姚雪垠，围绕文艺界的百家争鸣问题给大会写了书面发言。

10 月 姚雪垠原著、阿峰缩写《血溅闯王旗——〈李自成〉故事》由贵州人民出版社出版。

---

① 贾植芳：《贾植芳全集》（日记卷·下），陈思和主编，北岳文艺出版社，2020，第 392 页。

② 马国川：《我与八十年代》，生活·读书·新知三联书店，2011，第 126 页。

11 月 15 日　作诗《近来》一首。诗曰："近来息影养精神，喜坐南窗避路尘。白首犹鸣惭伏马，丹心未丧作诗人。几年笔战非闲事，一片空灵发要津。且任阵风吹劲草，花开花落自冬春。"① 姚雪垠对第一句解释道："我为专心写《李自成》最后两卷，近数月来不参加任何会议，亦不上街。最近全国文联召开第五次全国文代会，我虽为湖北省代表团团长，但未出席，亦未报到。"② 对第六句解释道："大会结束后，读到闭幕新闻及胡启立代表党中央对大会的祝词，有此粗浅印象。"③

11 月 18—22 日　中国当代文学学会第八届年会在云南大理召开。因健康条件不能参加此次会议的姚雪垠，于 11 月 16 日给大会发去了贺电。

12 月 4 日　"南阳市（今南阳市卧龙区，以下称'卧龙区'）档案局利用其所属档案馆馆藏档案与资料，会同该市电视台等单位举办绿和平杯'爱我家乡，振兴南阳'电视知识竞赛，组织者出于'名人效应'的考虑，请姚老题词，他欣然命笔，从此与该局、该馆结下不解之缘。"④

12 月 6—9 日　湖北省文学艺术界联合会第五次代表大会在武汉举行，姚雪垠主持大会，周韶华作工作报告。

12 月　《关于梁漱溟先生的一件往事》发表于《群言》第

① 姚雪垠：《姚雪垠文集（第 15 卷）》，人民文学出版社，2010，第 89 页。
② 姚雪垠：《姚雪垠文集（第 15 卷）》，人民文学出版社，2010，第 89 页。
③ 姚雪垠：《姚雪垠文集（第 15 卷）》，人民文学出版社，2010，第 89 页。
④ 胡绍华：《姚雪垠与河南档案工作》，《档案管理》1999 年第 3 期。

12 期。

本年度重要论文：

章培恒：《金庸武侠小说与姚雪垠的〈李自成〉》，《书林》1988 年第 11 期。

王彬彬：《论作为"人学"的〈李自成〉——对真的史诗的呼唤》，《上海文论》1988 年第 1 期。

周勃：《姚雪垠的散文创作——〈大嫂〉论探》，《湖北作家论丛》1988 年第 2 辑。

平心：《笃实考证与飞扬文采结合的新作——评〈李自成之死〉》，《湖北大学学报（哲学社会科学版）》1988 年第 3 期。

宋振中：《略谈〈李自成〉中李岩的悲剧》，《锦州师院学报（哲学社会科学版）》1988 年第 4 期。

吴方：《历史小说的"策略"及其"通变"——兼谈〈李自成〉现象》，《当代作家评论》1988 年第 6 期。

杨凡：《不平家的肖像——评姚雪垠的〈创作实践与创作理论〉》，《书林》1988 年第 11 期。

戚方：《评刘再复对姚雪垠及〈李自成〉的"新"评价》，《作品与争鸣》1988 年第 7 期。

1989 年　79 岁

1 月 27 日，中共中央政治局举行第十五次会议，讨论在改革开放的新形势下加强政法工作，稳定社会治安问题。

5 月 21 日，《解放军报》发表社论《维护首都和全国稳定的重大措施》。

8 月，严家炎的《中国现代小说流派史》由人民文学出版社出版。

10 月，《红楼梦研究集刊（第十四辑）》（《哈尔滨国际〈红楼梦〉研讨会专辑》）由上海古籍出版社出版。

2 月 3 日　作诗《赠诗人兼书法家柳倩兄》一首。

3 月　"姚老又亲自给邓州市教委领导写信，将邓州市区内祖业房产退赔款 4200 元全部交教委作为该奖基金存入银行，其利息作为每年一届的'姚雪垠作文奖'颁奖使用。"①

---

① 南阳市政协文史委编《南阳文史资料（第 2 辑）》，中国文史出版社，1998，第 200 页。

6月6日　致信王俊义，谈到对《清史编年》第一卷叙述山海关大战部分的阅读建议。

6月　陈松峰、陈文峰的《烟史见闻录》由中国商业出版社出版，该书题签由姚雪垠题写。

7月　吴士英、卢连章主编《中州古今科教文化名人》由河南教育出版社出版，书中对姚雪垠等人作了介绍。

9月3日　"中央电视台在陶然亭公园为河南电视台拍摄的电视剧《包公》举行记者招待会。冯白鲁、吴祖光、姚雪垠、王云缦、汪岁寒、曲六乙、蓝翎、李準以及首都一些报刊记者、编辑等50余人赴会，对电视剧《包公》给予了高度评价。"①

9月10日　写成《创作体会漫笔——〈李自成〉第五卷创作情况汇报》一文。该文主要谈到重写《李自成》第五卷之事，后连载于《文艺理论与批评》1990年第1—2期。

艾平、松亭编《中外名家论文艺》由山东教育出版社出版，书中收入姚雪垠在《〈李自成〉创作余墨》一文中谈到的有关资料收集、结构安排、作品轮廓等问题的文字。

是年　《我和〈李自成〉》发表于《语文学习》第11期，主要谈到长篇历史小说《李自成》的创作状况以及毛泽东对创作《李自成》一书的支持与帮助。同时，姚雪垠谈到完成《李自成》之后打算创作《天京悲剧》与《辛亥革命》的想法，以及毛泽东对散文《惠泉吃茶记》作点评之事。

---

① 周绍成主编《跨越之路：河南电视台发展史：1969—2009》，河南人民出版社，2009，第477页。

修改电视剧本《长夜》，未完成，现存三章，分别为《乱世征途》（第一章）、《荒岗遇险》（第二章）、《绿林义子》（第三章）。《姚雪垠文集（第 15 卷）》的编者为之加了一段解释："二十世纪八十年代中期西安电影制片厂导演郑大年计划将小说《长夜》搬上银幕，由芜湖张尔和、翟大炳执笔将其改编为电影剧本，后因故计划搁浅。八十年代末，张、翟又将《长夜》改编为电视剧本。姚雪垠对剧本不甚满意，亲自动笔对剧本前半部分进行了修改和重写。"①

本年度重要论文：

卜昭理：《中国文学史：人的精神主体性变态图谱——与姚雪垠同志商榷》，《南方文坛》1989 年第 1 期。

宋立民：《"胡涂帐"背后的严肃主题——姚雪垠、刘再复"文学"论争断想》，《黄淮学刊（社会科学版）》1989 年第 1 期。

刘绪源：《"怪圈"与"传统犬儒主义"——拟答戚方、姚雪垠先生》，《文艺争鸣》1989 年第 3 期。

赵士林：《从悲剧向喜剧的转化：〈李自成〉与姚雪垠》，《北京文学》1989 年第 3 期。

阳友权：《姚刘之争与中国文化的困境》，《江汉论坛》1989 年第 6 期。

---

① 姚雪垠：《姚雪垠文集（第 15 卷）》，人民文学出版社，2010，第 410 页。

1990 年　80 岁

1月，林默涵、魏巍主编《中流》杂志在北京创刊。

3月7日，《人民日报》发表社论《在社会主义旗帜下推进妇女解放事业》。

5月12日，首届中国大众文学奖颁奖大会在北京人民大会堂举行。

8月，杨书案的《孔子》由长江文艺出版社出版。

1月15日　致信姜东舒，谈到希望在《李自成》的创作中体现"博、大、精、深"的艺术追求："博是指它是百科全书式的历史长篇小说，必须反映历史的生活面广，要求作者的知识广博；大是指它人物众多，故事头绪复杂，场面大、气派大、部头庞大，要学会善于驾驭这样过去不曾有过的'长篇小说'；精是指必须对书中的艺术情节和细节写得精彩，不能一般化；

深是指表现在认识历史问题的思想深度和表现人物性格的深度。"①

2月11日 致信洪洋，既谈到对于当前国际局势的看法，又谈到《李自成》第五卷的创作与发表情况："第五卷几年前发表的几个单元，全作废了。新写的第五卷，将在青年出版社的大型刊物《小说》上本年第二期开始连载，每期发表七八万字。"②

2月 周振甫、林辰、孙绳武主编《中外小说大辞典》由现代出版社出版，书中对姚雪垠的《红灯笼故事》《牛全德与红萝卜》《春暖花开的时候》《戎马恋》《长夜》分别作了辞典式的介绍。

4月26日 "《李自成》第五卷第一单元《李自成进北京》，在中国青年出版社创办的大型文学季刊《小说》第2期（总第22期）开始发表连载之一。"③ 本期连载的章节是从第一章《李自成到北京城下》，到第四章《北京外城失守之日》。"编者按"指出："驰名中外的长篇历史小说《李自成》，是著名的老作家姚雪垠的巨著。（《小说》曾于1985年第3期发表了《李自成之死》，1986年第1期发表了《崇祯皇帝之死》，在读者中引起了热烈的反响。）本期发表的《李自成进北京》，是《李自成》第五卷的一个单元。这个单元除气势磅礴地描写了李

---

① 姚雪垠：《姚雪垠文集（第19卷）》，人民文学出版社，2010，第501页。
② 姚雪垠：《姚雪垠文集（第19卷）》，人民文学出版社，2010，第506页。
③ 杨建业：《姚雪垠传》，北岳文艺出版社，2000，第440页。

自成率师势如破竹般攻克北京外，还以浓墨重彩揭示出崇祯在破城前的惶恐、悲愤、幻想、失望等等错综复杂的心理变化，对这个亡国之君的形象，作了十分生动的刻画。在第五卷，作者除了继续完成李自成和崇祯皇帝这两个大悲剧的主角外，还写了五个上层宫女的活动和命运。魏清慧、吴婉容、费珍娥为明朝帝后殉节，为崇祯的大悲剧作烘托；窦美仪、王瑞芬为战败的李自成殉节，为李自成进入大悲剧高潮作陪衬，深刻地反映了封建社会的复杂性和人物的复杂性。作者在写第五卷中，注入了无数的心血和辛勤的创作劳动，推翻重写也好，精雕细刻也好，都是为了实现他'笔墨变化，丰富多彩'的美学追求这一目标。这是我们在读着这部作品的时候可以体会得到的。本刊将陆续发表这些精彩的内容，以与读者共欣赏。"

5月21—22日　纪念毛主席《在延安文艺座谈会上的讲话》发表四十八周年学术研讨会在北京举行，林默涵、臧克家、魏巍、姚雪垠等人出席了会议。

5月24日　《当代中国文学的光辉道路——纪念〈在延安文艺座谈会上的讲话〉发表四十八周年》发表于《人民日报》。

5月　为湖南省"树立起人生的路标"读书征文活动题词："多读好书，持之以恒，养成习惯，终身受益。"落款"八十岁文学老兵"。

6月2日　"著名作家姚雪垠向南阳市档案馆捐赠手稿的仪式在北京举行。80高龄的姚雪垠将他60余年文学生涯中形成的部分手稿48卷（分装237本，1万多页）、书信96封、录音录像带 86 盒、所得中外文学奖章证书 8 件，全国 21 个省、市、自治区出版的《李自成》版本 160 册，共 584 件（册、盒），捐赠给家乡档案馆。"① 为了表彰姚雪垠捐赠档案的义举，中共南阳市委、南阳市人民政府不仅给姚雪垠颁发捐赠档案证书，而且根据《中华人民共和国档案法》奖励姚雪垠人民币 1 万元。姚雪垠在捐赠仪式上作了讲话，并指出："回顾我一生的若干成就，我不能不感谢中国共产党领导的新民主主义革命所创造的历史形势。"②

6 月 12—15 日　中国当代文学学会第九届年会在辽宁丹东举行。姚雪垠作了题为《我们的希望和信心》的长篇讲话。

6 月 23 日　《重读七律〈长征〉》发表于《文艺报》。

6 月 25 日　写成《略论中国当代文学史的教学与科研问题——〈中国当代分类文学史〉总序》一文。

6 月　作诗《咏女将慧梅》一首。

7 月 12 日　致信王庆生，谈到在丹东举行的中国当代文学学会第九届年会上所作报告的主要内容。

7 月 29 日　《李自成》第五卷第一单元《李自成进北京》（续一），发表于中国青年出版社办的大型文学季刊《小说》第 3 期（总第 23 期）。本期连载的章节是从第五章《钓鱼台行宫的不眠之夜》，到第八章《李自成驻进武英殿》。

---

　　①　傅华：《著名作家姚雪垠向南阳市档案馆捐赠手稿》，《档案工作》1990 年第 7 期。

　　②　姚雪垠：《姚雪垠在捐赠仪式上的讲话》，《档案管理》1990 年第 4 期。

8月21日　致信任访秋、刘增杰，邀请二人参加姚雪垠六十周年学术研讨会。

9月1日　致信严家炎，邀请其参加姚雪垠六十周年学术研讨会。

9月17日　致信王庆生、张永健，谈到姚雪垠六十周年学术研讨会之事。

9月　河南省商业管理委员会、河南省烹饪协会编写的《中国名菜谱·河南风味》由中国财政经济出版社出版，该书序言由姚雪垠1990年1月撰写。

10月23—25日　由湖北省文联、中国作家协会湖北分会、中国国际文化交流中心湖北分会、湖北省社会科学院、武汉大学、华中师范大学、湖北大学等七个单位联合举办的姚雪垠文学创作六十周年学术研讨会在武昌举行。"贺敬之、林默涵、刘白羽、曹禺、臧克家、韶华、刘以鬯、朱子奇等人和中国作家协会书记处、姚雪垠的母校河南大学等单位发来了贺信、贺电。"①姚雪垠出席会议且作了《八十愧言》的讲话，会议期间播放了根据《姚雪垠》第三卷改编、尤小刚导演的十集电视连续剧《巾帼悲歌》。

10月　杨建业的《姚雪垠传》由北岳文艺出版社出版。

11月17日　致信冯天瑜，既告知其与朱子奇、王维玲等人的文章在《文艺（理论）与批评》发排之事，又谈到《李自

---

① 秦思：《姚雪垠文学创作六十周年学术讨论会在武汉举行》，《中国现代文学研究丛刊》1991年第1期。

姚雪垠（前排右十三）文学创作六十周年学术讨论会全体人员合影

成》第五卷第一单元《李自成进北京》在中国青年出版社创办的大型文学季刊《小说》上连载之事，并希望冯天瑜及时阅读连载章节以便写出学术性较高的评论文章。

12 月 1 日　《八十愧言》发表于《文艺报》。

12 月 18 日　致信中国作协湖北分会第三次会员代表大会，谈到因患感冒无法到武汉参会之事。在信中遥祝大会取得成功，并鼓励老中青三代作家团结起来，继续创作有益于社会主义事业发展的作品。

12 月　宋德慈、王德林、郑福林主编《二十世纪中华爱国名人辞典》由吉林大学出版社出版，姚雪垠是入选的爱国名人之一。

本年度重要论文：

方守金：《〈李自成〉新论》，《中国文学研究》1990 年第 1 期。

爵之：《姚雪垠笔下的洪承畴》，《青海师专学报》1990 年第 1 期。

1991年　81岁

3月9日，第三届茅盾文学奖在北京揭晓。获奖作品包括路遥的《平凡的世界》，凌力的《少年天子》，孙力、余小惠的《都市风流》，刘白羽的《第二个太阳》，霍达的《穆斯林的葬礼》。萧克的《浴血罗霄》、徐兴业的《金瓯缺》获荣誉奖。

6月，二月河的《雍正皇帝·九王夺嫡》由长江文艺出版社出版。

1月10日　《大众电视》编辑部与北京电视艺术中心联合举行大型历史连续剧《巾帼悲歌》观摩研讨会，与会者有浙江省电视界、新闻界、评论界的人士。《巾帼悲歌》是根据姚雪垠的长篇历史小说《李自成》第三卷选节改编而成，是"一部具有民族风格、民族气派、思想性和艺术性较为完整的力作"①。在观摩研讨会中，史行、林辰夫、尤炳秋、陈来法、杜荣进、

---

① 晓黎整理：《一部历史题材电视剧的力作——大型历史连续剧〈巾帼悲歌〉座谈纪要》，《大众电视》1991年第4期。

王瑾等人作了发言，对《巾帼悲歌》在思想性与艺术性方面取得的重要成就进行了评价。

1月25日 出席在人民大会堂安徽厅举行的大型历史连续剧《李自成》第一部《巾帼悲歌》首映式。

1月26日 《李自成》第五卷第一单元《李自成进北京》（续二），发表于《小说》第1期（总第25期）。本期连载的章节是从第九章《进驻紫禁城》到第十二章《风云突变》。

3月11日 纪念丁玲逝世五周年座谈会在北京举行，姚雪垠等人出席并作了发言。

4月下旬至5月初 率中国作家代表团第二次访问日本。根据此次访日经历，作诗《二次访日诗抄》七首。

4月 郁贤皓主编《中外名人掌故》由江苏科学技术出版社出版，书中谈到姚雪垠更名的掌故。

5月10日 中华炎黄文化研究会在北京成立，姚雪垠任顾问之一。

5月23—26日 全国青年作家会议在北京21世纪饭店隆重召开。姚雪垠是与会人员之一，且与李佩甫、张宇等河南代表团人员合影留念。

春末 参加在茅盾故居举行的一个座谈会。阮章竞回忆道："参加会的人不多，记得有陈荒煤、李準、姚雪垠、邹获帆等。"①

---

① 阮章竞：《阮章竞文存·散文卷·下》，北京十月文艺出版社，2022，第914页。

373

6月30日 中国作家艺术家联盟在台北成立。

6月 与尹雪曼商量访问台湾、在台湾出版《李自成》等事。

7月4日 收到尹雪曼6月29日投寄的书信。

7月25日 接到陈纪滢7月14日的来信。"随后又接到惠赐大作《三十年代作家直接印象记》一册,其中有《记姚雪垠一文》。"①

7月26日 《李自成》第五卷第一单元《李自成进北京》(续三),发表于《小说》第3期(总第27期)。本期连载的章节是从第十三章《皇极门演礼的日子》到第十七章《挥泪出兵》。"附记"指出:"《李自成》第五卷中第一个单元,也是最大的一个单元,共十七章。在这个单元中,完成了崇祯皇帝的大悲剧,为李自成的大悲剧大大地推进一步。李岩也是小说中塑造的重要历史悲剧人物,代表封建时代上层知识分子一种典型。从第二卷起就开始用伏笔写他的悲剧命运,第三、四卷中他的悲剧命运逐步发展,到这一单元中铺垫的笔墨更多,不久他就被杀了。这一单元中也写了一些小人物的悲剧和她们的不同性格,如宫女魏清慧、吴婉容、费珍娥、窦美仪、王瑞芬等。不过窦美仪和王瑞芬的自尽要放在下一个单元了。下一个单元是《山海卫城下大战》,李自成大败而回,匆匆退出北京。而清政权进入关内,开始了清朝统治整个中国的政局。"②

---

① 姚雪垠:《姚雪垠文集(第19卷)》,人民文学出版社,2010,第327页。
② 姚雪垠:《李自成进北京》(续三),《小说》1991年第3期。

范泉在日记中谈到答复姚雪垠书信之事，信中有言："我觉得您痛下决心，完成《李自成》最后两卷，争取在三年内完成全书，然后动手实现准备多年的写作计划，这些设想本身，就是'话老年'的具体内容。'话老年'不一定在'老年'上做文章，正应该谈谈您今天和明天的打算，因为这些打算是您已经进入老年以后的打算，谈谈打算本身，也就是话老年。"①

8 月 2 日　收到尹雪曼 7 月 19 日的来信。

8 月 23 日　给艾青作品国际研讨会筹委会发去贺信，认为艾青创作的脍炙人口的诗歌必将成为我国文学瑰宝，又告知因患头晕病不能参会之事。

按：艾青作品国际研讨会开幕式于是年 8 月 25 日在北京人民大会堂举行。

8 月 27 日　致信尹雪曼，谈到尹雪曼的《记姚雪垠》一文与事实相违背之处："纪滢兄在《记姚雪垠》一文中最大的发明创造是说《李自成》是奉毛泽东的指示而写，是吹捧毛泽东的作品，真是'天方夜谭'！"②

8 月 29 日　致信陈纪滢，谈到《记姚雪垠》一文与事实不符。

8 月　中国人民政治协商会议全国委员会文史资料研究委员会、《文史资料选辑》编辑部编《文史资料选辑》（第 25 辑）由中国文史出版社出版，书中收录姚雪垠的《我的前半生》

---

① 范泉：《范泉编辑手记》，钦鸿编，中国文联出版社，2004，第 345 页。
② 姚雪垠：《姚雪垠文集（第 19 卷）》，人民文学出版社，2010，第 149 页。

一文。

9月6日　陈纪滢致信姚雪垠。

9月13日　收到陈纪滢来信。

9月24日　《在斗争中诞生、成长和壮大——祝〈文艺理论与批评〉创刊五周年》发表于《文艺理论与批评》第5期，主要谈到反资产阶级自由化的问题。

9月25日　致信陈纪滢，谈到访问台湾、在台湾出版《李自成》之事，并且"请兄用电话约雪曼兄一商，共促实现"①。

10月15日　《访日散记》发表于《人民日报》。

11月6日　致信臧克家，谈到《夏日怀人二首》的阅读感受。"其中《寄雪垠》一首，风格质朴，感情真挚，是一首难得好诗，可以传世。"② 此外，则是将创作的记载访日见闻的《游览松岛》《偕中国作家代表团诸同仁谒岚山周总理诗碑》《嵯峨野午餐》等七绝抄寄给臧克家。

11月10日　收到中国作家艺术家联盟的顾问聘书与尹雪曼的书信。

11月13日　致信尹雪曼，谈到访问台湾、在台湾出版《李自成》等事。

12月24—27日　中国当代文学学会第十届年会在广州召开。"来自全国各地的一百多名从事当代文学的教学与科研人员、著名的专家学者，聚集一堂，就大会的中心议题'当代文

---

① 姚雪垠：《姚雪垠文集（第19卷）》，人民文学出版社，2010，第328页。
② 姚雪垠：《姚雪垠文集（第19卷）》，人民文学出版社，2010，第599页。

学与传统文化'展开了热烈的讨论。学会会长，八十高龄的老作家姚雪垠出席了这次大会，并结合自己的长篇小说《李自成》的创作，作了弘扬民族文化的讲话。"① 根据此次南游的经历，创作《九一年岁暮南游杂诗》。姚雪垠在"题记"中指出："一九九一年十二月二十日，为出席中国当代文学学会年会，自北京飞抵广州，三十日飞返北京。在旅行中写七言绝句若干首，以记行踪；回京后补写若干首，共成二十六首，总题为《岁暮南游杂诗》。"②

是年 为普阳农场丁玲陈列室题写室名，且题有"作家兼战士，百代仰风范"③ 一幅字。

本年度重要论文：

冯天瑜：《义理·考据·词章——姚雪垠创作特征探微》，《文艺理论与批评》1991 年第 1 期。

王维玲：《从〈李自成〉的出版谈起》，《文艺理论与批评》1991 年第 1 期。

胡良桂：《从取材的角度看〈李自成〉的史诗特性》，《中国文学研究》1991 年第 3 期。

---

① 梅蕙兰：《当代文学与传统文化——中国当代文学研究会第十届年会综述》，《广东社会科学》1992 年第 1 期。
② 姚雪垠：《姚雪垠文集（第 15 卷）》，人民文学出版社，2010，第 93 页。
③ 赵国春：《丁玲在北大荒的故事》，哈尔滨工程大学出版社，2019，第 154 页。

1992 年　82 岁

4 月，唐浩明的《曾国藩》由湖南文艺出版社出版。

10 月 19 日，鲁迅雕像落成揭幕仪式在日本仙台东北大学校园内隆重举行。

11 月 16 日，郭沫若一百周年诞辰。

12 月，《中国戏曲志·河南卷》由文化艺术出版社出版。

1 月 2 日　陈松峰来访。

4 月 5 日　致信朱子奇，谈到革命浪漫主义诗歌的问题。

4 月　接受《经济日报》记者苏琳的采访，谈到"该让优秀知识分子先富起来"，并指出"要加快经济建设，发展生产力，不能不重视科技与人才"①。

5 月 12 日　"姚雪垠文学资料陈列馆筹备委员会在京成立。中顾委委员袁宝华、穆青任名誉主任，著名教育家韩作黎

---

① 君羊：《姚雪垠说：该让优秀知识分子先富起来》，《甘肃社会科学》1992 年第 3 期。

任主任。"① "会上主要是商量，南阳市要在市档案馆的基础上再征些地，先建文学资料陈列馆，逐步向姚雪垠纪念馆过渡。"②

5月31日 致信吕琦，谈到妻子王梅彩患病住院之事，并告知："尤小刚们考虑到她可能与我永别，决定明日来医院拍几个我坐在她病榻边的电视镜头，保留这一史料。"③

6月19日 致信陈谦臣，谈到《李自成》由德间书店出版文库本之事。

7月15日 《从历史研究到历史小说创作——从〈李自成〉第五卷的序曲谈起》发表于《文学评论》第4期，主要谈到为何要将《多尔衮率清兵南下》一单元作为《李自成》第五卷的序曲。

7月21日 撰写《武昌白云阁对联》。

8月4日 毛泽东论《水浒》《红楼梦》学术讨论会在安徽庐山开幕。因年纪大、工作忙、妻子患病等不能参会的姚雪垠，给大会写了书面发言，谈到从小说美学角度研讨《红楼梦》等问题。

8月19日 中国当代文学学会第十一届年会在大同市云岗宾馆开幕，会期六天。此次会议是由中国当代文学学会和大同汽车制造厂联合举办，中心议题是"改革开放与新时期文学"。

---

① 邓小军：《姚雪垠文学资料陈列馆筹委会在京成立》，《档案工作》1992年第6期。

② 李传锋：《梦回青江：李传锋散文集》，武汉出版社，2002，第258页。

③ 姚雪垠：《姚雪垠文集（第19卷）》，人民文学出版社，2010，第181页。

"姚雪垠会长在会上盛赞山西以赵树理为首的'山药蛋派'在中国文学史上重重地写了一笔。他希望作家、评论家要继承中国文学的现实主义传统，热情歌颂新的生活和新的劳动。"① 会议期间，应邀前往山西大同云中大学进行演讲，主要谈到个人的学习和创作道路。此次会议之后，"中国当代文学学会"更名为"中国新文学学会"。

8 月 27 日 致信俞汝捷，谈到出席中国当代文学学会第十一届年会之事："我于八月十八日乘夜车赴大同，次晨到达，大批同志在车站相接，九时即出席年会开幕。在大同期间，游览了云冈佛窟、恒山、悬空寺等处。"② 在游览悬空寺之际（8 月 22 日），姚雪垠即兴题写"寺惊悬空，事贵落实"的对联。

8 月 张放涛主编《群星灿烂——河南大学名人传（一）》由河南大学出版社出版，书中对姚雪垠作了介绍。

10 月 16—19 日 中国当代文学国际学术研讨会在武汉召开。姚雪垠发贺信（电）祝贺。

11 月 13 日 应邀参加郑州与河南省电视台联合举办的"河南省《中华人民共和国档案法》知识电视大赛"，并指出："我写《李自成》靠的是搜集抄录的十几万张资料卡片，没有这些来自档案和资料的卡片，我就写不出《李自成》。"③ 为保存

---

① 参见《中国当代文学学会第十一届学术年会暨"云岗杯"文学奖颁奖大会在大同召开》，《语文学刊》1992 年第 3 期，封面文字。

② 姚雪垠：《姚雪垠文集（第 19 卷）》，人民文学出版社，2010，第 500 页。

③ 胡绍华：《姚雪垠与河南档案工作》，《档案管理》1999 年第 3 期。

这些具有文献价值的创作资料卡片，《姚雪垠读史创作卡片全集》（共10卷）由沈阳出版社于2018年10月出版。

11月底　参加由中华文学基金会，人民文学出版社，辽宁盘锦市委、市政府和《文学评论》杂志社在北京联合召开的周而复系列长篇小说《长城万里图》作品研讨会的开幕式。

11月　范泉主编《文化老人话人生》由上海文艺出版社出版，书中收入姚雪垠的《是一项抢救文献的工作》一文。

秋冬之交　应河南省有关部门邀请去郑州作报告，田永清请姚雪垠吃具有河南风味的芝麻叶面条。

12月15日　为陈荒煤文艺生涯六十年研讨会撰写贺词："笔阵纵横六十载，左联初创着先鞭。作家战士双兼美，跃马挥戈入暮年。"同时解释了无法出席研讨会的原因："荒煤同志初写短篇小说，颇见才华。中年后致力于新中国的电影剧本事业，贡献良多。我因老伴病重，不克出席研讨盛会，书此以为祝贺。"①

12月18—19日　由中国作家协会、中国电影家协会等单位联合举办的"荒煤文艺生涯六十年研讨会"在北京举行。

是年　在《妇女生活》第5期上，陈松峰发表《著名作家姚雪垠说——"我的事业里有妻子的一半功劳"》一文，谈到姚雪垠与妻子王梅彩相濡以沫的生活。特别提及王梅彩为了帮助丈夫姚雪垠完成长篇历史小说《李自成》，而甘愿辞去教职在

---

①　严平编《荒煤文艺生涯六十年纪念文集》，海天出版社，1993，第4页。

家充当写作帮手之事，如抄写手稿、打印手稿等。在姚雪垠看来，妻子王梅彩是一位默默无闻的英雄，甚至在自己的事业中占据一半功劳。

姚雪垠与妻子王梅彩

《语文学习》第11期从《城市晚报》摘录有关姚雪垠的文字，既谈到长篇历史小说《李自成》第四、五卷的创作进度，又强调姚雪垠要写到90岁的精神与干劲。

按：对于报纸上言及的姚雪垠要写到90岁之事，在1999年问世的《将军与大学生十日谈》一书中，田永清回忆道："报纸曾有报道，说姚老身体很好，准备一直写到90岁。当我把这篇文章的内容告诉姚老时，没想到他竟这样说：太小看我了，怎么只能写到 90 岁呢？对于我来说，现在还是画‘逗号’的时候，离画‘句号’还远着呢！”2023 年 10 月 10 日，在“姚雪垠与《李自成》学术研讨会暨姚雪垠文学资料捐赠仪式”上发言之际，田永清不仅再次回忆了这段前尘往事，而且谈到了姚雪垠与二月河之间的文学交往。

本年度重要论文：

胡良桂：《〈李自成〉的史诗艺术》，《文艺理论与批评》1992 年第 2 期。

1993年　83岁

6月，《上海文学》第6期刊发王晓明等人的《旷野上的废墟——文学和人文精神的危机》，掀起关于人文精神的大讨论。

是年，陈忠实的《白鹿原》由人民文学出版社出版。

2月24日　《中流》杂志创刊三周年座谈会在北京民族文化宫西大厅召开，姚雪垠等人参加。在发言中，姚雪垠谈到如何扩大《中流》影响力的问题。

3月21日　致信吴永平，谈到创作《李自成》的优势。

致信陈明，谈到丁玲在中国现代文学史上的价值与意义，认为丁玲既是一名作家也是一名战士。

3月23日　致信吕琦，告知在党中央办公厅档案室找到1975年毛泽东支持创作《李自成》的批示原件。

3月25—28日　丁玲文学创作国际研讨会在湖南省常德市桃花源召开，未能出席会议的姚雪垠发去了贺信。

4月2日　在《天津日报·满庭芳》上，刘绍棠发表《先秦认母》(《先秦母体》）一文，提到郭沫若一百周年诞辰与姚雪垠撰文之事："去年，郭先生一百周年诞辰，姚雪垠同志的文章不为长者、尊者讳，很值得一读。"①

4月12—13日 由中国文联、中国作协等单位联合举办的林默涵从事文艺活动60年研讨会在北京召开。姚雪垠出席会议，并作了即席发言。

4月29日 作诗《贺老诗人苏金伞创作活动六十八周年》一首。诗云："中原老友晨星少，人格文品有典型。铁锥舞罢诗千首，日照嵩峰色更青。"②

5月4日 致信严家炎，邀请其撰写《李自成》第三卷的专家评介文字。

6月29日 致信林默涵，谈到《李自成》的创作与出版。

7月20日 致信张国光，谈到《红楼梦》研究应该推陈出新。

8月 周启祥编《三十年代中原诗抄》由重庆出版社出版。姚雪垠是该书顾问之一，书中收录姚雪垠诗歌七首，分别为《最后的一面》《沧桑曲》《埋怨》《迷惘之曲》《一封旧信》《登禹山》《无题》。

10月19日 夏杏珍来访。

11月9日 姚雪垠文学资料馆第一期工程——姚雪垠文学资料室，在河南省南阳市档案馆揭牌开展。"这次开展，共展出

---

① 刘绍棠：《四类手记》，北京十月文艺出版社，2018，第133页。
② 姚雪垠：《姚雪垠文集（第15卷）》，人民文学出版社，2010，第99页。

姚雪垠个人著书、信件、诗稿、题词和照片等珍贵资料四百多件。"①

12月　俞汝捷的《人心可测——小说人物心理探索》由中国青年出版社出版，书中附有姚雪垠为该书所写的题签。

是年　发表的作品还包括《我创作〈李自成〉的艰难历程与毛泽东的及时保护和帮助》（《新文化史料》第5—6期连载），《毛主席、邓小平同志对〈李自成〉一书的关怀与支持》（《中州纵横》第11期），等等。

本年度重要论文：

李树槐：《论长篇历史小说〈李自成〉的节奏美》，《湖南师范大学社会科学学报》1993年第5期。

李树槐：《论长篇历史小说〈李自成〉的结构艺术》，《求索》1993年第6期。

---

① 李传锋：《梦回清江：李传锋散文集》，武汉出版社，2002，第258—259页。

1994 年　84 岁

1月11日，吴组缃逝世。

1月，二月河的《乾隆皇帝·风华初露》由河南人民出版社出版。

10月，范伯群主编《中国近现代通俗作家评传丛书》由南京出版社出版。

11月11日，首届曹禺戏剧文学奖在北京人民大会堂举行颁奖大会。

1月11日　致信王成玉，谈到两人金钱往来，以及自身贫困之事："自从报纸上宣布了我的贫困情况以后，许多人大吃一惊。谁也不会料到我出版了那么重要作品，名扬海内外，竟是如此贫困。后人将如何评价我们这个时代？这个社会？我的贫穷，断不会是长期的。过这一个阶段，我的书重新陆续出版，不再吃大锅饭，情况就好了。"①

按：1994 年 12 月 26 日，上海《新民晚报》报道了因妻子王梅彩患病，姚雪垠陷入生活困境，因而萌发向香港三联书店讨取稿酬的意向之事。

4 月 6 日　致信王庆生、张永健，谈到近年来身体和思想变化，且言及吴组缃病故之事："在八宝山与遗体告别这一天，我已经要了汽车，但我的儿子、媳妇坚决阻止我去。为组缃的死，我哭过几次。社会上很少人知道我同组缃是好朋友，在武汉刘绶松知道，一般人也不知道。组缃只比我大两岁，又凋谢了！"②

4 月 19 日　接受李城外采访，谈到李自成的最终归宿等事。

5 月 8 日　李诚外的《京城访姚老》刊于《湖北日报》。"此文 3 日已在《咸宁日报》发表，原题为《饮茶鄂南未能忘》。"③

6 月 5 日　致信谢蔚明，因"梅花诗"谈到李自成的归宿问题。

7 月 25 日　致信谢蔚明，因《梅花百咏》谈到李自成的归宿问题。

7 月下旬　作诗《题画》一首。

8 月　艾克恩主编《大江搏浪一飞舟：林默涵 60 年文艺生涯纪念集》由重庆出版社出版，书中收入姚雪垠的《一位坚定

---

①　姚雪垠：《姚雪垠文集（第 19 卷）》，人民文学出版社，2010，第 125 页。

②　姚雪垠：《姚雪垠文集（第 19 卷）》，人民文学出版社，2010，第 132 页。

③　李城外：《城外的向阳湖》（上），武汉出版社，2010，第 5 页。

的马克思主义者》一文。

蔡葵、韩瑞亭编《长篇的辉煌（1977—1988）：茅盾文学奖获奖小说评论精选》由北京十月文艺出版社出版，书中收入茅盾的《关于长篇历史小说〈李自成〉》、姚雪垠的《关于〈李自成〉的书简》等文章。

范桥、张明高、章真选编《名人杂文》由贵州人民出版社出版，书中收入姚雪垠的《论潇洒》一文。

9 月　"为香港三联书店即将出版的《中国现代作家选集·姚雪垠》一书补写'年表续稿'，提供 1983—1993 年的文学创作和活动资料。"①

11 月初　赴南阳主持中国新文学学会第十二届年会，并出席了在南阳市卧龙区档案馆举行的"姚雪垠文学馆奠基仪式"，且"亲自挥锹为基石铲了土"②。"姚雪垠文学馆落成之后，先前由南阳市卧龙区档案局馆收集而来的有关姚雪垠的文学创作档案资料将全部保存在这里，这里将成为对南阳人民进行文化教育的一个重要基地。"③

12 月　吴国琳的《乱世英杰——彭禹廷》由河南人民出版社出版，代序《我所知道的彭禹廷》由姚雪垠撰写。

刘白羽总主编《世界反法西斯文学书系（47）·中国卷

---

① 杨建业：《姚雪垠传》，北岳文艺出版社，2000，第 442 页。
② 罗维扬：《罗维扬文集》（散文卷），武汉出版社，2014，第 127 页。
③ 吕琦：《姚雪垠文学馆奠基仪式在南阳举行》，《中国档案》1995 年第 1 期。

（7）》由重庆出版社出版，书中收入姚雪垠的短篇小说《差半车麦秸》。

是年　发表的作品还包括《关于毛主席对我写〈李自成〉的关怀和支持及其他》［《华中师范大学学报（哲学社会科学版）》第1期］，《要从小说美学上探讨〈红楼梦〉的成败得失》［《湖北大学学报（哲学社会科学版）》第6期］，等等。

本年度重要论文：

刘凤艳：《从〈李自成〉看姚雪垠的美学探索》，《殷都学刊》1994年第3期。

1995 年　85 岁

4 月，毕飞宇的《上海往事》由今日中国出版社出版。

5 月 24 日，由《光明日报》理论部、湖北省文化厅（今湖北省文化和旅游厅）、湖北省社联、湖北大学、通山县人民政府联合主办的"纪念李自成殉难 350 周年学术研讨会"在光明日报社举行。

12 月 11 日，杨沫逝世。

3 月 4 日　致信次子姚海星、儿媳王宝珠，告知亲人（姨母王西玲）在隆福医院病故之事。

4 月 7 日　致信女儿姚海燕，告知亲人（姨母王西玲）的骨灰在西郊公墓埋葬之事。

4 月 29 日　接受李城外的采访，谈到长篇历史小说《李自成》第四、五卷的创作进度："第四卷已完成，为了对后人负责，还在反复推敲。第五卷快完了，正在加紧写作中，全书 400 多万字。在第五卷中，李自成在通山壮烈牺牲的章节，将是全书的一个高潮。"①

5月　《吴组缃先生纪念集》由北京大学出版社出版，书中收入姚雪垠的《给〈吴组缃先生纪念集〉编辑小组的信》。

8月　获中国作协为纪念抗战胜利50周年颁给抗战时期老作家的奖牌，奖牌上镌刻着"以笔为枪，投身抗战"八个字。

王阑西的《驰骋华中：和少奇同志在一起的日子》由中国文联出版公司出版。收录的《急风暴雨的时刻——关于抗战初期〈风雨〉周刊的回忆》一文中，王阑西回顾了与姚雪垠等人创办《风雨》周刊的往事。

10月3日　蒋晔、武京予来访。

本年度重要论文：

吴永平：《五战区"笔部队"的三次"笔征"》，《湖北文史资料》1995年第1期。

---

① 李城外：《裂裟难易闯王旗——姚雪垠先生访问记》，《博览群书》1997年第2期。

1996 年　86 岁

2 月，王晓明编《人文精神寻思录》由文汇出版社出版。

5 月 5 日，艾青逝世。

8 月，韩少功的《马桥词典》由作家出版社出版。

12 月 13 日，曹禺逝世。

1 月 31 日　《〈姚雪垠回忆录〉自序》发表于《北京晚报》。

2 月 25 日　写成《为纪念茅盾先生诞生一百周年而作》一文，不仅评价了茅盾在"五四"新文学运动中的卓越贡献，而且回忆了与茅盾亦师亦友的关系。该文后刊于《文艺理论与批评》1996 年第 3 期。

4 月　出席中国作家协会第四届主席团第 10 次会议。

5 月　从湖北省作家协会调到中国作家协会，成为驻会作家。

7 月 4 日　参加在北京人民大会堂召开的茅盾百年诞辰纪念

大会。

《回忆茅盾》发表于《北京晚报》。

7月7日 致信翟泰丰，谈到将工资关系与党组织关系从湖北省文联转到中国作家协会之事。

7月20日 著名越调表演艺术家申凤梅逝世，姚雪垠、贺敬之、李準、袁世海、常香玉等人先后发去唁电唁函。

8月16日 访谈录《李自成究竟魂归何处》发表于《长江周末》。

9月13日 访谈录《袈裟难易闯王旗》发表于《长江周末》。

9月 杜文远、常士功主编《中国随笔小品鉴赏辞典》由山西人民出版社出版，书中收入姚雪垠的《惠泉吃茶记》一文。

张书恒、白万献编著《南阳当代作家评论》由河南大学出版社出版、书中收入姚雪垠的《我的道路》、茅盾的《关于长篇历史小说〈李自成〉》等文章。

11月29日 《陈圆圆归吴三桂的插曲》发表于天津《今晚报》。

12月19日 经中国作家协会第五届全委会推举，任名誉副主席之一。

12月 于友先总主编《河南新文学大系（1917—1990）》由河南大学出版社出版。该套丛书主要包括《理论批评卷》《短篇小说卷》《中篇小说卷》《散文卷》《诗歌卷》《史料卷》《戏剧卷》《儿童文学卷》《通俗文学卷》，姚雪垠的作品被分门别类收入其中：孙广举主编《理论批评卷》，收入《需要批评》；曹增渝主编《短篇小说卷》（一），收入《野祭》《差半车麦秸》《伴侣》；韩宇宏主编《中篇小说卷》，收入《牛全德与红萝卜》；阎豫昌主编《散文卷》，收入《渡船上》《惠泉吃茶记》；张俊山主编《诗歌卷》，收入《沧桑曲》；李允豹主编《史料卷》，收入《关于创办〈风雨〉周刊的回忆》；邢桂轮、张桂珍主编《通俗文学卷》，收入散文《我的老祖母》。

是年 撰写回忆录《我的文学创作的风雨历程》，后因病辍笔。

本年度重要论文

何景春：《毛泽东与历史小说〈李自成〉》，《江汉论坛》1996 年第 1 期。

辛庸：《姚雪垠小说的人物语言》，《郑州大学学报（哲学社会科学版）》1996 年第 4 期。

1997 年 87 岁

2 月 19 日，邓小平逝世。

7 月 1 日，香港回归。

8 月 21—26 日，中国新文学学会第十四届年会在湖南张家
界召开，会议的中心议题是跨世纪文学的特质。

1—2 月　撰写《革命知识分子的楷模——回忆胡乔木同
志》，2 月初因中风辍笔。文章主要回忆胡乔木转交姚雪垠写给
毛泽东希望支持创作《李自成》的书信，以及胡乔木处理姚雪
垠因写作《评〈甲申三百年祭〉》一文而受围攻之事。

2 月 24 日　因中风住进北京复兴医院接受治疗。

3 月 14 日　天津《新晚报》副刊编辑吴裕成，到北京复兴
医院看望姚雪垠。

4 月 14 日　从北京复兴医院回到家中，治疗并未中断。

4 月 18 日　默许助手许建辉替自己向中国作协党组织申请
困难补助。

5 月 10 日　摄影家张新学替姚雪垠与王梅彩拍合影。

5 月　湖北省炎黄文化研究会编《李自成在湖北通山抗清殉难史实论证集》由湖北教育出版社出版，书中收入姚雪垠的两篇文章，分别为《致武汉师院主办的〈李自成〉讨论会的一封信》《李自成评传略》。

6 月 17 日　收到中国作协的 1 万元补助。

6 月　中国青年出版社启动《李自成》第四、五卷的整理出版和《姚雪垠书系》的编纂工作。

9 月 11 日　发烧。

12 月 3 日　郝斌生来访。

12 月 16 日　韩作黎、洪洋来访。

1998年　88岁

3月，阿来的《尘埃落定》由人民文学出版社出版。

5月17—19日，美国科罗拉多大学东亚语言文学系和中国现代文化研究所在美联合主办"金庸小说与二十世纪中国文学"国际学术讨论会。

8月，中国新文学学会第十五届年会在贵州省贵阳市召开，会议的中心议题是当代女性文学创作问题。

1月　中国现代文学馆编《姚雪垠代表作》由华夏出版社出版，书中收入了姚雪垠的短篇小说《差半车麦秸》《红灯笼故事》《伴侣》、中篇小说《新芽》、长篇小说《长夜》。

3月17日　"在姚家客厅召开了《李自成》第四、五卷第一次编辑会议。与会者有中国青年出版社总编辑陈浩增、新任《李自成》责编李向晨、姚老之子姚海天、姚老及我，共计5人。这次会议的主要内容，就是听取关于《李自成》第四、五卷书稿整理工作的情况汇报。"①

按："我"指的是许建辉。

4 月 9 日、22 日 发烧。

5 月 18 日 吕琦来访。

5 月 将《李自成》第四、五卷的稿件送交中国青年出版社出版。

国家教委高教司编《中国当代文学史教学大纲》由高等教育出版社出版，书中从主要内容、人物塑造、结构安排等方面论述到姚雪垠的《李自成》。

6 月 1 日 在北京复兴医院接受治疗。

6 月 吕琦、许建辉、李贞主编《姚雪垠文学创作 70 年》由河南大学出版社出版。该书共由五编组成，侧重以图文互读的形式来勾勒姚雪垠的生平事迹。第一编"风雨斗士"，第二编"文坛骁将"，第三编"友谊使者"，第四编"故园赤子"，第五编"老骥伏枥"。一则"附编"是"南阳市卧龙区档案馆姚雪垠文学创作档案编目"。"创作档案编目"分为三大门类：一是文字门类，包括传记材料、创作存稿、学术研究、来往书信、题词剪辑、报刊发表资料、外事活动档案、出版物八个部分；二是声像门类，包括录音带、录像带、照片三个部分；三是实物门类，包括奖章奖品、证书、创作用品、题词等。

7 月 17 日 姚雪垠之子姚海天致信姜东舒，谈到父亲的病

---

① 许建辉：《姚雪垠传》，人民出版社，2023，第 384 页。

情以及长篇历史小说《李自成》第四、五卷按原计划出版等事。

9月　哲兵编《二十世纪中华散文精品》由内蒙古少年儿童出版社出版，书中收入姚雪垠的散文《惠泉吃茶记》。

10月　穆青到医院看望在杞县大同中学时的老师和自己参加革命的引路人姚雪垠。

12月　段跃编《鸟"昼"啼：1957年"鸣放"期间杂文小品文选》由中国电影出版社出版，书中收入姚雪垠的《乐观与信心》一文。

本年度重要论文：

俞汝捷：《〈姚雪垠诗抄〉编后记》，《长江文艺》1998年第10期。

1999 年　89 岁

1 月，严家炎的《金庸小说论稿》由北京大学出版社出版。

9 月 30 日，国务院在北京人民大会堂举行国庆招待会，热烈庆祝中华人民共和国成立 50 周年。

12 月 20 日，澳门回归。

1 月　《姚雪垠诗抄》由华中师范大学出版社出版。

2 月 6 日　新加坡作家周颖南来访。

3 月 25 日　收到孟伟哉的来信。

4 月 1 日　进北京复兴医院接受治疗。

4 月 29 日 6 时 30 分　病逝于北京复兴医院。

5 月 1 日　《文艺报》报道姚雪垠因病逝世的消息。

5 月 3 日　《人民日报》报道姚雪垠因病逝世的消息。

5 月 14 日　遗体告别仪式在北京八宝山革命公墓举行。

5 月 15 日　《文汇报》报道姚雪垠遗体告别仪式在北京举行的消息。

5月16日　《人民日报》报道姚雪垠遗体告别仪式在北京举行的消息。

6月3日　穆青的《忆雪垠老师》、胡德培的《矢志不渝的姚雪垠》刊于《人民日报》。

6月26日　江晓天的《忆姚雪垠》刊于《文艺报》。

6月　中国作家协会主办《小说选刊》（长篇小说增刊）第1辑刊载姚雪垠的长篇历史小说《李自成》结尾卷，并为之题写《500万人的心理句号》的编后记。同期文章，还包括翟泰丰的《告别姚雪垠老人》、许建辉的《替雪垠老说几句话》等。

8月16日　由人民文学出版社、北京图书大厦联合发起的"百年百种优秀中国文学图书"在北京揭晓榜单，《李自成〔第一卷（上、下册）〕》位列其中之一。

8月　《李自成》第四、五卷由中国青年出版社出版。新版前三卷同时由中国青年出版社推出。

十卷本《李自成》（《姚雪垠书系》前十卷），由中国青年出版社出版，分别为《潼关南原大战》（《李自成》之一）、《商洛壮歌》（《李自成》之二）、《紫禁城内外》（《李自成》之三）、《李信与红娘子》（《李自成》之四）、《三雄聚会》（《李自成》之五）、《燕辽纪事》（《李自成》之六）、《洪水滔滔》（《李自成》之七）、《崇祯皇帝之死》（《李自成》之八）、《兵败山海关》（《李自成》之九）、《巨星陨落》（《李自成》之十）。

朱企泰、杨子主编《二十世纪杂文选粹》（上卷）由内蒙古大学出版社出版，书中收入姚雪垠的《文学的别用》一文。

9 月 25 日　姚雪垠之子姚海天致信朱子奇，谈到《李自成》第四、五卷以及《姚雪垠书系》的出版等事。

9 月　宋应离、袁喜生、刘小敏编《中国当代出版史料》（第1—8卷）由大象出版社出版，第 5 卷中收入姚雪垠的《〈李自成〉第一卷的出版》一文。

《李自成》全书五卷（中国青年出版社 1999 年版）被中国作家协会选为向中华人民共和国成立 50 周年献礼的 10 部优秀长篇小说之一。同时荣获"中国图书奖"和中宣部"五个一工程"奖。

10 月 28 日　杨盛龙的《读姚雪垠的〈李自成〉第二卷》刊于《光明日报》。

10 月　姚海天作为姚雪垠的子女代表出席中国作家协会对 10 部优秀长篇小说的表彰大会。

立言编《新编名人精品书系（第 1 卷）》由中国文联出版社出版，书中收入姚雪垠的两篇文章，分别为《论潇洒》《酒》。

钱乃荣主编《20 世纪中国短篇小说选集》（第 2 卷）由上海大学出版社出版，书中收入姚雪垠的短篇小说《差半车麦秸》。

11 月　《春暖花开的时候》（《姚雪垠书系》第 11 卷）、《长夜》（《姚雪垠书系》第 12 卷）、《差半车麦秸》（《姚雪垠书系》第 13 卷），由中国青年出版社出版。《姚雪垠书系》共 22 卷，第 14—22 卷（《惠泉吃茶记》《无止境斋诗抄》《学习追求五十年》《小说是怎样写成的》《谈小说的中国风格和中国气派》《论历史小说的新道路》《绿窗书简（上）》《绿窗书简

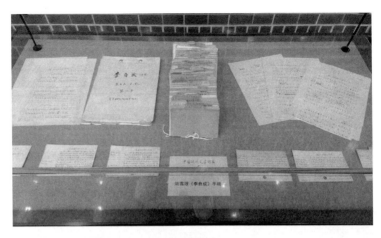

中国现代文学馆馆藏《李自成》手稿

（下）》《〈李自成〉创作手记》）由中国青年出版社 2000 年 10 月出版。

12 月 21 日　新加坡读者黄登南致信姚雪垠之子姚海天，谈到顺利购得由中国青年出版社 1999 年 9 月出版的平装本 5 卷、12 册《李自成》的激动之情。

12 月 30 日　《文艺报》报道《姚雪垠长篇历史小说奖设立》的消息。该消息主要谈到姚雪垠的家属决定捐赠姚雪垠一生的版税稿酬人民币 50 万元，在中华文学基金会下正式设立姚雪垠长篇历史小说奖励基金，由中国作家协会主持评奖。

按：第一届（2003 年）姚雪垠长篇历史小说奖的获奖作品，包括唐浩明的《曾国藩》、凌力的《梦断关河》、熊召政的《张居正》、颜廷瑞的《汴京风骚》、二月河的《乾隆皇

中国现代文学馆馆藏《李自成》不同版本

帝》；第二届（2007年）姚雪垠长篇历史小说奖的获奖作品，包括王梓夫的《漕运码头》、唐浩明的《张之洞》、包丽英的《蒙古帝国》。

"姚雪垠长篇历史小说奖"成功举办两届后，未能继续开展。2023年10月10日，"姚雪垠与《李自成》学术研讨会暨姚雪垠文学资料捐赠仪式"在北京中国现代文学馆举行。根据中国作家网10月12日发布的新闻报道，作为姚雪垠家乡的代表，邓州市委宣传部部长刘红梅在发言中谈到，姚雪垠先生是邓州的杰出代表，生前十分关心家乡的发展。鉴于姚雪垠先生在国内外的影响力，邓州市委、市政府经过研究，决定申办"姚雪垠长篇历史小说奖"，为邓州乃至全国的文学创作和文化建设注入活力。

二月河代表首届姚雪垠长篇历史小说奖获奖作者发言

本年度重要论文：

章绍嗣：《姚雪垠在湖北的抗战文学创作》，《武汉文史资料》1999 年第 1 期。

王振铎：《老照片演绎文学史——评〈姚雪垠文学创作七十年〉的编辑出版》，《中国出版》1999 年第 7 期。

王维玲：《42 年磨一剑——记〈李自成〉的写作和出版》，《出版广角》1999 年第 11 期。

参考资料

一、作品

姚雪垠：《李自成》（《姚雪垠书系》第1—10卷）、《春暖花开的时候》（《姚雪垠书系》第11卷）、《长夜》（《姚雪垠书系》第12卷）、《差半车麦秸》（《姚雪垠书系》第13卷），中国青年出版社，1999年。

姚雪垠：《姚雪垠书系：第14—22卷》，中国青年出版社，2000年。

姚雪垠：《姚雪垠文集》（第1—20卷），人民文学出版社，2010年。

姚雪垠：《姚雪垠回忆录》，中国工人出版社，2010年。

姚雪垠：《姚雪垠诗集》，河南大学出版社，2010年。

二、著作

吕东亮：《中原文学新风景》，河南大学出版社，2021年。

梁竞男、康新慧：《茅盾小说历史叙事研究》，中国社会科学出版社，2013年。

王维玲：《四十二年磨一剑：姚雪垠与〈李自成〉》，中国青年出版社，2010年。

王文霞：《文化消费主义背景下当代作家研究：以河南作家为例》，中央编译出版社，2013年。

吴永平：《隔膜与猜忌：胡风与姚雪垠的世纪纷争》，河南大学出版社，2006年。

吴永平：《姚雪垠抗战时期小说创作研究》，中州古籍出版社，2015年。

吴秀明：《中国当代长篇历史小说的文化阐释》，文化艺术出版社，2007年。

詹玲：《被规训的历史想象：论长篇历史小说〈李自成〉》，人民文学出版社，2009年。

周勃：《姚雪垠下放东西湖琐忆》，河南大学出版社，2010年。

中共杞县县委党史研究室编著：《中共杞县历史》（第一卷），河南人民出版社，1998年。

丁国成、于丛杨、于胜：《中国作家笔名探源》（第1册），时代文艺出版社，1986年。

阎豫昌：《苏金伞评传》，文心出版社，1994年。

蒋健兰、刘乃崇：《袁世海的艺术道路》，中国戏剧出版社，1993年。

《共和国日记》编委会编《共和国日记（1983）》，河南人民出版社，2020年。

宋韵声：《中英翻译文化交流史》，辽宁大学出版社，2017年。

三、资料汇编

陈浩增主编《雪垠世界》，中国青年出版社，2001年。

蒋晔、武京予：《姚雪垠人生智慧》，河北人民出版社，2008年。

刘起林主编《文学"马拉松"：〈李自成〉出版五十年研究文选》，中国青年出版社，2013年。

刘增杰、王文金主编《精神中原：20世纪河南文学》，河南大学出版社，2002年。

姚雪垠：《姚雪垠读史创作卡片全集》，沈阳出版社，2018年。

姚北桦、贺国璋、余润生编《姚雪垠研究专集》，黄河文艺出版社，1985年。

姚海天、蒋晔编著：《一代文学大家姚雪垠》，沈阳出版社，

2018 年。

姚海天编《论历史小说的新道路：姚雪垠论文集》，上海科学技术文献出版社，2020 年。

姚海天、陶新初主编《姚雪垠小说创作公开课》，中国青年出版社，2023 年。

姚雪垠研究会编《百年雪垠》，中国青年出版社，2010 年。

禹权恒编著：《姚雪垠研究》，河南大学出版社，2017 年。

吕琦、许建辉、李贞主编《姚雪垠文学创作 70 年》，河南大学出版社，1998 年。

茅盾、姚雪垠：《茅盾　姚雪垠谈艺书简》，人民文学出版社，2006 年。

阎浩岗主编《〈李自成〉再经典化与姚雪垠研究新收获》，河北大学出版社，2023 年。

张永健、熊德彪主编《与时代同行：中国新文学学会建会 30 年文选》，白山出版社，2013 年。

四、作家传记

许建辉：《姚雪垠传》，湖北人民出版社，2007 年。

许建辉：《姚雪垠传》，人民出版社，2023 年。

杨建业：《姚雪垠传》，北岳文艺出版社，2000 年。

五、期刊论文

汝捷：《姚雪垠生平与著作简表》，《河南师范大学学报（社会科学版）》1983 年第 5 期。

汝捷：《对〈姚雪垠生平与著作简表〉的若干补正》，《河南师范大学学报（社会科学版）》1984 年第 2 期。

吴永平：《〈姚雪垠生平与著作简表〉补遗与辨误》，《河南师范大学学报（社会科学版）》1984 年第 2 期。

周勃、吴永平：《姚雪垠创作年表（一九一〇—一九四九）》，《武汉师范学院学报（哲学社会科学版）》1984 年第 5—6 期连载。

吴永平：《姚雪垠创作年谱》，《新文学史料》2010 年第 3 期。

曹转莹：《现代作家"心态史"传记缺失的琐思——以两部〈姚雪垠传〉为例》，《信阳师范学院学报（哲学社会科学版）》2022 年第 2 期。

董之林：《观念与小说——关于姚雪垠的五卷本〈李自成〉》，《文学评论》2008 年第 2 期。

江明明：《姚雪垠与大夏大学（1949—1951）》，《新文学史料》2023 年第 1 期。

李丹梦：《最后的"史官"——姚雪垠论》，《中国现代文学研究丛刊》2018 年第 6 期。

李继凯：《姚雪垠手稿管窥》，《小说评论》2017 年第 4 期。

刘增杰：《姚雪垠早期文学思想散论》，《汉语言文学研究》2021 年第 1 期。

刘增杰：《抗战风雨中的〈风雨〉周刊》，《中州学刊》1981 年第 2 期。

吕彦霖：《被"冷藏"的青年代表作及其改写——姚雪垠小说〈春暖花开的时候〉之版本考释》，《中国现代文学研究丛刊》2020 年第 7 期。

马杰：《交往史、干校史与个人心史——"〈忆向阳〉风波"中的姚雪垠与臧克家》，《汉语言文学研究》2022 年第 4 期。

史峻嘉：《革命的隐没与"文人"的诞生——论姚雪垠自传书写中的症候与隐微修辞》，《现代传记研究》2023 年第 1 期。

唐小林：《"成长"与战时主体塑造——以姚雪垠的〈牛全德与红萝卜〉为中心》，《文学评论》2021 年第 2 期。

阎浩岗：《〈李自成〉的经典化、去经典化与再经典化》，《新文学评论》2022 年第 3 期。

赵焕亭：《河南抗日救亡运动的历史写真——论〈春暖花开的时候〉的史料价值》，《平顶山学院学报》2016 年第 1 期。

金传胜、刘文静：《姚雪垠集外诗文略说》，《人文》2022 年第 1 期。

刘涛：《姚雪垠佚文考释——兼及作家文献的整理问题》，《汉语言文学研究》2021 年第 2 期。

许建辉：《姚雪垠的三次"笔征"及其他》，《传记文学》

2021 年第 4 期。

吴永平：《冯玉祥邀姚雪垠讲学书信四札》，《博览群书》2011 年第 12 期。

吴永平：《吴组缃致姚雪垠书信三札考》，《博览群书》2012 年第 4 期。

许建辉：《姚雪垠〈1947 年日记断片〉背景简介》，《现代中文学刊》2012 年第 2 期。

周世安：《姚雪垠先生二三事》，《语文教学与研究》1995 年第 9 期。

莫元钦：《姚公书尚在——追念姚雪垠老师》，《武汉文史资料》2004 年第 8 期。

焦宝：《对几封姚雪垠与田敬宝未刊信札的整理与思考》，《江汉论坛》2018 年第 9 期。

姚雪垠、曾芸、吴芬庭：《我的文学创作道路及〈李自成〉第四卷创作计划（1984）》，《新文学评论》2021 年第 3 期。

吴永平、姚海天：《关于姚雪垠解放初在上海的档案资料》，《新文学史料》2010 年第 3 期。

六、学位论文

蔡爱国：《中国当代历史小说的叙事策略与文本分析》，苏州大学博士学位论文，2006 年。

丁文厚：《姚雪垠长篇历史小说〈李自成〉的艺术世界》，

华中师范大学博士学位论文，2013 年。

李丹梦：《"文学豫军"的主体精神图像——关于农民叙事伦理学的探讨》，复旦大学博士学位论文，2006 年。

张东旭：《河南长篇小说（1949—1999）研究》，河南大学博士学位论文，2014 年。

包晓涵：《姚雪垠旧体诗创作论》，华中师范大学硕士学位论文，2021 年。

刘阳：《〈李自成〉发生学研究》，河北师范大学硕士学位论文，2011 年。

袁红媛：《〈姚雪垠书系〉编纂出版研究》，河南大学硕士学位论文，2007 年。

朱家席：《〈三国演义〉与〈李自成〉比较研究》，安徽师范大学硕士学位论文，2005 年。

张丽莹：《论姚雪垠小说中的英雄叙事》，山东师范大学硕士学位论文，2018 年。

附录 姚雪垠纪念"文协"成立五周年、六周年所作文章

　　按：中华全国文艺界抗敌协会（简称"文协"）于 1938 年 3 月 27 日在汉口成立，是抗日战争时期为广泛团结抗日力量而建立的全国性文艺团体。"文协"提出"文章下乡，文章入伍"的口号，积极组织作家战地访问团、抗战文艺工作团进行抗战宣传工作。作为一名受到血与火洗礼的战地作家，姚雪垠与"文协"具有深刻的历史关联。1943 年，姚雪垠抵达重庆，住在"文协"，被选为"文协"理事兼创作研究部副部长。在"文协"成立五周年之际，1943 年 3 月 27 日，重庆《大公报》副刊《战线》发表了一组纪念文章，分别为姚雪垠的《为祖国、为人类、笔参战》、茅盾的《文协五周年纪念感想》、以群的《为了文学的进步》、臧克家的《活着，才能写》。在"文协"成立六周年之际，1944 年 4 月 16 日，重庆《时事新报》副刊《青光》发表了一组纪念文章，分别为姚雪垠的《感想——纪念文协六周岁》、任钧的《作家们到前线去——为纪念文协六周岁而作》、唐风的《作家·作家型及其事业》、华林的《文艺与思

想解放》。从抗战文艺的文献保存意义看，姚雪垠纪念"文协"成立五周年、六周年的两篇文章，除刊载于重庆《大公报》《时事新报》外，尚未收录于与姚雪垠相关的研究资料。为保存抗战文艺的文献史料计，特将两篇文章附于此。

为祖国、为人类、笔参战

"文协"成立，到今天已经整整五年。尽管这五年中困难重重，使"文协"的工作不能照原来的理想充分开展，但它毕竟是全国文艺界的司令台，凡是献身于抗战的中国作家，都愿意团结在它的周围，而听从它的号召。它的诞生，在中国文艺运动史上是一种空前成就，具有着划时代的伟大意义。它将多年来文坛上的分裂局面变为统一；将分散各地的，作风各异的，凡具有爱国热情的作家都结合起来，变成为一条坚固的抗日战线。这战线是世界反侵略文化战线上重要的一环，担负着创造人类历史的神圣任务。

但这并不是说，有了"文协"，中国作家才开始为创造人类历史而努力。事实上，不是有"文协"才产生作家，而是有作家才产生"文协"。换句话，是由于在这空前未有的时代里，作家们人同此心心同此理的要求有这么样一个组织，将分裂变为团结，将零散变为统一，以便力量集中，步伐整齐，汇百川而为巨流，于是才产生"文协"。中国新文学从开始诞生的时候起，就负着创造人类历史的神圣任务，带着鲜明的战斗姿态，一面反对封建的旧礼教、旧传统，一面反对帝国主义的压迫和侵略。多年来，路虽然走得很曲折，但总的方向却没有更改。优秀的作家永远是人类的先觉分子，永远是历史的前卫战士。所以中国作家所梦想的，希望的，是和中国历史发展的远景相符合的；中国作家所艰苦努力的，也是和最有远见的政治家们相一致的。就以反抗日本侵略这一点说，远在卢沟桥事变以前，打从日寇侵占东北的时候起，大部分作家已经对侵略者开始战斗，随后就出现了风靡一时的救国文学。所以，中国作家一直是背负着先天的使命，为拯救祖国而战斗，为保卫人类文化而战斗。不过有了"文协"，这条战线就更加扩大，而战斗的力量也跟着增强。

世界上任何一国的作家，都不像中国作家的处境恶劣与生活艰苦。由于中国新文艺的历史太短，由于中国正处于从落后的旧社会向光明的新社会蜕变的过程中间，作家们常常得不到父母兄弟妻子的同情，更得不到社会的了解和重视。耶稣说过，只有像孩子们这样的人，才能够走向天国。我认为一切好的作家，都是人类中最良善的，纯洁的，天真的，像孩子一样。然而正因为作家最天真，最纯洁，不愿意与世浮沉，不愿意在社会上同流合污，不愿意说黑的是白的，于是就常常被顽固的父母认为逆子，被俗流的社会认为叛徒。欧洲产业革命前有许多伟大的科学家，发明家，他们所尝受的痛苦也被中国尝受。作家，正像宗教上的先知和圣者一样，怀着自己的理想，怀着生死不变的殉道热情，毫不踌躇的（地）背起来十字架，他们是国民的花朵，人类的灵魂，然而被俗流社会看起来却是疯子或傻子，因此要遭受种种痛苦。读一读文艺复兴后的欧洲宗教史，就知道许多圣者的悲惨命运和中国作家几乎相同。今后要改善作家的处境，使作家获得社会的理解和重视，并获得物质生活的安定和精神生活的愉快，还须要政府与作家的共同努力。而作家处境的改善与生活的保障，不仅对于抗战说是十分必要的，对于完成全世界反侵略文化战线的历史任务说，同样必要。

"文协"的当前任务，除掉团结全国作家报领导抗战期中的文艺运动之外，我希望能在改善作家生活这方面多多努力。"文协"，它一方面是作家的司令台，一方面也是政府与作家之间的一道桥梁。保障作家生活虽然是政府应有的责任，虽然在欧美各民主国不算是一个问题，但中国是处在艰苦的抗战时期，政府没有想到的我们应该替她想，想到而没有作（做）到的我们应该协助她作（做）。政府通过"文协"而更加了解作家的痛苦，作家通过"文协"而获得生活的改善，这样，政府同作家的关系将更加密切。这工作固然是相当困难的，但中国文艺运动者本来就是背着艰苦的责任而走着悠长的路。作家既然是已经，正在，而且永远继下去，为祖国，为人类，以最坚决的英勇姿态，提笔参战，那么社会上给他们一点安慰，一点鼓励，一点保障，是应该的，只要是明理人决不会提出反对。因此，我敢以孩子似的天真和热情，期待"文协"的未来成就。

感想——纪念文协六周岁

抗战将满七年，"文协"已经六岁。六七年的日子不能算短，许多朋友都已经从青年度到中年了。

有人责备说在悠悠的六七年中我们还没有伟大的作品出现，是的，我们确不能说已经产生了伟大作品。但抗战初期我们所有的种种期望，想一想，到今天可曾有几样实现？只有一点可以教人安慰的，也可以值得大家骄傲的，那就是我们的国家在继续以坚决的姿态作战，而我们作家也在继续为祖国与人类的自由解放奋斗。

中国历史所走的路是一条艰苦奋斗的路，这事实就规定了文学的路也极艰苦，沿路有无数阻塞，需要我们奋斗才能打开。今天作家们的责任心超过了任何时代，对于自己的期望也决不亚于文学圈外的同胞或朋友。伟大的作品没有产生，那原因决非仅出于作家们不肯努力，而主要的是因为在目前还缺少产生伟大作品的机会条件。

今天，我们在文学上所走的路，是现实主义的路。现实主义的文学的路，只有在民主的政治环境中才能走通。没有民主政治的土壤，西洋决产生不了灿烂的近代文学。这是铁的事实，需要我们深思。在今天我们期望现实主义的文学在中国一帆风顺，结出伟大的果实，那是忽略了现实的看法，虽然这看法的出发点也许是好意。

固然，七年的神圣抗战是一个伟大的现实，但现实并不等于文学上的现实主义。要完成文学上的现实主义，必须使作家有机会深入现实，体验现实，并有机会表现现实。而这就需要民主的政治环境。

　　至于作家的物质生活的艰苦妨碍了写作，那也是人尽皆知的事实。不过作家物质生活的艰苦，艰苦到过着"人的水准"以下的生活，那也只有民主的政治环境中才能够彻底解决。任何救济办法，都很需要，但只是治标的，应急的，其价值十分有限。

　　中国的抗战有两大目的，一个是驱逐并消灭侵略强盗，一个是建设现代的国家。这两件事实际上是分不开的。当全世界正将向法西斯强盗群发动最后反攻的时候，也正是民主高潮激荡着我们的时候，我们以坚定的信心，乐观的心情，来纪念"文协"六周岁，宣誓为民主继续奋斗，并祝在不久的将来能产生伟大作品。

后记

在中国当代历史小说的发展流变中，姚雪垠创作的多卷本长篇历史小说《李自成》是一部经典作品。不仅被写入文学史，而且受到多方面评价。除《李自成》之外，姚雪垠还创作了《差半车麦秸》《牛全德与红萝卜》《长夜》《戎马恋》《春暖花开的时候》等小说。这些诞生于不同阶段且风格多样的小说，与姚雪垠走过的生命历程相始终。笔者接触姚雪垠的小说，应该从《金庸武侠小说与姚雪垠的〈李自成〉》（章培恒）一文算起。阅读此文之际，笔者正在河南大学求学。之所以阅读这篇文章，是因为彼时正在搜集与武侠小说作家金庸有关的研究资料。也就是说，接触姚雪垠的《李自成》完全是意料之外的事情。去校图书馆借阅图书资料之际，也曾在书架上大致翻阅过《李自成》。由于那时把金庸当作了研究对象，所以对于姚雪垠的《李自成》只是浅尝辄止的阅读状态。

有了这样不成熟的阅读前史，也在脑海中留下了与金庸相提并论的姚雪垠。至于为姚雪垠撰写年谱，那更是始料未及的事情。笔者的研究方向是中国现当代通俗文学，在阅读与通俗文学有关的文献资料之际，虽然会涉及姚雪垠的《李自成》，但也是将其放入当代历史小说的流变中来宏观把握。参加工作之后，信阳师范大学文学院副院长徐洪军让笔者参与"中原作家群年谱"丛书的撰写计划，并问想为哪位中原作家撰写年谱。笔者想了想，便说写姚雪垠吧。缘由有二：一是姚雪垠曾在河南大学读书，而笔者也是"铁塔学子"之一，具有校友之间的亲近感；二是《李自成》是一部值得关注的长河式小说，对二月河、凌力、刘斯奋、熊召政、唐浩明等人的历史小说创作均有一定影响。作为姚雪垠河南南阳老乡的二月河（凌解放），甚至凭借《乾隆皇帝》荣获第一届姚雪垠长篇历史小说奖；凌力、刘斯奋也分别就《少年天子》《白门柳》等历史小说创作问题，与姚雪垠有过书信往来；熊召政同样与姚雪垠有过读书写作方面的交流，其创作的《张居正》荣获了第一届姚雪垠长篇历史小说奖；唐浩明认为对于他的历史小说创作而言，在当代文学作品中，《李自成》应是启迪最大的一部书，其创作的《曾国藩》《张之洞》先后荣获第一、二届姚雪垠长篇历史小说奖。这些新老作家之间的传承性，在某种程度上显示出中国当代历史小说丰富多彩的精神面貌。

在接受《姚雪垠年谱》的撰写任务后，笔者感到有些吃力，既因为对传主不够熟悉，也因为传主是一个不乏争议性的人物。因此，何种材料适合收入传主的生平，何种材料不适合，均需谨慎筛选。在与禹权恒老师（《刘震云年谱》作者）交流收集的年谱材料如何筛选之际，禹老师建议以大事为主且进行总结概括，同时要关注到历史细节问题。在筛选的年谱材料中，笔者主要按照时间顺序来梳理姚雪垠的生平状况，包括代表作品、作品评价、人际交往、文学争论、图书出版等。虽然以时间为主，但有些时间却因材料的芜杂反而存在含混之处，即时间可能失去了准确性。需要指出的是，笔者在年谱中用到姚雪垠在不同时期与朋友往来的一些书信。从朋友之间的书信或日记中，可以进一步明晰姚雪垠的文学创作活动。比如，姚雪垠向茅盾提及的长篇小说美学问题，在两人书信来往中便有相关阐释。

在年谱写作过程中，姚海天老师（姚雪垠之子）不仅提供了姚雪垠的弥足珍贵的图片等研究资料，而且对年谱的行文提出了详细修改意见。2023 年 10 月 10 日，由中国现代文学馆、中国青年出版总社、中国新文学学会姚雪垠研究分会、河北大学红色文学与文化研究中心、南阳师范学院联合举办的"姚雪垠与《李自成》学术研讨会暨姚雪垠文学资料捐赠仪式"在北京中国现代文学馆 B 座举行。姚海天老师向与会者介绍了捐赠的姚雪垠文学资料，包括《姚雪垠小说创作公开课》（姚海天、陶新初主编，中国青年出版社 2023 年 9 月版）、《姚雪垠传》（许建辉著，人民出版社 2023 年 10 月版）、《〈李自成〉再经典化与姚雪垠研究新收获》（阎浩岗主编，河北大学出版社 2023 年 10 月版），以及《李自成》（"新中国 70 年 70 部长篇小说典藏"丛书，北京学习出版社，2019 年 9 月版）等图书，同时附带了一张介绍位于河南邓州花洲书院的姚雪垠文学馆的宣传卡片。会议期间，笔者与姚海天老师谈到年谱编撰进度以及存在的问题，姚海天老师问及有无写作上的实际困难，并鼓励笔者一定能把年谱写好。再次感谢姚海天老师提供的慷慨无私的帮助，也期待《姚雪垠全集》早日问世。

因笔者学识有限，本书在资料梳理、文字表述、史料甄别等方面难免存在错漏与不足之处，还望读者朋友批评指正。

2023 年 10 月于信阳